www.tredition.de

AF177143

Monika Molitor

Frauenritualkreise

Ein spiritueller Pfad

© 2016 Monika Molitor
Umschlag, Illustration: Monika Molitor (Rückseite), Jutta Schaller (Vorderseite); Michael Herrmann (Innenteil)
Lektorat, Korrektorat: Jutta Schaller

Verlag: tredition GmbH, Hamburg

ISBN
Paperback   978-3-7345-1405-0
Hardcover   978-3-7345-1406-7
e-Book   978-3-7345-1407-4

Printed in Germany

Inhalt

Einführung: Frauenritualkreise, der Weg der Hexe und eine an Wicca angelehnte Spiritualität

Dieses Buch ist gewachsen aus meinen persönlichen Erfahrungen von 30 Jahren Frauenspiritualität, wovon ich 25 Jahre in wechselnden Kreisen gelebt habe. Das Ziel dieses Buches ist, Frauen, die ihre Kraft und Spiritualität in selbstorganisierten Frauenritualkreisen leben und leben wollen, einige Ideen und Hinweise zu geben, damit dieser sehr fruchtbare Weg weiterhin gelebt werden kann. Es sind meine Erfahrungen aus verschiedenen Workshops und aus zwei Frauenritualkreisen eingeflossen, in denen ich je acht Jahre lang Erfahrungen sammeln durfte. Parallel habe ich zu einigen Ritualkreisen in der Region, in der ich lebe, Kontakt gehalten, und wir haben uns immer wieder über Themen wie Gruppendynamik, Toleranz, Entwicklungsphasen und Lebensprozessen in diesen Gruppen ausgetauscht.

Ich verstehe unter Frauenritualkreisen eine Gruppe von Frauen, die sich regelmäßig treffen, um miteinander eine frauenbezogene, naturnahe Spiritualität zu leben. Sich regelmäßig zu treffen, kann heißen, sich an allen acht Jahreskreisfesten zu treffen oder an allen Vollmonden, an allen Neumonden oder an einer Kombinationen davon. Es kann auch eine Kombination aus Lern- und Übungstreffen und rituellen Anlässen sein. Sich regelmäßig zu treffen heißt nicht, dass alle Frauen an allen Treffen verbindlich regelmäßig vollzählig teilnehmen, es kann auch ein Kreis sein, in dem regelmäßig Einladungen an alle Mitglieder des Kreises verschickt werden und die konkrete Zusammensetzung von Fest zu Fest etwas variiert.

In der Regel ist diese frauenbezogene Spiritualität nicht christlich orientiert, was sie von einem christlich-feministisch orientierten Frauengottesdienst unterscheidet. Und sie ist ebenso nicht eingebunden in ein festes Regelwerk von Rängen und Initiationen, wie es ein klassischer Wiccacoven wäre. Schon gar nicht ist es ein schwarzmagischer Zirkel, in dem Teufelsverehrung an der Tagesordnung ist. Fast alle Frauen in den Frauenritualkreisen, die ich kenne, haben große Abneigungen gegenüber Satanismus und praktizieren es nicht. Überhaupt macht die Figur des Teufels nur Sinn in den großen monotheistischen Buchreligionen. In der Hexen- und Heidenszene taucht diese Figur gar nicht auf. In der Regel oder bei der überwiegenden Mehrzahl der Zusammenkünfte treffen sich nur Frauen, in der Regel religionsmündige Frauen ab dem Alter von 14 Jahren bis über 80 Jahren. Das spirituelle Selbstverständnis der Frauen ist oft ganz unterschiedlich, einige sehen sich als moderne Hexe, andere eher als Priesterinnen einer Naturreligion, andere sehen sich einfach als spirituell Suchende. Die Spiritualität kann ausdrücklich auf die Göttin im Jahreskreis bezogen sein oder auch im weitesten Sinne eine naturnahe Spiritualität im Wechsel der Jahreszeiten sein.

Es gibt in der Regel keine hauptamtliche Leitung im Kreis, die Gebühren einnimmt, wobei rituelle Kosten wie Räucherwerk, Kerzen, Dekoration oder auch Kopierkosten bei Übungstreffen zum Selbstkostenpreis umgelegt werden. Es kann aber sehr wohl eine oder einige wenige „heimliche Hauptamtliche" geben, die Gründerin des Kreises ist oder einfach eine sehr erfahrene Frau oder die zwei erfahrensten Frauen im Kreis. Diese Person macht ein Großteil der organisatorischen Arbeit, der Vorbereitungen, der Einladungen und ein oder zwei Personen übernehmen den Kontakt nach außen. Während es früher in vielen Frauenritualkreisen üblich war, dass jedes Fest und jedes Treffen immer abwechselnd von zwei anderen Frauen vorbereitet wurde, ist es in einigen Kreisen inzwischen so, dass es heimliche Hauptamtliche gibt, die zwar keine Gebühren nehmen und auch keine offiziellen Weihen oder Ränge haben, an deren Arbeit aber das Bestehen des Kreises ganz wesentlich hängt.

Außerdem möchte ich Frauenritualkreise abgrenzen von Frauenselbsthilfegruppen, deren Anlass für das Treffen eine gemeinsame Lebenssituation (z.b. Alleinerziehend sein, Trennung, Scheidung, Trauer) oder eine gemeinsame chronische Krankheit ist. Auch wenn Frauenritualkreise manchmal Funktionen übernehmen können, die Selbsthilfegruppen ähneln, wie z.b. eine laufende Begleitung im Alltag und eine Unterstützung in schwierigen Lebenslagen, so ist dies nicht der Hauptgrund für die Treffen. Auch wenn die Treffen in den Ritualkreisen manchmal hilfreich oder heilsam sein können, ist das nicht das Hauptziel der Treffen. Und in der Regel sind die Frauen im Ritualkreis gemischt in Bezug auf die Lebenssituation und im Alter. Ebenso sind reine Therapiegruppen oder reine Selbsterfahrungsgruppen für Frauen etwas anderes, da diese meist professionell angeleitet werden und kein gemeinsamer spiritueller Hintergrund vorausgesetzt werden kann, wenn Frauen sich für eine Therapiegruppe, Selbsterfahrungsgruppe oder Selbsthilfegruppe interessieren oder engagieren. In einem Frauenritualkreis wird in der Regel nicht therapeutisch gearbeitet. Es ist wichtig, zu erkennen und es zu thematisieren, wenn eine Frau zusätzliche therapeutische Hilfe benötigt.

Außerdem würde ich Frauenritualkreise abgrenzen von rein geselligen Treffen wie z.B. Hexen- und Heidenstammtischen. Auch wenn fast alle Treffen eines Frauenritualkreises einen geselligen Anteil haben, meist beim Ankommen und am Abschluss, ist das Hauptziel nicht die reine Geselligkeit. Ebenso würde ich Frauenrituale abgrenzen von reinen Meditationsgruppen, Yogagruppen, Singgruppen meditativer Lieder oder reinen meditativen Tanzgruppen. Hier steht nur eine bestimmte Art des Übens im Vordergrund und der spirituelle Hintergrund der Frauen kann durchaus weiterhin sehr gemischt oder christlich sein, während ein Treffen eines Frauenritualkreises meistens eine Mischung aus Techniken und Methoden beinhaltet, also in der Gestaltung eine Mischung ist:

Lieder, Texte, evtl. Tänze, evtl. Trance oder Meditation, Austausch und Reflexion und kreative Anteile.

Ziele der Treffen von Frauenritualkreisen sind, sich gegenseitig in der spirituellen Praxis zu unterstützen, geschützte Räume zu schaffen, in denen eine frauenbezogene und naturnahe Spiritualität gelebt werden kann ohne christianisierende Einflüsse oder Einflüsse einer anderen eher männlich orientierten Weltreligion. Weitere Ziele können sein: gemeinsam zu meditieren, Trance Erfahrungen zu machen, gemeinsam kreativ oder einen Zauber zu wirken, sich selbst und der Natur näher zu kommen, die eigene Intuition zu stärken, eine Erfahrung von Gottes- bzw. Göttinnenebenbildlichkeit machen zu können. Das heißt, in mir, in der Natur und in den anderen Frauen das Göttliche zu erleben.

Ziele können sein, die alten, vorchristlichen Rituale wieder erfahrbar werden zu lassen und hinter dem christlich überformten Jahreskreis altes Brauchtum wieder zu entdecken. Ein weiterer Aspekt ist, sich regelmäßig zu treffen zu Zeitpunkten, die „erfahrbare Orte in der Zeit sind", da sie aus astronomisch-astrologischen Gründen exponiert sind und da sie traditionelle Marker im bäuerlichen Jahr unserer Vorfahrinnen waren. Das kann bedeuten, sich regelmäßig an bestimmten Punkten im Jahreskreis immer wieder zu fragen: Was passiert gerade jetzt in den Gestirnen? Was passiert gerade jetzt mit Sonne und Mond? Was passiert gerade jetzt in der Natur? Und was passiert gerade jetzt in meinem Leben? Kann ich dazwischen Zusammenhänge sehen, Stimmiges oder auch Sperriges, Spannendes oder Harmonisches?

Die Frauen unterstützen sich im gemeinsamen Ritualkreis, diese Zeitmarken bewusst zu gestalten, hinzuspüren, sich in Beziehung dazu zu setzen, daraus Kraft zu tanken oder zu begreifen und zu akzeptieren, warum ich gerade jetzt so kraftlos, erschöpft und ruhebedürftig bin. Dazu gehört außer den Anlässen im Jahreskreis die Feier von Lebensmarken im Leben der Frau, die erste Menstruation, Liebe, Bindung, Hochzeit, Geburten, Scheidungen und Trennungen, die Menopause, Todes- und Trauerfälle. Ein langjährig erfahrener Frauenritualkreis ist durchaus in der Lage, all diese Lebensanlässe, in der christlichen Gemeinde „Kasualien" genannt, zu begleiten, neu zu fassen und rituell zu gestalten. Ein weiteres wichtiges Ziel der rituellen Treffen und der Lern- und Übungstreffen ist daher die Ermächtigung einer jeden Frau, Rituale durchzuführen, und eine rituelle Grundkompetenz zu erwerben, die sie von kommerziell orientierten oder christlich geprägten Ritualgestaltern unabhängig machen kann.

Selbstverwaltete Frauenritualkreise können ein sehr bekräftigender, stärkender Weg sein, gemeinsam mit anderen Frauen Rituale zu feiern, bewusst durch das Jahr zu gehen, sich gemeinsam durch wichtige Lebensereignisse zu begleiten und gemeinsam die spirituellen Fähigkeiten zu fördern. Es ist aber immer wieder auch ein schwieriger Weg. Manch eine wünscht sich hin und wieder den Workshop beim gut bezahlten Profi zurück, bei dem nicht so viel Eigeninitiative und Verantwortung erforderlich ist, sondern das spirituelle Programm eher passiv genossen werden kann.

Ich danke allen Frauen, die gemeinsam mit mir auf der Suche nach Spiritualität, Frauenkraft, Naturverbundenheit und einer Begegnung mit der Göttin waren, die mich viele Dinge gelehrt haben, die später bereit waren, von mir zu lernen und die mich in meinem Leben begleitet haben. Dazwischen habe ich auch immer wieder alleine praktiziert und versucht, Spiritualität und Frauenmagie in meinen Alltag zu integrieren. Ich danke Jutta und meinem Mann Mike für die Fotos und meinen treuen Probeleserinnen, die dieses Buch begleitet haben.

1990 feierte ich bei Ziriah Voigt meine ersten Frauenrituale, seit 1992 bis 2000 nahm ich regelmäßig an einem Frauenritualkreis hier in Frankfurt teil, in dem ich die Jüngste war und viel lernen durfte. Danach ging ich zwei Jahre einsame Wege. 2003 habe ich einen neuen, eigenen Frauenritualkreis gegründet. 2004 habe ich parallel den Junghexentreff Frankfurt gegründet. Ich war nie in einem orthodoxen Wiccacoven und bin nie offiziell initiiert worden. Die freie Bewegung der Frauenritualkreise ist undogmatisch, basisdemokratisch und hat in ihren Ritualkreisen meist keine oder nur eine sehr schwache Hierarchie. Wenn Workshops von professionellen Seminarleitungen gegeben werden, dienen sie meistens dem Ziel, die rituelle und spirituelle Grundkompetenz jeder einzelnen Teilnehmerin zu fördern und sie zu befähigen, in ihrer Heimat eigene Frauenritualkreise zu gründen. Wenn ich selbst kleine Ritualworkshops gab, dann meistens in meiner Wohnung und zum Selbstkostenpreis.

Feste Ränge wie Priesterin oder gar Hohepriesterin gibt es in den meisten Frauenritualkreisen nicht. Priesterin zu sein ist kein Rang, sondern eine Rolle, und sie wechselt von Fest zu Fest oder von Jahr zu Jahr. Dieser Dienst an der Gruppe kann von jeder Frau mit einiger Übung und Erfahrung eingenommen werden. In vielen Ritualkreisen werden die Feste gemeinsam oder von einer kleinen Vorbereitungsgruppe vorbereitet und dann von einigen durchgeführt. Für die Durchführung eines Rituals hat es sich bewährt, dass für dieses konkrete Fest ein oder zwei Frauen die Ritualregie haben und sich daher bei den Trancen oder Meditationen auf die wachere Rolle der Anleitung beschränken. Anleitung eines Rituals ist ein Dienst an der Gruppe. Da die Frau, die anleitet, meist nicht voll am Ritual teilnehmen kann, haben alle den Wunsch, dass diese Rolle immer wieder wechselt.

Was haben die meisten Frauenritualkreise vom traditionellen Wicca übernommen?

In der Regel beschränkt sich das auf den Festtagskalender, die Jahreskreisfeste, die vier Elemente Lehre, einige Erfahrungen in der Anrufung und Zuordnung der vier Elemente und der Feste zu bestimmten Themen und einige Elemente aus der Theologie. Selbst die rituelle Rahmenhandlung (Reinigung, Schutzkreis, Energiekreis, Anrufung der vier Elemente, Anrufung der Göttin oder von Göttin und Gott) wird längst nicht in allen Frauenritualkreisen konsequent praktiziert, obwohl sie meiner Meinung nach hilfreich und sinnvoll ist.

Viele Frauenritualkreise arbeiten nur mit der vier Elemente-Lehre und praktizieren keine volle oder regelmäßige Anrufung der Göttin oder des Gottes. Eine intensive Invokation, bei der eine Priesterin in Trance die Göttin in sich hineinruft und für die Göttin spricht, ist in Frauenritualkreisen eher selten.

In vielen Frauenritualkreisen findet sich eine Mischung aus Frauen, die teilweise naturreligiös sind, teilweise gemischt den christlichen wie den heidnischen Festzyklus leben, teilweise sich Hexen nennen, teilweise einfach im weitesten Sinne spirituell auf der Suche sind. Andere wollen Frauenspiritualität neu kennen lernen oder sie sind teilweise im engeren Sinne auf Wicca bezogen, finden aber keinen traditionellen Coven in ihrer Nähe oder suchen freiere Formen für sich. Auf dieser oft sehr gemischten Basis lässt sich selten eine gemeinsame Anrufung der Göttin praktizieren, was für alle eine gemeinsam akzeptierte Theologie bzw. Thealogie voraussetzen würde. Manchmal wird die Anrufung der Göttin durch offene Formulierungen wie „Mutter Erde" oder einfach „Frauenkraft" ersetzt.

Einige Frauenritualkreise trauen sich inzwischen auch an die klassischen „Kasualien" heran, also an die gemeinsame rituelle Begleitung und Gestaltung von Lebensereignissen wie Kinderweihe, erste Menstruation, Hochzeit, Scheidung, Menopause, Beerdigung. Ich selbst habe sowohl meine Hochzeit wie die Beerdigung einer Ahnin mit erfahrenen Ritualfreundinnen gestalten können und habe das als sehr stimmig und heilsam erlebt.

Frauenritualkreise, die über längere Zeit bestehen, müssen viel Mut, Ausdauer und Toleranz miteinander aufbringen, da sie wie alle menschlichen Gruppen einer spannenden Gruppendynamik folgen. Denn Frauen können sich im Kreis sehr öffnen und sich sehr nahe kommen. Dadurch erhöhen sich die gegenseitigen Erwartungen und die Verletzlichkeit. Trotz Internets habe ich die Erfahrung gemacht, dass es immer noch nicht so leicht ist, einen neuen, stabilen Kreis zu finden oder gar zu gründen. Auch die Aufnahme neuer Frauen in einen bestehenden Kreis gestaltet sich oft nicht einfach.

Mein Buch enthält verschiedene Anregungen und Themen, wie sie im Laufe der Zeit in Frauenritualkreisen auftreten können: Das Verhältnis zur Wicca-Religion, die Auseinandersetzung mit dem Begriff der Hexe und der Priesterin, dem Begriff von Energie, Magie und dem Bild von der Göttin, einige Ideen zur Gruppendynamik und zur Toleranz untereinander. Außerdem gehe ich ein auf verschiedene magische Begabungen, die in Ritualkreisen auftreten können und aufgrund ihrer Unterschiedlichkeit auch zu Schwierigkeiten führen können. Hinzu kommen konkrete Beispiele für die Entwicklung eines Ritualkreises und die Gestaltung der Jahreskreisfeste. Ich werde im Buch überwiegend die weiblichen Formen benutzen, da Frauenritualkreise ja von und für Frauen da sind. Der interessierte männliche Leser mag sich die männliche Form hinzudenken und sich bitte angesprochen fühlen, diese ihm vielleicht fremde Kultur kennenzulernen.

Ich widme dieses Buch vor allem Jutta, Gesine, Petra, Klarissa und Ursula, meinen treuen Frauen im Ritualkreis.

Was ist Wicca?

Wer Homepages oder Bücher moderner Hexen und Heiden liest, begegnet unter anderem den Begriffen Naturreligion, Heidentum, Wicca, Hexen, Druiden. Was bedeuten diese Begriffe, sind sie nur etwas Ähnliches oder das Gleiche?

Mit moderner Naturreligion werden oft neue spirituelle Wege bezeichnet, für die die Verehrung der Natur im Mittelpunkt des Kultes steht. Naturreligionen gelten als die ältesten Religionen der Menschheit. Die Natur selbst ist für Anhänger von Naturreligionen göttlich, nicht nur Ausdruck göttlicher Schöpfungskraft. Festtage von Naturreligionen werden oft nach dem Lauf der Sonne, dem Stand von Mond und Sternen berechnet. Der Wechsel der Jahreszeiten wird im Ritual besonders gefeiert und gestaltet. Persönliche Gottheiten werden hier seltener verehrt. Dafür kann aber die Verehrung von Sonne und Mond, eines heiligen Baumes oder einer heiligen Quelle im Mittelpunkt des Kultes stehen. Es gibt z.B. naturreligiöse Kreise, die sich regelmäßig an Vollmond im Kreis an einen Apfelbaum treffen und dort eine stille Form der Andacht halten, die mit sehr wenig Ritualregie auskommt.

Modernes Heidentum

Mit dem Begriff Heiden haben Christen über viele Jahrhunderte hinweg einfach alle Menschen bezeichnet, die nicht getauft waren und somit nicht christlich waren. Andere Religionen benutzen andere Bezeichnungen. Für Moslems sind alle Menschen, die nicht dem Islam angehören, „Ungläubige". Für die alten Griechen waren alle Anhänger fremder Völker und anderer Religionen „Barbaren".

Heide in diesem Sinne ist also eher so eine Art Restkategorie, heißt „nicht christlich" oder „noch nicht christianisiert".

Eine neue, moderne Bedeutung des Wortes Heide ist ein Mensch mit einem bewussten Glaubensbekenntnis zu den alten Göttern und Göttinnen des Landes vor der Christianisierung. Also kein Mensch, der zufällig kein Christ wurde, weil seine Eltern vergessen haben, ihn zu taufen, sondern ein Mensch, der sich bewusst zu einem modernen heidnischen Glauben bekennt und versucht, die alten, vorchristlichen Religionen durch Rekonstruktionen der alten Religion wieder erlebbar zu machen. Das kann z.B. die keltische Tradition sein, die germanische oder eine antike hellenistische oder die indianische Tradition.

Leider wurden im alten Europa durch die Christianisierung die Überlieferungswege der vorchristlichen Religionen stark unterbrochen. So haben moderne Heiden versucht, aus Mythen, Sagen und Resten der Volkstradition zu rekonstruieren, wie der Germanenglaube oder der keltische Glaube gewesen sein kann. Weder die Germanen noch die Kelten haben uns etwas Schriftliches zu ihren Kulten überliefert. Die Kelten hatten zwar ein sehr komplexes Bilder- und Symbolsystem, lehnten aber die schriftliche Überlieferung der Glaubensinhalte ab. Sie sollen nur mündlich von Generation zu Generation weitergegeben worden sein. Die weisen Männer und Frauen dieser Zeit müssen Meister im Auswendiglernen gewesen sein.

Was wir heute historisch einigermaßen gesichert über die Germanen und Kelten wissen, ist entweder ein Bericht aus der Sicht der Römer (z.B. das im Lateinunterricht eher unbeliebte Werk Caesars „Der gallische Krieg") oder aus der Sicht der christlichen Missionare. Sowohl die römischen Eroberer wie die christlichen Missionare waren einer Schrift kundig, die wir heute noch benutzen und verstehen können. So können wir ihre Eindrücke von den alten Völkern Europas zwar nachvollziehen, wissen aber, dass die Beobachtungen der Römer oder Missionare die alten Völker auch nicht realistisch abbilden. Denn die Texte der römischen Kriegsherren oder der christlichen Missionare sind durch die eigenen Ansichten und Vorurteile dieser Leute geprägt. Sie haben außerdem selbst nicht alles verstanden, was diese fremden Völker im Alltag und im Kult lebten, da sie sich nicht immer sprachlich verständigen konnten.

Bei der Überlieferung der indianischen Tradition war es etwas einfacher, da bis heute noch einige Nachfahren der Ureinwohner in der Traditionslinie leben. Über die antike heidnische römische oder griechische Götterwelt ist mehr überliefert, da die ganzen Sagen und Mythen in einer noch heute verständlichen Schrift erhalten sind. Dennoch wissen wir sehr wenig über die konkreten Kulte, da dieses Wissen oft unter strengstem Stillschweigen bewahrt wurde (so z.B. der Ablauf der Mysterien von Eleusis).

Die Glaubensinhalte des Heidentums können also je nach Kultur, Gegend und Bezugsrahmen sehr verschieden sein. Außer der Anbetung der Natur wie in der Naturreligion gibt es auch den Animismus. Animismus bedeutet der Glaube, dass auch in Pflanzen, Tieren, Menschen, Steinen, Flüssen, Seen, im Meer und in der Luft Gottheiten oder Wesenheiten erkennbar und erspürbar sind, mit denen sich die Menschen im Ritual oder in der Trance austauschen können. In den alten heidnischen Kulturen gab es nicht immer eine strenge Trennung von Alltag und Ritual. Der Alltag war von Ritualen durchzogen und die Rituale fest im Alltag verankert.

Viele heidnische Religionen sind polytheistisch, kennen also nicht nur einen einzigen Gott, sondern haben einen Götterhimmel, der von einer ganzen Götterfamilie mit Göttern und Göttinnen bevölkert ist. Daher gab es sowohl männliche wie weibliche Gottheiten. Manchmal gab es auch Streit zwischen den Göttern oder Götterfamilien oder Götterschicksale, die mit dem Wechsel der Jahres-

zeiten in Verbindung gesehen wurden. (z.B. ist es Dürre im griechischen Mythos, wenn Persephone bei Hades in der Unterwelt
lebt, und es wird Frühling, wenn sie zu ihrer Mutter Demeter wieder auf die Erde bzw. in den Himmel zurückkehrt.)

Wicca

Wicca ist eine eher moderne Religion, die aus der rituellen Magie entstanden ist. Sie wurde vor allem bekannt durch die Werke
von Gerald Gardner und Doreen Valiente, die in den Jahren 1950
bis 1960 in England veröffentlicht wurden. Zu dieser Zeit war in
England der Hexereiparagraph abgeschafft worden, der die Ausübung der Magie und Hexerei verboten hatte. So konnten die Menschen, die rituelle Magie schon länger praktizierten, wieder an die
Öffentlichkeit treten. Eine andere Hochphase der rituellen Magie
waren die Jahre um 1920 in England. In dieser Zeit entstanden einige bekannte Tarotdecks (Das von Rider entworfene Deck, gemalt
von Pamela Colman Smith, und das von Crowley entworfene
Deck, das Frieda Harris gemalt hat.).

Es gab damals einige Geheimorden wie z. B. der Order of the
Golden Dawn. In dieser Zeit hat auch Dion Fortune gelebt. Weil
diese Blütephase der Magie mit der Ausbreitung der Anwendun-
gen der Elektrizitätslehre zeitlich zusammen fiel, gibt es in der
Sprache der rituellen Magie auch so viele Parallelen zur Elektrizitätslehre wie z. B. „aufladen" „entladen" usw. Diese Begriffe lagen
damals einfach in der Luft.

Es gibt Vertreter der Wicca-Religion, die nur diejenigen im engen Sinne als echte Wicca anerkennen, die von Gardner oder San-
ders Tradition direkt abstammen, also aus der Linie dieser Tradition eingeweiht („initiiert") wurden. Andere sagen, Wicca ist jede
und jeder, der sich auf diese Tradition bezieht und jeder und jede
könne sich auch selbst initiieren und Gott und Göttin weihen. Gerade im dianischen Wicca, in dem nur die Göttin verehrt wird, gehen Frauen oft viel freier mit dem Begriff um. Wer sich nur zu

Wicca hingezogen fühlt, nennt sich heute oft so, kann selbst einen Ritualkreis aufbauen und Rituale praktizieren.

Ein weiterer Begriff, der hier oft auftaucht, ist „Freifliegend". So bezeichnen sich Menschen, die in keiner festen Traditionslinie stehen, aber eine im weitesten Sinne an Wicca orientierte Spiritualität und Magie leben. Sie können einzeln praktizieren oder in Gruppen. Eine Gruppe von praktizierenden Wicca nennt sich meist Coven, wenn es eine überschaubare Gruppe ist. Größere Gruppen bezeichnen sich auch manchmal als Clan oder Hain. Die Bezeichnung Frauenritualkreis ist dagegen ein sehr weiter Begriff, der die teilnehmenden Frauen nicht so eng auf eine bestimmte spirituelle Richtung festlegt und wird daher von vielen Frauen bevorzugt.

Wicca ist also eine moderne Religion, die neben der Ausübung der rituellen Magie Elemente der Naturreligion, des Heidentums und der vier Elemente Lehre (Luft, Feuer, Wasser, Erde) zu einem Kult verbindet. Im Festzyklus der Wicca kommen vier eher keltische und vier eher germanische Feste vor. Hierzu ist die einzig historisch ehrliche Ansicht, dass dieser Festzyklus in heidnischer Vorzeit wahrscheinlich nie in dieser Form gefeiert wurde, sondern eher eine moderne Rekonstruktion darstellt. Die Feste werden nach dem Stand von Sonne und Mond berechnet oder liegen an traditionellen Festdaten, die überwiegend dem keltisch-irischen Kulturkreis entstammen. Dazu gehören: Lichtmess (2.2.), Ostara oder Frühlings-Tag-und-Nacht-Gleiche (um den 21.3. herum), Walpurgis (30.4.), Sommersonnenwende (um den 21.6. herum), Schnitterin (2.8.), Herbst-Tag-und-Nacht-Gleiche (um den 23.9. herum), Halloween oder Dunkelheitsfest (31.10.) und Wintersonnenwende (um den 21.12. herum). Als besondere Festzeiten gelten außerdem die Rauhnächte (Zeit von Wintersonnenwende bis zum 6.1.) und die Vollmond- und Neumondnächte. Viele dieser Feste finden sich noch in christianisierter Umgestaltung im katholischen Festkalender wieder, teilweise in Marienfeste gewandelt.

Auch Wicca kommunizieren im Ritual mit verschiedenen Wesenheiten. Außerdem soll Gardner viele alte Volksbräuche und Mythen seines Volkes in den Wicca-Kult eingearbeitet haben. In England, Irland und Schottland war die Christianisierung nicht ganz so durchgreifend wie auf dem europäischen Festland, so dass sich im Volksglauben mehr geistiges Material aus vorchristlicher Zeit erhalten haben soll.

Gestritten wird manchmal, ob Wicca eher polytheistisch oder eher monotheistisch ist. Verehrt werden von manchen Göttin und Gott, von manchen nur die Göttin. Manche Wicca rufen sehr viele Gottheiten aus ganz unterschiedlichen Kulturkreisen an und erleben diese als verschiedene, eigenständige Gottheiten. Andere glauben, dass hinter Gott und Göttin nur eine allmächtige, große göttliche Kraft steht und dass alle Namen für Götter und Göttinnen nur Facetten dieser einen göttlichen Kraft sind. So eine Überzeugung drückt sich z.B. in dem Ausdruck „Die Eine mit den 1000 Namen" aus. Sie verehren und rufen im Ritual eine Vielfalt göttlicher Namen, um so die eine göttliche Kraft besser abbilden zu können.

Kennzeichnend für die Wicca-Religion ist die klare Erlaubnis und Ermutigung, magisch wirkend, wahrsagend oder auch hellseherisch tätig zu werden. Es ist eine der wenigen Religionen, die den Gebrauch von Magie nicht nur zulässt, sondern sogar nahe legt. Außerdem zeichnet sich diese Religion durch die ethische Grundorientierung am „Gesetz der Drei" aus (Alles, was du wirkst, wird dreifach auf dich zurückwirken.) und am Gebot „Tu, was du willst und schade niemandem".

Es gibt nur einige wenige zentrale Texte wie z.B. die Wiccan Rede.

Einen guten Überblick über historische Wurzeln und aktuelle Strömungen der Wicca-Religion gibt das Buch „Progressive Witchcraft" von Janet Farrar und Gavin Bone, erschienen im Arun Verlag.

Die Jenseitsvorstellung bezieht sich auf eine allmächtig Göttin (bzw. Göttin und Gott), die über den Kreislauf von Geburt, Tod und Wiedergeburt wacht. Viele Wicca glauben an Wiedergeburt, aber nicht als einem Zyklus der Qual, der die Seele entrinnen sollte, sondern als eine immer neue Verwirklichungschance. Eine Kommunikation von Verstorbenen, Ungeborenen und Lebenden wird für möglich gehalten. Sexualität wird als Kraft, die Wiedergeburt und Lebenslust schenkt, ausdrücklich bejaht.

Hexenreligion

Manche verbinden mit dem Wort Hexe eine Anhängerin der „Hexen Religion". Diese Frauen, die sich als moderne Hexen bezeichnen, sind meistens Heiden, können sich aber an verschiedenen Religionen orientieren. Einige sind eher Druiden (am Keltischen orientiert) einige Asatru (an der nordisch-germanischen Religion orientiert), einige sind Wicca. Sehr viele moderne Hexen fühlen sich der Wicca-Religion zugehörig, so dass sich Wicca und Hexenreligion für manche zu einem Begriff vermischt hat. Es gibt aber im Grunde keine einheitliche Hexenreligion. Menschen, die Magie praktizieren, aber gleichzeitig Christen sind, werden im Gegensatz zu Wicca oder Heiden oft eher als Magier bezeichnet, nicht als Hexen und Hexer.

Viele Frauen in selbstverwalteten Frauenritualkreisen fühlen sich weder klar der Wicca-Religion zugehörig, noch erleben sie sich als bewusste Heidinnen oder nur als naturreligiös. Einige Frauen lösen sich auch nicht oder nicht ganz von der christlichen Weltanschauung, praktizieren eine Kombination aus heidnischen Festen und christlichem Volksbrauchtum. Viele Frauenritualkreise kombinieren Elemente der verschiedenen Weltanschauungen oder sind in ihrer Begrifflichkeit sehr zurückhaltend. Oft werden die Unterschiede erst klar, wenn eine neue Frau um Aufnahme in den Kreis bittet und nach der Orientierung des Kreises fragt.

Auseinandersetzung mit dem Begriff der Hexe

Während innerhalb von Wiccacoven viele Frauen sehr offen mit dem Begriff der Hexe sympathisieren oder sich stolz so bezeichnen, tun sich viele Frauen in Frauenritualkreisen eher schwer damit. Das erste Buch von Starhawk, im amerikanischen „The Spiral Dance", erschien 1983 durch eine unglückliche Übersetzung des Bauerverlags im Deutschen unter dem Titel „Der Hexenkult als Urreligion der großen Göttin". Viele Frauen können sich aber schlecht mit diesem Begriff identifizieren. Woran liegt das?

Der Begriff der Hexe ist für viele Frauen stark belastet durch die historische Hexenverfolgung. Zur historischen Hexenverfolgung wissen wir oft nur wenig oder das, was wir wissen, beruht auf vielen Missverständnissen. Daher will ich zunächst einige Informationen zur historischen Hexenverfolgung geben anhand der häufig auftretenden Missverständnisse:

1. Missverständnis: Es wurden nur Frauen wegen Hexerei angeklagt – Stimmt nicht!

Es wurden nicht ausschließlich, sondern überwiegend Frauen verbrannt. Etwa zehn Prozent waren Männer, hinzu kommt eine größere Anzahl von Männern, die unter der Anklage von Ketzerei standen und ähnliche Strafen erlitten. Diese Männer waren meistens Christen, die religiösen Erneuerungsbewegungen anhingen. Sie forderten z.B. die Armut der Kirche und eine gerechtere Verteilung des kirchlichen Reichtums. Mit dieser Kritik an der Kirche waren sie den Kirchenoberen ein Dorn im Auge.

2. Missverständnis: Alle als Hexen angeklagten Frauen und Männer verehrten die alten Götter des Landes und waren keine Christen oder Christinnen. – Stimmt nicht!

Der überwiegende Teil aller Verurteilten hatte wahrscheinlich nichts mit dem zu tun, was wir heute „Hexenkult" nennen. Diese

Menschen fielen einfachen Verleumdungsaktionen zum Opfer. Der Hexenwahn war so verbreitet, dass es jede Frau und jeden Mann treffen konnte, der aus anderen Gründen unbequem oder jemandem im Wege war. Viele reiche, alleinstehende Frauen stehen auf den Opferlisten. Das Vermögen fiel der Kirche zu. Man brauchte nur jemanden als Hexe oder Hexer zu bezeichnen, schon nahm das Unheil seinen Lauf. Die Motive konnten ganz einfach Neid, Missgunst oder Geschäftsinteressen sein. Es kann z.B. die Witwe getroffen haben, die den Handwerkerbetrieb ihres Mannes alleine weiter führen wollte und nicht den Gesellen als Meister beförderte. Friedrich von der Spee hatte als Jesuitenpater vielen Frauen vor der Verurteilung die Beichte abgenommen. Viele Frauen waren Christinnen, verlangten nach einer christlichen Beichte und schämten sich der Lügen, die sie unter dem Einfluss der Folter erzählt hatten, damit die Folterknechte endlich von ihnen abließen. Diese Erfahrungen haben dazu geführt, dass Friedrich von der Spee zu den wenigen Kirchenmännern gehörte, die begriffen, dass dieser Hexenverfolgungswahn nur Unheil stiftet und falsch ist. Diese Ansicht legte er unter dem Schutz der Anonymität in dem Werk Cautio Criminalis (Die Ursache des Verbrechens) 1631 nieder. Er hat in dieser Zeit ein ergreifendes Trauerlied geschrieben (Es beginnt so: „In stiller Nacht, zur ersten Wacht, ein Stimm begunnt zu klagen...", 1649), das sich ideal eignet, z.B. an Halloween zum Gedenken der Ahninnen gesungen zu werden.

3. Missverständnis: Alle als Hexe angeklagten Frauen waren weise und heilkundige Frauen - Stimmt nur teilweise. Ein eher geringer Teil der verurteilten Frauen waren tatsächlich Hebammen und Kräuterheilkundige. Sie sollen nicht nur Wissen zur Geburtshilfe, sondern auch zu natürlichen Verhütungs- bzw. Abtreibungsmitteln gehabt haben. Das war der Kirche ein Dorn im Auge, die viel christlichen Nachwuchs sehen wollte und Sexualität nur zum Kinderkriegen duldete.

Außerdem versuchten die heilkräftigen Frauen, den schwangeren Frauen eine möglichst schmerzfreie Geburt zu verschaffen. Das stand aber im Widerspruch zur kirchlichen Lehre, dass die Frau als Strafe für die Erbsünde unter Schmerzen ihre Kinder gebären müsste. In dieser Zeit entstanden die ersten Universitäten mit medizinischen Studiengängen. Die neuen sogenannten medizinischen Studiengänge dieser Zeit waren aber eher Ableger der theologischen Universitäten. Deswegen waren nur Männer zu diesen Studiengängen zugelassen. So wurden dort wesentlich weniger echtes medizinisches Wissen und mehr theologische Dogmen vermittelt.

Die Erfolgsrate dieser Ärzte war entsprechend gering, was den anhaltenden Zustrom zu den wirklich heilkundigen Frauen im Volk erklärt. Das war den neuen Ärzten ein Ärgernis und so kam es teilweise zur Verfolgung der heilkundigen Frauen, die die medizinische Konkurrenz darstellten. Parallel dazu waren die Bevölkerungszahlen durch Kriege und Pestepidemien im Sinken. So sollten die Frauen angehalten sein, viele Kinder zu gebären, statt maßvoll zu gebären.

4. Missverständnis: Hexenverfolgung fand überwiegend im Mittelalter statt. – Stimmt nur teilweise: Der Höhepunkt der Hexenverfolgung war wohl in Frankreich und Spanien im Mittelalter, in Deutschland lag der Gipfel der Verfolgung aber in der beginnenden Neuzeit. Das heißt, in der Zeit, in der alle Historiker sonst den Beginn eines neuen freien, neuen Menschenbildes feiern, fand diese grausame Verfolgung der Frauen und Männer unter dem Vorwurf der Hexerei statt. Die Kehrseite des neuen Menschenbildes, das den Verstand und die Erkenntnisfähigkeit des Menschen betonte, schien zu sein, dass alles Dunkle, Irrationale in Form der als Hexen angeklagten Menschen verfolgt werden musste.

5. Missverständnis: Hexenverfolgung fand nur in katholischen Gebieten statt. – Stimmt nicht! Das hängt mit Missverständnis Nr. 4 zusammen: Die Reformation wird ja von vielen Historikern als

Wende zur Neuzeit angesehen. Es gab aber noch nach der Reformation Hexenverfolgung und Hexenprozesse in Deutschland, auch in evangelischen Gegenden, sogar bei den nach Amerika ausgewanderten Menschen. So wurde z.B. 1599 Elisabeth Strupp, eine Pfarrerswitwe und Schwiegertochter eines reformierten Pfarrers in Gelnhausen verurteilt und verbrannt.

6. Missverständnis: Die als Hexen verurteilten Frauen haben sich selbst als Hexen bezeichnet und gefeiert. – Stimmt nicht! – Alle Frauen, die als Hexen angeklagt wurden, haben diese Aussage, eine Hexe zu sein, nur unter dem Einfluss der Folter abgegeben. Es war vorher nicht ihre Selbstbezeichnung oder ihr Selbstverständnis, eine Hexe zu sein. Hexe war ein Schimpfwort, mit dem die weisen Frauen belegt wurden, wenn ihre Hilfe nicht als hilfreich erlebt wurde. Das ist wohl der deutlichste Unterschied zur modernen Hexenbewegung. Heutige Frauen bezeichnen sich manchmal gerne und stolz als Hexen. Andere sagen, dass sie sich mit diesem Begriff noch heute nicht identifizieren können, weil es die Sprache der Folterknechte ist.

7. Missverständnis: Als Hexen wurde nur eine kleine Randgruppe der Bevölkerung verfolgt. Stimmt sicher nicht. Wo die Akten erhalten blieben, kann das Ausmaß der Verfolgung hochgerechnet werden. Viele Akten wurden leider als historisch uninteressant vernichtet! Wir wissen nicht, ob es Zehntausende waren oder Millionen von Frauen und Männern waren, die gestorben sind in der Zeit von 1352 (Pabst Innozenz VI. lässt die Folter in Inquisitionsprozessen zu) bis ca. 1669 (Kurfürst Erzbischof Johann Philipp schafft in Mainz die Hexenprozesse ab). Aber es war sicher mehr als eine Randgruppe.

8. Missverständnis aus neuerer Zeit: Die als Hexen verfolgten Frauen waren psychisch krank, ihre Erfahrungen, die sie berichten, sind ähnlich einzuordnen wie die Halluzinationen von schizophrenen Patienten. Sicherlich falsch! Die den Frauen unter der Folter

nahegelegten Erlebnisse waren kein wahnhaftes Symptom, dass die Frauen vor der Folter oder unabhängig von der Folter wirklich erlebt hatten. Die meisten als Hexen verfolgten Frauen waren kerngesunde, völlig normale Frauen, die wegen lächerlicher Streits oder gewachsenem Neid und Missgunst als Hexen bezichtigt und beseitigt wurden. Wesentlich interessanter scheint mir die Frage nach der psychischen Gesundheit der Inquisitoren und Folterknechte. Wer einmal den Mut hatte, in ein Foltermuseum aus dieser Zeit zu gehen, ist erschüttert vom Ausmaß dieses Frauenhasses.

Zusammenfassend bleibt mir in der Auseinandersetzung mit der historischen Hexenverfolgung zu sagen: Wichtig ist es, sich klarzumachen, Hexenverfolgung hatte viele Ursachen, nicht nur eine. Dennoch war es ein Buch, das diese Lawine ins Rollen brachte und viele Vorstellungen dieser Zeit zusammenfasste anhand einer wirren Mischung von Zitaten von Kirchenfürsten, Bibelstellen und Kirchenlehrern. Das war das Buch „Der Hexenhammer", verfasst von zwei Dominikanermönchen, Jakob Sprenger und Heinrich Institoris. Es enthielt klare Regeln für Inquisitionsprozesse und Folter. Der eine Autor war Inquisitor für das Rheinland, der andere für Oberdeutschland. Dieses Buch war zu Anfang durchaus auch innerhalb der Kirche angefeindet, da es die Wende von der Verfolgung männlicher Ketzer zur Verfolgung von Frauen als Hexen nahe legte. 1484 erhielt es dennoch die päpstliche Zustimmung. Für dieses Buch hat die Universität Köln damals sogar ein Gutachten verfasst.

Aufgrund der vielen Missverständnisse, die sich in der Auseinandersetzung mit der historischen Hexenverfolgung ergaben, war es für die Generation von Frauen, bei denen ich als spirituell Suchende in die Lehre ging, kaum möglich, sich mit dem Begriff der Hexe zu identifizieren. Zu viel Leid und Unheil waren damit verbunden und zu viele Umdeutungen hatte der Begriff erfahren. Für einige von uns war der neu geschaffene Begriff der „hagazussa", der Zaunreiterin zwischen den Welten, eine Annäherung an unsere Lebensform.

Als ich mich in die ersten Workshops begab, die ersten Frauenrituale feierte, kam ich mit einiger Abwertung und vielen Missverständnissen in Kontakt. Eine Freundin, mit der ich damals gemeinsam in einer Berufsausbildung war, fragte mich ziemlich schnell, ob ich anfangen wollte, „Schwarze Messen zu feiern". Sie kam aus einer sehr katholischen Gegend Hessens und das war ihr Bezugsrahmen. Ich versuchte, ihr den Unterschied zwischen Satanismus und Wicca zu erklären, und ich glaube, ich war damals wenig überzeugend. (Die häufigste Erklärung ist: Wicca bezieht sich auf polytheistische, vorchristliche Religionen. Die Vorstellung des Satans ist aber eine typische Figur der monotheistischen Buchreligionen wie Christentum und Judentum. Es gibt theologisch keine stimmige Konstruktion, warum eine Heidin an eine Figur wie den Satan glauben sollte).

Eine weitere Irritation begegnete mir in meinem Freundeskreis, als ich erstmals offen sagte, ich hätte Sommersonnenwende gefeiert: Ich wurde gefragt, ob ich etwa zu Neonazis übergelaufen wäre. Auch hier musste ich meine Wege finden, wie ich begründe, dass ich aus spirituellen Gründen alte heidnische Festdaten feiern wollte und nicht meine politische Überzeugung gewechselt hatte und auf einmal rechtsradikal wäre. In beiden Diskussionen wäre es kein hilfreiches Konstrukt gewesen, mich als „Neue Hexe" zu bezeichnen, denn dieses Etikett hätte noch mehr Verwirrung hervorgerufen.

Für viele Menschen in meinem normalen Freundeskreis waren Hexen entweder fragwürdige Anbieter okkulter Dienstleistungen auf Jahrmärkten oder Gestalten aus dem Märchen oder eben arme historische Opfer in der Geschichte. Warum sich jemand, der einen normalen Beruf ausübt, auf „normalem Wege" sein Geld verdient und ein gutes soziales Netz hat, freiwillig mit diesem Begriff identifiziert und daraus auch noch eine spirituelle Orientierung und Kraft bezieht, war für viele meiner Freunde und Freundinnen außerhalb meines Ritualkreises schlichtweg unverständlich.

Bei mir folgte eine längere Phase der Auseinandersetzung mit meinen „magischen Begabungen", wobei ich im Laufe der Zeit an mir Wahrsagen, Empathie, die Fähigkeit, Gruppenrituale zu leiten, eine gewisse Grundfähigkeit zur Trance, eine nur sehr schwach ausgeprägte Hellsichtigkeit, ein Interesse an heilenden Kräften und eben die Fähigkeit der Anrufung und des Schreibens entdeckte. Ich lernte hierzu Techniken und erwarb Buchwissen, sammelte auch immer mehr praktische Erfahrungen. Auch hier musste ich in meinem normalen Umfeld sehr vorsichtig sein, mich damit zu outen. Ich machte weiterhin Workshops in Frauenbildungshäusern und studierte inzwischen parallel an einer sehr naturwissenschaftlich ausgerichteten Universität Psychologie. Hier galt die Zustimmung zu bestimmten esoterischen Aussagen eindeutig schon als Hinweis auf bestimmte psychiatrische Erkrankungen!

Ich mied plakative esoterische Anbieter. Wenn ich Esoterikmessen besuchte, war ich oft teils amüsiert, teils angewidert von dem dortigen Angebot, das mir im Preis meist völlig überteuert und in den Heilsaussagen völlig unrealistisch erschien. Auch wenn ich Tarot und Astrologie erlernte und inzwischen einiges Geld dafür in esoterischen Buchhandlungen ausgab, verwendete ich dieses Wissen immer noch in erster Linie zur eigenen Selbsterkenntnis und zur eigenen Entscheidungsfindung. Ich habe immer nur in sehr geringem Umfang andere Personen beraten, noch seltener gegen Geld.

Die erneute Auseinandersetzung mit dem Thema Hexen erfolgte für mich erst im Laufe der Entdeckung des Internets, für mich seit ca. 1999, als immer mehr Internetforen sich zu dem Thema gründeten und eine Auseinandersetzung und ein Treffen von „Gleichgesinnten" anboten. Es war auf einmal durch das Internet ungleich leichter, Gleichgesinnte zu treffen als noch Anfang der 90 er Jahre, als ich mich an Mundpropaganda und Zettelwänden in Esoterikläden abarbeitete. Ich ging damals auch ganz vorsichtig auf einige „Hexen- und Heidenstammtische" und traf Menschen mit ganz unterschiedlicher Ausrichtung. Erst als zunehmend mehr junge Menschen in diese Stammtische und Internetforen strömten, die sich sehr locker als „Junghexen" bezeichneten und auf der Suche waren nach „erfahrenen Hexen" wurde mir klar, dass vieles von dem, was ich gelernt hatte und lebte, aus Sicht der jüngeren Menschen in das Bild der Hexe passte. Ich nahm es an, dass diese jungen Menschen mich aufgrund meines Wissens, meiner Erfahrungen und meiner Spiritualität als Hexe ansahen, auch wenn ich mich selbst nicht so bezeichnet hätte.

Frauen, die sich in Frauenritualkreisen zusammenfinden, werden früher oder später mit ganz unterschiedlichen Begriffen von Hexen konfrontiert sein. Daher ist es wichtig, sich selbst mit diesem Begriff auseinander zu setzen und eine eigene Position dazu zu finden. Selten werden aber alle Frauen im Kreis hier die gleiche Definition für sich finden.

Weiterführende Literatur:

Interessant ist das Kapitel über Hexenverfolgung im Buch "Weise Wunde Menstruation" von Shuttle und Redgrove. Beide Autoren nähern sich dem Thema Hexenverfolgung vom Thema Menstruation aus. Einige Autoren und Autorinnen haben festgestellt, dass die patriarchalen Menstruationstabus und die patriarchalen Vorstellungen von Hexen sich sehr ähneln.

Weitere Klassiker zu dem Thema sind:

"Hexen, Hebammen und Krankenschwestern", ein kleines lohnendes Heftchen von Barbara Ehrenreich und Deidre English. (Frauenoffensive)

Sehr informativ fand ich vor allem das Buch von Erika Wisselinck " Hexen- warum wir so wenig von ihrer Geschichte erfahren und was daran auch noch falsch ist". Es behandelt die häufigsten Vorurteile und Missverständnisse zum Thema Hexenverfolgung, wie ich sie hier dargestellt habe. Für meinen Artikel habe ich vor allem aus diesem Buch Informationen herangezogen.

Die Leitung und die Rolle der Priesterin

Wenn Frauen gemeinsam in Gruppen Rituale feiern, ist es wichtig, sich gemeinsam und als Einzelperson darüber klar zu werden, wie erlebe ich mich in dieser Rolle, wenn ich ein Ritual anleite? Eher pädagogisch, eher therapeutisch, heilend oder priesterlich? Soll sich die Person, die das Ritual anleitet, etwas herausnehmen aus dem Geschehen? Ist es ein Dienst an der Gruppe oder Machtausübung? Soll sie optisch durch ein besonderes Gewand erkennbar sein? Stellt sie ihr Programm für diesen Ritualtag vorher vor und können alle noch mitwirken? Oder will der Kreis ganz ohne Leitung arbeiten und einfach spontan die Ideen zusammenwerfen am Tag des Festes, Ideen, die jede so mitgebracht hat? Dann muss erfahrungsgemäß vor Beginn der Ritualzeit einiges an Kreativ- und Planungszeit eingerechnet werden.

Wenn Kreise neu gegründet werden, ist der Kenntnisstand in der Anfangsphase oft etwas unterschiedlich. Es kann sein, dass einige Frauen häufiger die Rituale leiten und andere erst nach und nach in diese Rolle hineinwachsen. Das kann ein Ungleichgewicht entstehen lassen. Hier scheint es mir wichtig, sich bald gegenseitig zu ermutigen, wenigstens kleine Elemente der Ritualhandlung auf alle Teilnehmerinnen zu verteilen. Aber wie geht der Kreis damit um, wenn einige noch nach Jahren sagen, sie möchten kein Ritual vorbereiten, sondern immer in der eher passiven Rolle der Teilnehmerin bleiben? Bleiben dennoch alle gleichberechtigt in der Gruppe?

In meinen zwei Ritualkreisen und verschiedenen Workshops bin ich verschiedenen Ideen und Ansätzen als Leiterin und Teilnehmerin von Frauenritualen begegnet. Ich selbst sympathisiere mehr mit dem Begriff der Priesterin als mit dem der Hexe. Meine Erfahrung im Austausch mit den anderen Frauen im Kreis ist: Auch wenn Frauen sich als ein Ritualkreis zusammenschließen und gemeinsam Rituale feiern, so hat doch jede darin eine andere, ganz eigene Vorstellung von sich, ob das jetzt eine Identität als Hexe, als Priesterin, Heidin oder Therapeutin ist. Oder ob es einfach die Idee ist: Ich praktiziere Frauenspiritualität im weitesten Sinne. Ich habe 8 Jahre lang Frauenrituale in einem Kreis gefeiert, der kein offizieller Wicca-Coven war. Es war ein Frauenritualkreis, der schon vor meinem Eintritt bestand und auch nach meinem Austritt noch lange Jahre weiter bestand. Es wurde eine im weitesten Sinne naturnahe Frauenspiritualität praktiziert. Es hat zu keinem Zeitpunkt eine offizielle Initiation stattgefunden, für keine von uns.

Es war ein selbstverwalteter Frauenritualkreis ohne eine feste Leitungsperson. Die Leitung eines Rituals zu sein, war eine Rolle, die jede im Wechsel einnehmen konnte mit einiger Erfahrung, sie wechselte bewusst von Fest zu Fest. Es war gleichbedeutend mit: Das Fest vorbereiten und einfach die Regie für das jeweilige Fest haben. Das wurde immer von zwei Frauen aus dem Kreis übernommen. Wir haben uns viel selbst gegenseitig beigebracht und aus unseren gemeinsamen Erfahrungen gelernt. Dennoch hat jede ihre eigenen Lehren aus diesen Erfahrungen gezogen. Einige von uns haben parallel Workshops unterschiedlicher Lehrerinnen und Lehrer besucht, deren Ansichten wieder in unsere Arbeit einflossen.

Ich wollte nach einiger Zeit stärker in einem strukturierten rituellen Rahmen arbeiten, habe mich mehr mit Wiccaritualen beschäftigt und identifiziert, ohne jedoch in einen festen Orden einzutreten. Ich habe mich immer mehr als Priesterin verstanden. Währenddessen machten andere Frauen im gleichen Kreis die Erfahrung, dass sie lieber weiterhin Christinnen bleiben wollten, weil sie mit ihrer Familie die christlichen Feste parallel feierten. Was im Ritualkreis nach dieser Trennung noch stattfand, wurde im weitesten Sinne allgemein unter Frauenspiritualität zusammengefasst. Das kann auch einfach heißen: Sich an einem Festtag mit Frauen treffen, singen, meditative Tänze tanzen, sich in einer Frauengruppe austauschen, evtl. gemeinsam meditieren. Aber es muss nicht für alle den Charakter von Gottesdienst oder einen festen rituellen Rahmen haben. Für einige der älteren Frauen, mit denen ich lange zusammen Frauenspiritualität gelebt habe, reichte es z.B., an der Frühlings-Tag-und-Nacht-Gleiche einige Frühlingslieder zu singen, meditative Frühlingstänze zu tanzen, Eier bunt zu bemalen und Frühlingsgedichte zu lesen. Eine rituelle Form oder eine rituelle Rahmenhandlung erschien den Frauen nicht erforderlich zu sein.

Daran wird deutlich, dass es leider nicht ganz einfach ist, sich auf die „gemeinsamen Ziele" eines Ritualkreises zu konzentrieren. Wir hatten in meinem alten und in meinem jetzigen Ritualkreis immer wieder „Konzeptdiskussionen", in denen wir versuchten, die gemeinsamen Ziele und Inhalte zu bestimmen und zu ergründen.

In meinem Ritualkreis ist es jetzt ähnlich: Für einige bei uns im Kreis ist es ein offenes Bekenntnis zu einer an Wicca angelehnten Spiritualität. Für andere ist es etwas ganz diffuses wie einfach "Frauenspiritualität". Einige haben ein klares Verhältnis zur Göttin. Für andere ist es im weitesten Sinne einfach der Wunsch, die Natur und ihren Wechsel der Jahreszeiten bewusst erleben zu wollen. Einige haben sich schon ganz von der Kirche abgewandt, andere sind parallel noch in der Kirche, versuchen, beides irgendwie zu kombinieren. Diese unterschiedlichen Auffassungen spiegeln sich sehr schnell in den bevorzugten Gebeten, Anrufungen, Texten, Liedern usw. wieder und es ergeben sich in der Vorbereitung zu zweit daraus immer wieder neue Diskussionen.

Es gibt in den meisten Frauenritualkreisen nicht das eine gemeinsame Ziel oder das gemeinsame Glaubensbekenntnis, auf dass sich alle gleichermaßen berufen könnten, und von dem sich ganz einfach gemeinsame Verhaltensweisen im Ritual ableiten ließen. Es gibt oft ein informelles Treffen, aber kein gemeinsames Glaubensbekenntnis vor der Aufnahme, es gibt keine Grundverfassung des Ritualkreises, es gibt eher eine lose Mischung aus gemeinsamen Gewohnheiten.

Ich verstand mich irgendwann als Priesterin, zwei anderen Frauen ging es ähnlich, für andere war es nur "ein Frauenfest organisieren und die Regie behalten für diesen einen Tag..." Die Probleme in selbstverwalteten Ritualkreisen zeigen sich meiner Meinung nach immer erst bei längerem "Betrieb". Ich glaube, wer das noch nicht erlebt hat, langjährige selbstverwaltete Frauenritualkreise, kann sich gar nicht vorstellen, was für eine ständige Anpassungsleistung an Toleranz und Kompromissen das bedeutet. Aber auch was für eine Fülle an kreativen Überraschungen und Möglichkeiten. Dennoch kennt jede im Laufe der Zeit die Macken, Vorlieben und Abneigungen der anderen.

Eine Frau würde z.B. am liebsten bei jedem Fest etwas basteln und alte Volkslieder singen. Es ist ihr einfach nicht erklärlich, dass die meisten anderen im Kreis den Prozess des Bastelns nicht als meditative Erfüllung ansehen, sondern als eher störend, und dass viele keine alten bäuerlichen Volkslieder mögen, sondern lieber moderne Chants singen wollen. Die anderen im Kreis hätten gerne in jedem Ritual eine längere stille Meditationsphase. Eine Person hält das selten durch, sondern quatscht regelmäßig nach fünf bis 10 Minuten los und stört damit die Meditationsphase der anderen. Auch das Thema „Machen wir überhaupt Erinnerungsfotos und wann machen wir die?" war bei uns immer wieder Gegenstand lebhafter Debatten.

Mir und einigen anderen war z.B. der gezogene Schutzkreis wichtig und wir wünschten uns, dass er bewusst eingehalten und möglichst nicht achtlos übertreten würde. Anderen machte das gar nichts aus, sie latschten immer wieder drüber. Der Effekt ist, der Kreis „bleibt nicht stehen", also das geistig damit aufgebaute, zarte Gebilde hält nicht lange an.

Einige würden gerne bei jedem Fest regelmäßig wiederkehrend bestimmte Texte sprechen, andere sind von den gleichen Texten schon ganz genervt und können sie nicht mehr hören. Eine Frau wünscht sich verzweifelt hin und wieder Rituale mit ihrem Kind, das aber wollen die anderen Ritualfrauen nicht. Die anderen Frauen können sich das nach einem Versuch vielleicht nicht mehr vorstellen, denn es verlangt für den Rest des Kreises, sich zu sehr zurück zu nehmen. Zwei wünschen sich, einmal im Jahr ein gemeinsames Fest mit Männern und Frauen, andere lehnen das total ab... Einige würden gerne jedes Fest im Freien feiern unabhängig vom Wetter, andere feiern lieber die Hälfte des Jahres im warmen Wohnzimmer... und so geht es endlos weiter. Jedes Fest stellt immer wieder neu einen gut oder mühsam ausgehandelten Kompromiss und eine kreative Schnittstelle zwischen den zwei vorbereitenden Frauen und zwischen den Vorbereitenden und der Gruppe dar. Und genauso wird die Rolle der Frauen, die das Ritual vorbereiten und durchführen, immer wieder neu definiert.

In einem selbstverwalteten Ritualkreis kann sich jede kreativ mit ihren Stärken einbringen. So ist jede in der aktiven Priesterschaft, auch wenn nur eine oder zwei Frauen für diesen Tag die Regie haben. Eine bereitet vielleicht die Lieder vor, eine andere das Räucherwerk, eine die Tänze, die Anrufungen können je nach Naturell und Begabung aufgeteilt werden. So können sich alle gemeinsam einbringen und aktiv etwas zum Gelingen des Festes beitragen.

Auch Ritualkreise sind menschliche Gruppen, es entwickelt sich genauso wie in jeder Gruppe eine ganz eigene Gruppendynamik. Es gibt Gruppenkonflikte, Untergrüppchen, Außenseiterinnen, eher dominante Frauen usw. Ob die daraus entstehenden Spannungen eher weltlich oder spirituell oder eben ganz einfach menschlich sind, macht für mich wenig Unterschied. Ich erlebe es so, dass ich einige menschliche Unterschiede (z.B. der „blöde neue Lebenspartner" meiner Ritualfreundin) auf einer normalen Fete ganz gut tolerieren könnte. Aber ein Ritualkreis ist etwas sehr intimes, frau kommt sich darin sehr nahe, es werden sehr persönliche Dinge besprochen usw. Da ist viel mehr Vertrauen nötig, um sich zu öffnen und im Ritual, in der Trance, in der Meditation fallen lassen zu können.

Für einige gehört zum Selbstverständnis einer Priesterin eine Initiation oder eine Eigenweihe dazu. Selbst wenn eine Person ein in einem Ritualkreis durchgeführtes Ritual der Initiation oder eine vor Zeugen durchgeführten Eigenweihe erlebt hat, garantiert auch das längst nicht, dass alle Beteiligten das gleiche Selbstverständnis und die gleiche Theologie dabei haben...

Mein Verständnis für mich in der priesterlichen Rolle entstand einfach dadurch, dass ich Jahr um Jahr immer wieder diese Rituale durchgeführt habe. Und das ist ein Weg, den viele Frauen gehen. Nicht den Weg durch eine offizielle Initiation, sondern durch die jahrelang gelebte Praxis.

Ich habe das Gefühl, durch die vielen, regelmäßigen Rituale, die ich durchgeführt habe, von Jahr zu Jahr tiefer in diesen Glauben und in die Rolle der Priesterin gewandert zu sein. 8 x 8 Feste gefeiert zu haben (8 Jahre in dem ersten Ritualkreis), das war für mich so eine magische Zahl. Jedes Jahreskreisfest mindestens einmal durchgeführt und vorbereitet zu haben. Zu jedem Fest mein individuelles Lieblingsritual gefunden zu haben. Meine Lieder, meine Tänze, meine Symbole für jedes Fest gefunden zu haben. Dass ich aber jetzt meine eigene Lieblingsgestaltung der Feste gefunden habe, macht mich leider manchmal intolerant für die teils tastend unsicheren, teils sehr kreativen Ideen der Frauen aus meinem neuen Ritualkreis. Ich bin heute nicht mehr so experimentierfreudig wie vor 20 Jahren, habe eher das Bedürfnis nach regelmäßig wiederkehrenden Elementen.

Mein Selbstverständnis als Priesterin ist aus einer Mischung aus Übung, viel ritueller Praxis, Lektüre, tiefem Glauben (mit täglichem Gebet und vielen Höhen und Tiefen in der Beziehung zu Gott und Göttin), meinen Erfahrungen von göttlicher Nähe und Ferne entstanden. Mystische Gefühle im Ritual oder in der Trance oder in der Natur gehören dazu. Das Gefühl, dass die Göttin vielleicht manchmal durch mich hindurch spricht, im Orakel oder im Ritual. Viele Bilder für die Eine mit den 1000 Namen gefunden und einige erprobt zu haben. Die für mich stimmigsten Bilder gefunden zu haben, mit denen ich im Gebet oder im Ritual gut arbeiten kann. Bis ich stimmige Bilder für den Gott fand, dauerte es länger. Priesterin zu sein, ist für mich ein Dienst an Göttin und Gott, aber auch ein Dienst an der Gruppe, für die ich das Ritual durchführe. Dann wieder Zeiten, in denen ich sehr im Alltag verhaftet bin und wenig Raum habe für ausdrücklich spirituelle Handlungen außer Gebet.

Priesterin kann sein, Rituale anleiten. Bei uns im alten Ritualkreis war das, wie schon gesagt, ein Mandat für jeweils ein Fest. Zwei Frauen bereiten ein Fest vor, leiten es dann, das nächste Fest wird wieder von zwei anderen Frauen geleitet. Andere Ritualkreise wechseln einmal im Jahr die Leitung. Als unser Kreis kleiner wurde, hat oft nur noch eine Frau alleine ein Fest vorbereitet. Natürlich kann eine Priesterin auch ihrer Umgebung helfen, das ist z.B. der Fall beim Deuten von Orakeln. Körperlich-seelische Heilung würde ich eher der Heilerin zuschreiben. Für manche ist Heilerin und Priesterin Sein eng verbunden (Heilen, Lehren, Priesterin sind im Grunde alles Aspekte des Zeichens Schütze), aber es gibt auch Priesterinnen, die es gar nicht so sehr mit dem Thema Heilen haben.

In den zwei Jahren zwischen dem Austritt aus dem alten und der Gründung des neuen Ritualkreises habe ich als „Solitärhexe" alleine gearbeitet. In der Zeit habe ich gemerkt, dass der Rhythmus der Feste für mich inzwischen so wesentlich war, dass ich kein Fest einfach unbeachtet und auslassen konnte. Ich habe Rituale oder Andachten für mich alleine durchgeführt, meditiert, ausgedehnte Spaziergänge gemacht oder in sehr kleinem Kreis mit einer Freundin oder meinem Mann Rituale zu den gewohnten Festtagen gefeiert. Die Tage des Jahreskreises blieben für mich auch ohne Ritualkreis besondere Tage, an denen ich Kerzen entzünden, bestimmte Sätze sprechen, den Sonnenuntergang beobachten wollte oder eine Andacht brauchte. Ich konnte das um einige Tage nach vorne oder nach hinten verschieben, um mehr Zeit und Kraft zu haben für ein Ritual neben meinem normalen Arbeitsrhythmus, aber ich konnte es nicht mehr ausfallen lassen. Ob ich mich als Priesterin erlebe, hat zunächst nichts damit zu tun, ob ich Teil eines Covens bin oder alleine freifliegend meinen Weg gehe. Es ist eine geistige Haltung, sicher auch ein Gefühl der Berufung. Es hat für mich vor allem mit gelebtem Glauben, ritueller Praxis und einem engen Bezug zur Natur zu tun. Aber es hat sich durch meine Erfahrungen in den Ritualkreisen natürlich verstärkt.

Priesterin zu sein ist für mich nichts, was eine äußere Form, Weihe oder gar eine Prüfung und Beurteilung von außen braucht. Aber natürlich tut es gut, dass einige es von außen anerkennen.

Natürlich war es wichtig, irgendwann Leute zu finden, die dieses mein inneres Selbstverständnis von außen bestätigen, anerkennen. Dennoch meinten andere Leute oft etwas anderes, als ich selbst fühle und mir denke. Wenn ich ein Ritual durchführe, und der Kreis vertraut mir und geht mit, spüre ich diese Anerkennung ja innerlich und indirekt auch. Das ist wieder der Teil: Dienst an der Gruppe. Die Priesterin versucht, für die Gruppe einen rituellen Rahmen aufzubauen, in dem für sie und die anderen spirituelle Erfahrungen möglich werden. Aber sie kann nur den Rahmen schaffen. Das, was vor allem zwischen ihr und der Göttin und dem Gott, oder zwischen den Gruppenmitgliedern und dem göttlichen Bereich geschieht, kann sie nicht kontrollieren oder herbeizwingen. Sie versucht nur, dafür zu öffnen und einen geschützten Raum zu schaffen. Insofern denke ich da wohl etwas protestantisch. - Ja, fast lutherisch? – Denn die Protestanten betonen auch, dass niemand zwischen Gott und Glaubenden als Vermittler treten soll und muss.

Aber das Erlebnis eines gelungenen Rituals im Kreis möchte ich nicht missen. Nur bin ich nach den Brüchen im ersten Ritualkreis, die dann zu meinem Austritt geführt haben, etwas skeptischer geworden gegenüber der Bestätigung, die möglicherweise aus dem Kreis kommt... Ritualkreise sind menschliche Gruppen, die wie alle anderen Gruppen auch von menschlichen Spannungen, Genervtheit, Intoleranz, Konkurrenz und Neid befallen werden können. Starhawk beschreib in ihrem Buch „Mit Hexenmacht die Welt verändern" sehr ausdrücklich, welche verschiedenen Rollen und Rollenkonflikte in einem Ritualkreis auftreten können. (Der deutsche Titel des Buches ist hier wieder sehr irreführend. Daher kriegt man es oft gebraucht sehr preiswert, obwohl es ein hervorragendes Buch ist. Starhawk kombiniert hierin ganz offen ihr Wissen als Psychologin über Gruppenprozesse mit ihrer Erfahrung in Ritualgruppen. Der amerikanische Originaltitel ist „Truth or Dare", die Wahrheit sagen oder ein Wagnis eingehen, ein Anspielung auf ein Kinderspiel ähnlich unserem Flaschendrehen.)

Auch mein Teilstudium der Theologie hat mich sehr kritisch gemacht gegenüber gemeinsamen Glaubensbekenntnissen. Viele Menschen, die zwar sagen, sie glauben an Gott und Göttin, meinen dennoch theologisch ganz verschiedene Dinge damit. Manche meinen einfach die Göttin in uns und würden eine mächtige Schicksalsherrin als Bild völlig ablehnen.

Eine klassische Initiation im Sinne einer offiziellen Wicca-Tradition setzt eine Prüfung von außen durch eine erfahrenere Priesterin voraus und hat damit eher ein magisch-katholisches Weiheverständnis. Eine klassische Initiation folgt nämlich der Auffassung, dass mich das Initiationsritual substantiell verändert und dass diese Veränderung nicht alleine aus dem Göttlichen kommt, sondern auch durch die erfahrenere Priesterin hervorgerufen wird.

Wegen dieser substantiellen Veränderung ist eine Initiation auch nicht rückgängig zu machen.

Ich denke, in einem Kreis von Gleichgesinnten (oder zumindest ähnlich interessierten Menschen) Rituale zu feiern, kann eine gute Erfahrung sein. Der Wissenszuwachs ist sicher auch größer, als nur alleine zu üben und zu feiern. Aber Initiation muss nicht durch ein einmaliges und offizielles Ritual geschehen, sondern kann allmählich, durch langsames Hineinwachsen in den Glauben, in die Tradition des Kreises geschehen. Dabei sind auch manchmal auch schwierige Klärungsprozesse im Ritualkreis durchzustehen, die nicht nur in Anerkennung münden, sondern auch immer wieder Selbstzweifel auslösen können.

In einigen Kreisen entwickelt sich von Anfang an oder im Laufe der Zeit so etwas wie eine oder einige heimliche Hauptamtliche. Damit sind die Frauen gemeint, die für den gesamten Kreis tragende Funktion haben. Wie kommt es dazu? Ein möglicher Zugangsweg ist die Gründung des Kreises. Wenn eine oder zwei Frauen einen Kreis gründen und im Folgenden den Kreis aufbauen, bewerben, den Kontakt nach außen halten, entscheiden, welche Frauen aufgenommen werden, dann haben diese Gründungsfrauen von Anfang an eine besondere Rolle. Genauso kann es sein, dass zwei oder drei Frauen, die von Anfang an dabei sind und daher auch die meiste Erfahrung haben, in diese Rolle geraten.

Ein weiterer Zugangsweg erfolgt über die Orte, an denen gefeiert wird. Wenn nur eine Frau im Kreis einen Gruppenraum oder ein großes Wohnzimmer hat oder nur eine Frau einen naturnahen Garten hat, in dem die Ritualtreffen stattfinden, dann haben diese Frauen eine Sonderrolle im Kreis, denn ohne sie und ohne die Location können die Feste und Treffen dann nicht stattfinden. Weitere Zugänge zu dieser Rolle können sein, den Kontakt nach außen für Neuaufnahmen halten oder den wesentlichen Teil der Vorbereitungen und Terminfindung zu tragen. Es kann auch sein, dass sie in der Anfangsphase zu allen Treffen vorbereitet und eingeladen hat und der Kreis den Punkt verpasst hat, nach einiger Zeit die Verantwortung auf mehr Schultern zu verteilen.

Was kennzeichnet nun die heimliche Hauptamtliche? Sie selbst erlebt meistens eine deutlich höhere Verbindlichkeit. Es kann sein, dass sie diejenige ist, die am Anfang des Jahres die Termine für die ganzen folgenden Treffen dieses Jahres koordiniert und festlegt. Es kann sein, dass sie diejenige ist, die über einen zentralen Verteiler immer die Einladungen und Vorbereitungen versendet, bei der dann auch die Anmeldungen eingehen. Es kann sein, dass sie sich manchmal ärgert, weil für sie die Ritualkreistreffen eine sehr hohe Verbindlichkeit haben, während alle anderen oder die meisten anderen erst kurz vorher entscheiden, ob sie jetzt wirklich kommen. Das kann so weit gehen, dass die heimliche Hauptamtliche auch die Einzige ist, die an allen Treffen im ganzen Jahr teilnimmt und die sich zu Anfang des Jahres die Termine alle so verbindlich in ihren Kalender einträgt, dass sie dafür sorgt, auch an allen Treffen dabei zu sein.

Es kann aber auch soweit gehen, dass das Fest nicht mehr stattfinden kann, wenn die heimliche Hauptamtliche nicht den Raum zur Verfügung stellen kann oder nicht mehr ihren Teil zur Vorbereitung leistet. Es kann sein, dass sie des Öfteren über Überlastung klagt, dass bei ihr zu viel Verantwortung liegt, und dass sie immer wieder einfordert, dass die Anderen sich doch mehr, aktiver und verbindlicher beteiligen sollen. Wenn dann aber mal eine andere Frau für ein konkretes Treffen die Hauptverantwortung mit Vorbereitung und Regie und Einladung übernimmt, kann es sein, dass die heimliche Hauptamtliche dann sehr wohl sehr viel zu kritisieren hat und man merkt, dass sie den roten Faden doch behalten will.

Die heimliche Hauptamtliche kann den Kreis sehr stark geprägt haben, indem sie ihn gegründet hat und die anderen auch in gewissem Sinne an die Tradition herangeführt oder ausgebildet hat, indem sie z.B. auch Lern- und Übungstreffen angeboten hat. Wenn sie aber bei allen Treffen die Regie behält, entsteht ein starkes Ungleichgewicht im Kreis. Das kann dazu führen, dass sie darüber klagt, sich ausgenutzt zu fühlen und im Geheimen immer wieder überlegt, ob sie nicht anfangen sollte, endlich Geld für diese Dienstleistung an der Gruppe zu nehmen, was auf materiellem Wege für einen Ausgleich sorgt. Es kann auch dazu führen, dass andere Frauen im Kreis ihr volles kreatives und spirituelles Potential nicht mehr entfalten können, da sie zu wenig beteiligt sein können. Denn auch wenn die heimliche Hauptamtliche über Überlastung klagt, genießt sie es doch meistens sehr, die Treffen sehr stark prägen und gestalten zu können. Selbst wenn eine Person fast immer vorbereitet, sollte zumindest die Durchführung auf mehrere Schultern verteilt werden: Die Frauen teilen sich die Anrufung der vier Elemente und der Gottheiten, sie teilen sich das Lesen der Texte, sie singen gemeinsam, und andere Personen können das Treffen bereichern, indem sie selbst weitere Texte oder Lieder mitbringen.

Sonst entsteht auch sehr schnell die Situation, dass die „Leitende" gar nicht mehr emotional in das Ritual eintauchen kann, da sie immer „auf der Schwelle bleibt" und den Überblick über das Geschehen bewahrt. Außerdem kann die heimliche Hauptamtliche den Kreis sehr stark prägen, wenn sie alleine Werbung macht, eine Homepage betreibt und den Kontakt nach außen hält. Vor allem ist es prägend, wenn sie die Gespräche mit den Neubewerberinnen führt und selbst hauptsächlich entscheidet, wer in den Kreis hinein kommen kann. Es ist besser, wenn nach einem Vorkontakt nur eine grobe Vorauswahl erfolgt und dann über ein gemeinsames Proberitual mit der Neuen die ganze Gruppe an der Entscheidung beteiligt ist.

Ebenso ist es weitaus sinnvoller, wenn die Vorgespräche mit Neuen mindestens mit zwei Personen aus dem Kreis durchgeführt werden. Mir ist es einmal passiert, dass ich einer Neubewerberin gegenüber starke Ressentiments hatte, deren Ursache mir nicht klar war. Nur durch die zweite Frau, die mit mir das Gespräch führte, konnte mir dann gespiegelt werden, dass mich die Neubewerberin sehr an meine Mutter erinnerte, zu der ich leider immer noch ein schwieriges Verhältnis hatte. Die neue Person hat dann zwei, drei Rituale mit der ganzen Gruppe mitgefeiert und dadurch selbst ein Gefühl gewinnen können, ob sie sich in unserer Gruppe wohlfühlte. Sie schied dann freiwillig wieder aus.

Es kann sein, dass aus der heimlichen Hauptamtlichen irgendwann eine professionelle, also gegen Geld arbeitende esoterische Anbieterin von Kursen, Wahrsagerei oder Ritualen wird. Das bringt dann im noch bestehenden Kreis eine erhebliche Rollenveränderung mit sich. Hier kann es ein Kompromissmodell sein, mit ermäßigten Preisen für die langjährigen Ritualfreundinnen zu arbeiten. Es kann auch sein, dass der vorherige Kreis sich dann spaltet und ein Teil der Personen gegen Geld Kurse besuchen und ein Teil versucht, den alten Kreis neu weiterzuführen.

Bei den Entscheidungsprozessen im Kreis darf es nicht so sein, dass die heimliche Hauptamtliche das letzte Wort hat und sich immer durchsetzen kann. Entscheidungen über Termine, rituelle Abläufe, die innere Struktur oder die Themen der Treffen sollten weitestgehend im Konsens geschehen. Es ist meiner Erfahrung nach nicht sinnvoll, z.B. bei der Neuaufnahme einer Frau in den Kreis einzelne Frauen zu überstimmen, denn das kann zu vermehrten Spannungen im Ritualkreis führen. Genauso sollten Entscheidungen über Abläufe der Treffen oder die Terminfindung möglichst konsensorientiert erfolgen.

Es gibt jetzt auch öfter Frauenritualkreise, die von professioneller Leitung gegen Bezahlung oder Kursgebühr angeboten werden. Das entbindet die Frauen vom Stress der Organisation und der Selbstverwaltung. Hier haben aber die teilnehmenden Frauen in der Regel keinen Einfluss mehr darauf, wer außer ihnen selbst an der Gruppe teilnimmt. Hier ist es ebenfalls möglich, dass die Zusammensetzung von Einzelworkshop zu Einzelworkshop stark schwankt oder dass Frauen verbindlich eine Jahreskreisgruppe buchen für ein ganzes Jahr. Für manche Frauen hat so ein finanziell gebuchter Workshop sogar eine höhere Verbindlichkeit als ein selbstorgansierter Kreis. Es ist aber klar, dass Workshops gegen Bezahlung die teilnehmenden Frauen meistens deutlich weniger ermutigen, selbst eine rituelle Grundkompetenz zu erwerben, und dass die Kosten einige Frauen ausschließt. Profis, die von solchen Workshops leben und noch dazu fremde Räume anmieten, müssen ganz andere Preise nehmen und kalkulieren, als ein selbstverwalteter Ritualkreis, der nur die Materialkosten auf alle umlegt. Viele Frauen, die ich kenne, wollen und können nicht regelmäßig so viel Geld bezahlen für das Ausüben ihrer Spiritualität. Manchmal macht es Sinn, anfangs einzelne solcher Workshops zu besuchen, um rituelle Grundkenntnisse zu erwerben oder erst mal hinein zu schnuppern, ob eine frauenbezogene, naturnahe, an Wicca angelehnte Spiritualität das Richtige ist.

Die Rolle der hauptamtlichen Leitung kann hier priesterlich oder auch pädagogisch sein, wenn sie in erster Linie Fähigkeiten und Wissen vermitteln will. So gibt es im Zusammenhang mit Frauenritualkreisen einige ganz unterschiedliche Leitungsmodelle und Leitungsrollen.

Eine Einführung zum Leiten von Gruppenritualen

Ich erlaube mir im Weiteren, an einigen Stellen die Leserin / den Leser zu duzen, da das Du in den Frauenritualkreisen die übliche Anrede ist. Ich hoffe, dass sich keine und keiner dadurch zu nahe angesprochen fühlt.

Wenn eine Frau ihren ersten eigenen Kreis selbst gründet und erst mal keine Aufnahme in einen bestehenden Ritualkreis mit bereits erfahrenen Frauen findet, dann kommt sie evtl. ziemlich schnell in die Situation, kleine Gruppenrituale durchführen und anleiten zu müssen. Wer schon länger in einem freien Frauenritualkreis Mitglied ist, hat vielleicht gemeinsam im Kreis eine Grundform für Rituale gefunden, die von Fest zu Fest mehr oder weniger abgewandelt wird. Es gibt aber auch Ritualkreise, die von Fest zu Fest sehr experimentierfreudig sind und bei denen jedes Fest immer wieder neu erfunden wird. Ich gehe hier von Ritualkreisen aus, in denen die Leitung des Festes immer wieder wechselt und nicht das ganze Jahr über alle Rituale immer von derselben Frau mit Priesterstatus durchgeführt werden.

Grundsätzlich gelten für Gruppenrituale erst mal alle Regeln wie für Rituale, die eine Frau alleine durchführt: Lege dir alle benötigten Utensilien zurecht, bevor du anfängst, damit du (und die anderen) nicht noch mal aus dem Kreis heraustreten musst. Sorge für einen Ort, ein Zimmer oder eine Zeit, wo du mit dir und deinem Kreis ungestört sein kannst. Mache dir vorher nicht nur innerlich, sondern am besten schriftlich einen Ablaufplan. Vor der rituellen Haupthandlung baust du am besten eine rituelle Rahmenhandlung mit ein (Reinigung, Schutz- und Energiekreis ziehen, Anrufung der 4 Elemente, der Gottheiten und Wesenheiten).

Bei Einzelritualen kannst du meist viel spontaner sein und leichter je nach Gefühl deinen Ritualablauf etwas abändern. Bei Gruppenritualen musst du mit der Gruppe darüber eine Vereinbarung treffen, wie strikt ihr euch an den zu Anfang geplanten Ablauf haltet. Evtl. entsteht eine gewisse Unsicherheit in der Gruppe, wenn du dich spontan anders verhältst.

Ein Gruppenritual braucht meiner Meinung nach eine oder zwei Personen, die zu Anfang klar als Regie benannt werden. Ihr könnt das Ritual zu zweit oder mit der ganzen Gruppe vorbereiten, du kannst es auch alleine vorbereiten, aber wenn das Ritual losgeht, sollte klar sein, wer die Regie hat. Und allen sollte grob der Ablauf des Rituals bekannt sein und sie sollten einverstanden sein mit diesem Ablauf. Durch eine Einladung mit einer kurzen Ablaufbeschreibung oder durch ein Vorstellen des Ablaufes kurz vor dem eigentlichen Ritual hat jede die Gelegenheit, sich noch mal dazu zu äußern und sich innerlich darauf einzustellen und evtl. noch einmal Fragen oder Unsicherheiten anzumelden. Denn diese Person muss den Überblick behalten über den rituellen Ablauf und die Stimmung und Reaktionen in der Gruppe. Dafür darf sie selbst nicht zu sehr in Trance oder in Ritualstimmung gehen. Insofern ist die Regie im Ritual, die Rolle der Priesterin, ein Dienst an der Gruppe. Die meisten Gruppen, die ich kenne, lassen diese Rolle daher öfter wechseln, damit jede mal leiten und sich mal fallen lassen kann im Ritual. So wird ein Ungleichgewicht im Ritualkreis vermieden.

Mache dir für dich für den Ablauf auch eine Zeitschätzung für jede Phase des Rituals.

Ich bin dagegen, dass eine Ritualpriesterin alles auswendig wissen müsste. Schließlich sind wir ja keine Schauspielerinnen, die einem Publikum eine perfekte Inszenierung bieten müssen. Außerdem schreibe vorher in der Einladung für jede Teilnehmerin auf, was jede mitbringen soll. Wenn ihr euch dann zum Ritual trefft, dekoriert ihr erst mal gemeinsam die Mitte mit einem Tuch oder baut alles für ein Feuer auf. Es kann für die Anrufung der vier

Elemente eine große Hilfe sein, Symbole für die 4 Elemente in der richtigen Reihenfolge im Kreis in der Mitte oder auf dem Altar liegen zu haben. Dann lest ihr am besten noch einmal gemeinsam den Ablauf durch und macht eine kurze Runde, ob jede mitmachen will und wie es jeder bzw. jedem geht. Bevor ihr beginnt, den Kreis zu ziehen, sollte es eine kurze Pause geben. Gib allen noch mal die Gelegenheit, kurz auf Toilette zu gehen, etwas zu trinken oder eine Zigarette zu rauchen. Je entspannter alle sind, umso mehr können sie sich auf die Ritualhandlung konzentrieren. Handys sollten jetzt ausgeschaltet werden, einige legen sogar die Uhren ab, um die besondere Zeitlosigkeit des Rituals zu unterstreichen.

Damit niemand voreilig den Kreis verlassen muss, kann es auch eine Hilfe sein, ein paar Kekse oder Nüsse und etwas zu trinken im Kreis liegen zu lassen. Ebenso sollten alle rituellen Werkzeuge, das Räucherwerk, die Lied- oder Gebetstexte bereits in der Mitte liegen.

Wenn alle bereit sind, beginnt ihr mit der Reinigung. Als die Frau in der Rolle der Priesterin, die die Regie hat, sagst du im Folgenden immer den nächsten Schritt an, damit die anderen wissen, wo ihr gerade im Ritual seid. Denn etwas, was für dich den Schutzkreis ziehen bedeutet, kann für eine andere wie einen Energiekreis bilden aussehen. Gerade wenn du ein größeres Ritual mit einer ungeübten Gruppe durchführst, ist es wichtig, jeden Schritt laut anzusagen und evtl. auch zu erklären. Entweder führst du die Reinigung an jeder Person durch oder es geht von Person zu Person die Reinigung im Kreis weiter. Ihr könnt euch z.B. reihum abräuchern. Dazu könnt ihr einen kleinen Text sprechen, der den Übergang vom Alltag zur Ritualstimmung ankündigt. Du kannst jeder Person nach dem Abräuchern sagen „Willkommen im Kreis!" oder du sprichst leise „Möge diese Räucherung alle Alltagssorgen und –gedanken von dir abfallen lassen und dich für das Ritual öffnen!"

Wenn alle gereinigt sind, lasst das Räucherwerk noch einen Moment brennen. Dann kündigst du an, dass du den Kreis ziehst. Evtl. sagst du: „Ich ziehe den Schutzkreis jetzt dreimal mit einer Rassel!" Die anderen im Kreis können dich z.B. mit einer Visualisation unterstützen, dann musst du aber evtl. darum bitten, falls ihr nicht schon sehr eingespielt seid. Hier merkst du schon, dass du im Gruppenritual alle Anweisungen einfach laut geben und alle Handlungen antexten musst. Die anderen müssen wissen, was du planst, z.B. ob du den Kreis einfach oder dreifach abschreiten willst. Klarheit und Offenheit im Ritual sorgen dafür, dass die anderen sich besser orientieren und sich so auch leichter emotional fallen lassen können. Wenn der Kreis gezogen ist, kannst du z.B. dreimal auf den Boden klopfen und sagen „der Kreis ist geschlossen!" Wenn du nicht alleine arbeitest, ist es wichtig, dass die magischen Handlungen für die anderen sichtbar dargestellt werden.

Dann rufst du die vier Elemente für die anderen sicht- und hörbar an oder ihr wechselt euch dabei ab. Falls ihr euch abwechselt, ist es für alle wichtig, sich grundsätzlich immer auf die gleiche Reihenfolge zu einigen. Damit die rituelle Anrufung sichtbar wird, kann es gut sein, jeweils den magischen Gegenstand für das Element aus der Mitte zu heben und in die entsprechende Richtung zu halten. (In den meisten europäischen Ritualkreisen wird die Luft im Osten angerufen, das Feuer im Süden, das Wasser im Westen und die Erde im Norden. In Nordamerika sind andere Zuordnungen üblich.) Nun musst du deine Anrufung laut und klar sprechen, denn du bist ja von der Gruppe abgewandt und sprichst in die andere Richtung. Die Gruppe kann dich wieder mental oder mit Rufen, Lauten oder mit Visualisation unterstützen. Wenn du den Kelch oder die Feder dann wieder im Kreis absetzt, wird sichtbar, dass das Element jetzt bewusst in den Kreis geholt wurde. Wenn du alleine arbeitest, kannst du im Grunde jedes Element der rituellen Handlung vollständig durch Visualisation ersetzen. Beim gemeinsamen Gruppenritual müssen die einzelnen Schritte aber für alle sichtbar gemacht und ausgesprochen werden. Es ist nicht so wichtig, ob du eine lange oder eine kurze Anrufung sprichst. Ich finde eine freigesprochene Anrufung, auch wenn sie kürzer ist, immer schöner als einen umfangreichen, aber abgelesenen Anrufungstext.

Ihr könnt euch dann zu einem Energiekreis verbinden, z.B. durch Visualisation oder gemeinsames Singen oder Tanzen. Ebenso könnt ihr eine Göttin oder die Eine mit den 1000 Namen oder die Ahninnen anrufen oder die Wesenheiten des Ortes. Dein schriftlicher Ablaufplan dient als Gedächtnisstütze, was du später alles wieder verabschieden musst. Bei der Anrufung der Kräfte solltet ihr euch vor dem Ritual geeinigt haben, was und wen ihr rufen wollt. Es sollten Kräfte und Götter- bzw. Göttinnennamen sein, mit denen alle etwas anfangen und umgehen können. Es geht nicht, dass ihr euch vorher auf ein Ritual für die Ahninnen geeinigt habt und dass dann auf einmal von jemandem Dämonen oder der christliche Gott angerufen werden. Das wäre ein Bruch mit der Tradition und mit dem ursprünglich vereinbarten Ablauf und führte sicher dazu, dass einige der Teilnehmenden erschreckt oder verunsichert wären.

Wenn du jetzt mit dem Kreis einige Gebete sprechen oder Lieder singen willst, ist es sinnvoll, diese vorher für alle zu kopieren. Die an Wicca angelehnte Frauenspiritualität und neue Wege von Naturreligionen haben viele neue Gebete und Lieder hervorgebracht, aber es gibt nur einige wenige traditionelle Lieder, Texte oder Tänze, die alle kennen und auswendig sprechen könnten. So könnt ihr euch auch im Laufe der Zeit eine eigene Mappe mit Liedern und Gebeten für eure Rituale zusammenstellen.

Ebenso solltet ihr euch vorher einigen, wie ihr mit dem gezogenen Kreis umgehen wollt. Ein gezogener Kreis bleibt stärker stehen, wenn er auch nicht übertreten wird. Für den Fall, dass jemand von außen stört oder dringend auf Toilette muss, solltet ihr ihn nur an einer Stelle öffnen. Es gibt Rituale, z.B. an Schnitterin, wo alle den Kreis verlassen und einzeln ihren Kräuterstrauß pflücken. Dann sollte es eine sichtbare Schwelle geben, z.B. ein rotes Tuch, und ihr solltet den Kreis wieder erneuern, wenn alle wieder da sind. Wenn eine Person einen Teil der Handlung auslassen will, sollte sie nicht wegrennen, sondern möglichst im Kreis bleiben. Grundsätzlich sollte jede die Möglichkeit haben, bei einem Teil der Handlung auszusetzen, wenn sie spontan feststellt, dass ihr etwas nicht gut tut oder jetzt nicht mehr stimmig erscheint.

Wenn ihr im Freien feiert, solltet ihr gemeinsam eine Verhaltensweise für äußere Störungen verabreden. Es kann z.B. eine Hilfe sein, wenn alle bei einer Störung von außen mit einer Visualisation den Schutzkreis verstärken und wenn eine Person, meistens die Ritualleitung, stur immer wieder den Satz sagt. „Bitte stören sie uns nicht, wir machen hier nur ein privates Picknick!" Natürlich solltet ihr nicht in der Jahreszeit höchster Waldbrandgefahr draußen ein Feuer anmachen oder eine große Rauchsäule vom Räucherwerk in den Himmel schicken. Sonst sind euch Störungen sicher. Genauso sind Trommeln draußen sehr weit hörbar und machen andere neugierig. (Bei den Indianern waren Trommeln und Rauch ja das Mittel zur Verständigung über weitere Strecken!)

Für die rituelle Haupthandlung sollte jetzt allen klar sein, was sie wollen und worauf sie sich einlassen. Wenn alle sich einen Kraftgegenstand fertigen wollten, sollten die ganzen Bastelobjekte und Zutaten bereits im Kreis liegen. Als Leitung hast du die spannende Aufgabe, zu beobachten, wie die Stimmung im Kreis ist und wann die Konzentration im Kreis nachlässt. Personen, die Rituale anleiten, haben alle ihren eigenen Stil. Manche können sehr viel Spontaneität in der Gruppe zulassen und dennoch den Überblick behalten und alle wieder zu einem gemeinsamen Tun zusammen führen. Manche leiten eher streng und mit starker ritueller Disziplin.

Ihr solltet vorher vereinbaren, ob ihr bei eurem gemeinsamen magischen Werk schweigen und still vor euch hin arbeiten wollt oder reden zulassen wollt. Falls ihr schweigend arbeiten wollt, kann eine leise meditative Musik, die im Hintergrund läuft, diesen Prozess unterstützen. Falls du eine Meditation oder Visualisation anleiten willst, musst du üben, das Tempo der Gruppe anzupassen. Evtl. vereinbart ihr für den Anfang ein Signal, ob du langsamer oder schneller sprechen sollst. Wenn jede eine Tarotkarte ziehen soll, dann ist es wichtig, dass alle am Mischen beteiligt sind oder den Kartenstapel kurz berühren oder anhauchen. Ihr könnt auch alle gemeinsam um die Karten tanzen. Wenn ihr dann Karten gezogen hab und jede über ihrer Karte meditiert, könnt ihr vereinbaren, dass jede, die fertig ist, ihre Karte in die Mitte legt.

Bei Gruppenritualen ist es oft so, dass einige schneller fertig sind mit der Besinnung bzw. bei einigen die Konzentration schneller nachlässt als bei den anderen.

Hier ist es für die Ritualleitung wichtig, die Stimmung im Raum abzuschätzen. Achte auf Zeichen von Langeweile, Traurigkeit, starker Rührung oder Konzentration. Wer braucht evtl. Trost, eine Umarmung oder ein Taschentuch? Wer braucht noch Zeit, wann kannst du guten Gewissens ein Signal geben, dass die Letzten jetzt langsam zu einem Ende kommen sollen? Wie kannst du sanft aber deutlich den ersten, die zu kichern oder zu schwätzen anfangen, ein Signal geben, dass sie bitte noch einen Moment schweigen oder meditieren sollen, bis die anderen auch fertig sind? Sprich bei all diesen Signalen an die Gruppe sanft und leise, aber deutlich und bestimmt. Appelliere an das „Gruppengewissen", das gemeinsame Gewissen aller Teilnehmerinnen. Dazu brauchst du Erfahrungswerte und Übung. Wichtig ist es, in der Gruppe klar darin überein zu stimmen, dass eine stille Phase des Gebets oder der Meditation allen möglich sein sollte. Wenn alle gemerkt haben, dass jede und jeder ein anderes Tempo hat, dann kann man auch dafür eine Übereinkunft treffen, wie ihr als Gruppe damit umgehen wollt, dass eben immer einige früher fertig sind. Es kommt immer vor, dass sich die Schnelleren dann evtl. langweilen oder die anderen mit Kommentaren stören oder den Drang zum Kichern haben. Nach einer Phase der Meditation oder Trance kann es gut sein, wenn jede die Möglichkeit hat, sich erst mal still für sich in ihrem magischen Tagebuch Notizen zu machen.

Damit nach dem schweigenden Arbeiten oder der Meditation dann aber das Reden wieder einsetzen kann, ist es gut, eine Phase des bewussten Austauschs einzuplanen. Hier gilt die wichtige Empfehlung, einander ausreden zu lassen, niemanden mit Tipps und Ratschlägen zu überhäufen und dass niemand etwas sagen muss. Alle, die sprechen wollen, sollten Gelegenheit dazu haben, aber niemand sollte gezwungen werden, etwas zu sagen. Eine Hilfe kann hier ein Redestein oder ein Redestab sein, den jede weitergibt, wenn sie auch das Wort weitergibt. Als Ritualleitung achtest du hier darauf, dass keine zum Reden gezwungen wird, dass keine mit Ratschlägen überlastet wird und dass jede, die will, auch zu Worte kommt. Irgendwann lässt auch hier die Konzentration nach, die Themen gehen vom Ritual weg und eine heitere oder sogar tratschige Alltagskommunikation setzt ein.

Wenn Diskussionen oder gar Streit ums Rechthaben einsetzt, bremse die Kommunikation auf alle Fälle sanft aus. Diskussionen sind der Tod jeder Ritualstimmung. Sie haben vor oder nach dem Ritual ihren Platz, sind aber im Ritual der absolute Stimmungskiller! Du kannst z.B., wenn eine Diskussion ausartet, ein kurzes Gebet sprechen und dann um eine Schweigeminute bitten. So kann wieder Besinnung eintreten. Zum Schluss solltest du langsam das Gespräch abrunden: Du kannst ja klar fragen, ob jemand noch ausdrücklich etwas zum Ritual sagen will. Dann wartest du noch einen Moment und läutest dann das Ende des Rituals ein. Du textest wieder an, dass du die rituelle Rahmenhandlung jetzt auflöst, weil du das Gefühl hast, dass die Konzentration deutlich nachlässt. Du verabschiedest die gerufenen Kräfte und die vier Elemente in umgekehrter Reihenfolge wieder laut und sichtbar. Dann löst du den Schutzkreis auf. Auch für dieses Auflösen deiner Rahmenhandlung können die Objekte in der Kreismitte oder deine Notizen eine Orientierung sein

Danach kann es gut sein, die überschüssige Energie zu erden, indem z.B. alle noch mal einen kurzen Moment auf der Erde knien und die Erde mit Füßen und Händen berühren. Es kann auch eine Hilfe sein, einen kurzen Moment laut zu kreischen, zu rasseln und zu trommeln, um die überschüssige Energie und die letzte Anspannung abzuschütteln und die Geister etwas zu vertreiben. Dann können das Essen und der gesellige Ausklang folgen. Beim Essen könnt ihr in Ruhe überlegen, wer beim nächsten Fest oder Anlass die Regie führt und vorbereitet.

Du kannst auch eine Art magisches Gästebuch führen, wo du die Teilnehmerinnen von Fest zu Fest um eine kurze schriftliche Rückmeldung bittest. Evtl. erhältst du Lob, Kritik oder gute Anregungen.

Ihr solltet euch auf alle Fälle Zeit nehmen, das Ritual oder das Fest gemeinsam auszuwerten und zu überlegen, was ihr noch verändern oder verbessern wollt, ohne dass du dich als Ritualleitung dabei sofort total kritisiert und persönlich angegriffen fühlst. Du kannst am meisten lernen aus den Rückmeldungen der Teilnehmerinnen, auch wenn es nicht immer einfach ist, um Rückmeldungen zu bitten und sie dann auch anzunehmen. Hebe dir deinen schriftlichen Ritualablauf auf oder übertrage ihn in dein magisches Tagebuch. Notiere auch, ob deine Zeitschätzung realistisch war und welche „Nebenwirkungen" auftraten anstelle oder parallel zum Effekt, den du beabsichtigt hattest. So lernst du im Laufe der Zeit aus der Praxis.

Fragen zum Nachsinnen

1.   Inwieweit kannst du eigene Erfahrungen im Text wiedererkennen?

2. Wie viel Erfahrung hast du schon im Leiten von Gruppenritualen?

3. Leitest du oft oder eher selten Gruppenrituale? Wechselt die Leitung bei dir im Kreis?

4. Kannst du Gemeinsamkeiten und Unterschiede von Gruppen- und Einzelritualen erkennen?

5. Macht dir der Text eher Mut oder eher Angst davor, selbst ein Gruppenritual anzuleiten?

6. Welche Fähigkeiten und Erfahrungen, die hier im Text beschrieben sind, fehlen dir noch?

7. Wie gehst du mit Rückmeldungen aus deiner Ritualgruppe um? Kannst du sie als hilfreiche Erfahrungen schätzen oder fühlst du dich schnell angegriffen dabei?

8. Wie ist dein Ritualkreis? Eher spontan und bunt gemischt oder still und sehr konzentriert?

9. Wie reagiert dein Ritualkreis auf deine Regieanweisungen?

Gottesbilder und ihre Folgen im Ritual

Eine freifliegende, spirituell alleine praktizierende Frau ist im Allgemeinen sehr frei in der Wahl ihres Gottes- oder Göttinnenbildes. Wenn Frauen gemeinsam Rituale oder Gottesdienste feiern, treffen sehr unterschiedliche Gottesbilder aufeinander. Für deine rituelle Praxis als „Solitärhexe" hat das erst einmal nur Auswirkungen auf dich. In gemeinsamen Gruppenritualen oder gar in einem gemischten Gottesdienst sind jedoch die Auswirkungen der verschiedenen Gottesbilder auf die ganze Gruppe mit zu bedenken. Hier möchte ich vor allem auf den Unterschied zwischen weiblichem und männlichem Gottesbild eingehen, wie es sich auf die rituelle Praxis in einer Gruppe auswirken kann. Oft verändert sich nämlich nicht nur das Geschlecht des Wortes „Gott" oder „Göttin", sondern es schwingen auch andere theologische Inhalte mit und es ergeben sich andere spirituelle Identifikationsmöglichkeiten für die Teilnehmer und Teilnehmerinnen des Rituals oder des Gottesdienstes.

Dazu einige praktische Beispiele:

Beispiel 1: Der christliche Pfarrer spricht von Gott, Vater und Sohn und den Brüdern im Glauben. Männer im christlichen Gottesdienst finden das normal, einige Frauen fühlen sich "mitgemeint" oder denken sich die Schwestern aktiv hinzu. Einige Frauen haben den Mut, von „Schwestern" zu singen, auch wenn „Brüder" im Gesangbuch steht. Andere neben ihnen in der Kirchenbank sitzende Christen reagieren irritiert.

Beispiel 2: Frauenritualkreis mit Gästen. Zwei weibliche Priesterinnen führen das Ritual durch, angerufen wird nur die Göttin und alle Texte und Lieder sind durchgängig weiblich formuliert. Hier ergab sich an dem konkreten Fest ein Problem: Es standen auch einige Männer als Gäste im Kreis. Diese beschwerten sich anschließend mehr oder weniger lautstark, dass sie sich nicht mitgemeint fühlen wollen oder dass ihre Kraft im Ritual nicht vorkam. Sie hatten im Ritual evtl. unangenehme Erinnerungen an die Macht ihrer Mütter, die sie abschütteln wollen.

Beispiel 3: Eine feministische christliche Pfarrerin spricht in einigen Gottesdiensten vorsichtig von "Gott, der uns Vater und Mutter ist", das wird von der Gemeinde noch toleriert. Einmal wagt sie sich, "Mutter unsere" zu beten statt Vater unser. Folgen: Aufstand der Gemeinde, Beschwerde im Kirchenvorstand etc.

Beispiel 4: Ritual in einem selbstverwalteten Kreis, sonst Frauenkreis, an dem Fest sind Männer zu Gast im Kreis. Die durchführende Frau in der Rolle der Priesterin bemüht sich daher, an diesem Fest Göttin und Gott anzurufen und Lieder und Texte so zu wählen, dass Männer und Frauen beide benannt sind. Alle sind erst mal zufrieden, die Sprache ist geschlechterpolitisch korrekt, das Fest endet mit gemütlichem, langem Sitzen am Feuer.

Beim nächsten Fest, die Frauen sind wieder unter sich, folgt ein Nachgespräch. Die ritualerfahreneren Frauen geben ein diffuses Gefühl an, dass sich im Ritual etwas verändert hat. Vielleicht wäre es stimmiger gewesen, wenn ein Mann den männlichen Gott gerufen hätte. Keiner der Männer war gefragt worden, ob er sich das zu getraut hätte und aktiv werden wollte. Sie waren Gäste aufgrund von familiären und emotionalen Bindungen, aber nicht, weil sie selbst aktiv und dauerhaft diese Art von Spiritualität leben wollten. Die Frauen werden das Gefühl nicht los, dass die Atmosphäre im Ritual anders war, und das lag nicht nur an den Gästen. Die Frauen mit Partner haben eine andere Kraft gespürt als sonst, eine, die ihre Liebe vielleicht stärkt. Die Frauen, die ohne Partner anwesend waren, haben sich nicht wie sonst gestärkt in ihrer Frauenkraft gefühlt. Andere Frauen, die vielleicht männliche Anteile in ihrer Psyche haben, wie z.B. den logisch rationalen Verstand, der in unserer Kultur leider eher Männern zugeordnet wird, haben ihre eigenen männlichen Anteile stärker gespürt als sonst. Bei einigen Frauen sind Erinnerungen an Väter, Männer oder Söhne im Ritual stark geworden.

Die Beispiele zeigen, dass unterschiedliche Anrufungen im Ritual oder Gottesdienst eine ganz unterschiedliche Wirkung haben auf die Teilnehmerinnen und Teilnehmer. Teilweise kann die Institution einen festen Rahmen vorgeben (christliche Kirche, konservativer Kirchenvorstand, dianischer Ritualkreis, der nur die Göttin verehrt, traditioneller Ritualkreis mit Verehrung von Göttin und Gott), teilweise ist es möglich, je nach Anlass und Teilnehmenden die Anrufungen zu variieren. Gerade wenn Personen das erste Mal oder als Gäste an einem neuheidnischen Ritual teilnehmen, können sie sehr verunsichert und irritiert sein über die Anrufungen. Viele haben eben in unserer Kultur immer noch christianisierte Hörgewohnheiten. Gerade bei Familienfesten, Hochzeiten, Begräbnissen, wenn ritualungeübte Gäste im Kreise der Festes dabei sind, sind die Anrufungen vorsichtiger zu formulieren und zu erklären.

Erschwerend kommt noch hinzu, dass viele von uns unterschiedliche Sagenkreise oder Götterfamilien bevorzugen. Als wir in unserem Ritualkreis mit direkten Anrufungen von Göttinnen experimentierten, merkten wir, dass altdeutsche Sagengestalten wie z.B. Frau Holle für die meisten von uns noch am ehesten verständlich waren. (Buchtipp: Sonja Rüttner-Cova: Frau Holle, die gestürzte Göttin, Sphinx Verlag) Dann wurde es aber schwieriger: Einige bevorzugten den römisch-hellenistischen Sagenkreis, das war manchen völlig fremd, die keinen Zugang dazu hatten. Mir ist diese Mythologie sehr vertraut, da ich als ersten heidnischen Götterhimmel im Latein- und Griechischunterricht diese Sagenwelt kennen lernte. Andere bevorzugten den germanischen Sagenkreis, was für die älteren Frauen im Kreis schier unerträglich war wegen des Missbrauchs dieser Begriffe durch die NS Diktatur. Andere fühlten sich zum keltischen Götterhimmel hingezogen, der wiederum vielen anderen völlig unbekannt war. Eine Umgehung dieses Problems kann wiederum die Anrufungstechnik der Einen mit den 1000 Namen sein, also einfach viele Namen von Göttinnen aneinander gereiht zu benutzen, um der Großen Göttin nahe zu kommen. Wenn du aber einen speziellen Aspekt der Göttin rufen willst, hilft das wenig. Also sollte diejenige, die die Anrufung durchführt, meist nicht nur den Namen verwenden, sondern umschreibende Worte. Viele Mythologien sehen für die Götter und Göttinnen ganz spezifische schmückende Beiworte vor, die den Charakter, die bevorzugten Tiere oder Handlungen benennen.

Wenn in einem Ritualkreis Anrufungen durchgeführt oder versucht werden, ist nach meiner Erfahrung vorher viel Klärungsarbeit notwendig. Eventuell hilft es, wenn jede Frau für sich alleine in Ruhe erst einmal eine spontane Liste macht, welche Gottheiten und Wesenheiten sie anrufen kann und will: 4 Elemente? Geister? Engel? Krafttiere? Gottheiten aus welcher Kultur und welcher Mythologie? Christliche Figuren? Dann könnten in einer gemeinsamen Runde diese Listen zusammengetragen werden und auf einen gemeinsamen Gehalt hin untersucht werden. Die folgende Methode ist ein Vorschlag, den Frauen gemeinsam nutzen können, um sich auszutauschen und auch über die Unterschiedlichkeit der jeweiligen Richtungen klar zu werden.

Es werden verschiedene Götterkreise, Wesenheiten usw. benannt und die Teilnehmerinnen des Kreises oder des Workshops stellen sich jeweils die Fragen:

1. Will ich sie anrufen?
2. Kenne ich diese Wesenheit?

3. Mag ich den dazugehörigen Sagenkreis?
4. Glaube ich an die Existenz dieser Wesenheit / Gottheit / Kraft?
5. Habe ich sie bereits angerufen?
6. Habe ich Angst oder Respekt davor?
7. Lehne ich die Wesenheit, den Gotteshimmel, die Religion oder Mythologie dazu ab?
8. Spüre ich eine innere Verwandtschaft dazu?
9. Was brauche ich noch als Hilfestellung für eine Anrufung?

Grundbedürfnisse von Ritualgruppen

Für das Leiten von Ritualgruppen kann es sinnvoll sein, sich folgende Grundbedürfnisse von Ritualgruppen klar zu machen und sich im Ritualkreis außerhalb eines konkreten Rituals einmal in Ruhe zusammen zu setzen und über diese Bedürfnisse zu sprechen.

1. Ein gemeinsam vereinbartes Ziel

Trotz der vielen unterschiedlichen Motive, Interessen, Begabungen, Fähigkeiten der einzelnen Frauen kann es hilfreich sein, wenn eine Gruppe ein gemeinsames Ziel oder einige wenige zentrale gemeinsame Ziele hat. Alle Frauen müssen dieses Ziel kennen und anerkennen.

An der Vereinbarung und Formulierung dieses Zieles sollten nach Möglichkeit alle Frauen im Kreis beteiligt sein. An diesem gemeinsamen Ziel kann sich die Gruppe wie an einem inneren Leitbild immer wieder orientieren, bei der Verteilung von Aufgaben, bei Erfolgen und Misserfolgen, bei der Bilanz der Arbeit und bei Konflikten, bei der Aufnahme und beim Ausschluss von Mitgliedern, beim Zusammenschluss mit anderen Gruppen oder bei der Abgrenzung von anderen Gruppen. Von ihrem Ziel her bestimmt sich der "Geist" einer Gruppe.

Mögliche Ziele von Ritualgruppen können sein: gemeinsame Pflege und Erhaltung alten Brauchtums, sich in der gemeinsamen spirituellen und persönlichen Entwicklung zu unterstützen, sich gemeinsam einen sicheren Rahmen zu geben für spirituelle Erfahrungen, für Trancen oder Rituale, gemeinsam zu „zaubern", sich gegenseitig zu heilen, gemeinsam die rituelle Grundkompetenz weiter zu entwickeln. Aber auch ganz einfache Ziele sind denkbar wie Geselligkeit und Pflege von Freundschaften oder spirituell-politische Ziele wie jede in ihrer Frauenkraft zu stärken oder etwas für den Umweltschutz und die Erhaltung der Erde und Natur zu bewirken.

2. Gegenseitige Anerkennung und Wertschätzung

Alle Frauen in einer Ritualgruppe, auch die Leitung, brauchen das Gefühl, dass der Wert ihrer spirituellen Arbeit und ihres eigenen Weges von allen anderen geschätzt wird, dass ihre persönliche Art anerkannt wird, mögen diese spirituellen Wege und die Persönlichkeiten im Ritualkreis auch noch so unterschiedlich sein. Diese Wertschätzung zeigt sich vor allem in den Gesprächsrunden, im taktvollen, liebevoll zugewandten Zuhören der anderen, die nicht vorschnell mit Tipps, Ratschlägen und moralischen Bewertungen über die Rednerin herfallen.

3. Faire Leitung

Leitung ist nicht "vorgesetzt", sondern wird von den Frauen im Kreis getragen, vor allem, wenn sie gewählt wurde. Viele Ritualkreise organisieren ihre Leitung so, dass sie von Fest zu Fest oder von Jahr zu Jahr wechselt. Die Ritualleitung übernimmt eine Dienstleistung für das Ganze, zum Wohle aller. Leitung ist auch nicht "abgehoben", sie bleibt Mitglied in der Gruppe, wenn auch mit einer gewissen Distanz zum Geschehen, in dem Moment, in dem sie leitet. Denn die Frau, die das jeweilige Ritual leitet, darf sich nicht voll ins Ritualgeschehen geben, bleibt sozusagen auf der Schwelle, und muss halb wach bleiben für Störungen von Innen und von außen. Leiten darf nicht heißen: An der Gruppe, in der Gruppe, unter der Gruppe zu leiden. Damit die Ritualstimmung nicht ständig zerredet und diskutiert wird, ist es wichtig, dass die Leitung für das jeweilige Ritual anerkannt wird und die Regie behalten darf.

4. Einbringen und Entfaltungsmöglichkeiten des Einzelnen

Eine Gruppe als Gemeinschaft lebt von der Einmaligkeit der Frauen im Kreis, mit ihren unterschiedlichen Talenten und Temperamenten, Erfahrungen und Kompetenzen, Motiven und Gefühlen. Einheit wird nur durch Vielfalt interessant. Nur wer in einer Gruppe richtig aus sich herausgehen kann, kommt auch hinein und bleibt drin. Hierzu gehört auch die Möglichkeit, dass jede im Ritualkreis ihre besonderen Begabungen entfalten kann für z.B. das Anleiten von Gesängen oder Tänzen, oder das Mischen von Räucherwerk, das Formulieren kraftvoller Anrufungen usw.

5. Gegenseitiges Vertrauen

Durch regelmäßige Information, Offenheit und Ehrlichkeit in der Kommunikation, durch gewahrte Vertraulichkeit nach außen und bei persönlichen Angelegenheiten entsteht ein Klima des Vertrauens, der Verlässlichkeit, der Mitverantwortung aller für das Ganze. Gerade in Ritualgruppen kann ein sehr intensiver Austausch über persönliche Lebensthemen und Entwicklungsprozesse stattfinden. Vielleicht erfährt dein Ritualkreis an Ostara als erstes, dass du Geld für einen Umzug und eine Trennung zurücklegen willst, die du dann erst an Schnitterin vollziehst. Hier ist Verschwiegenheit und Vertrauen ganz wichtig.

6. Überschaubarkeit der Aufgaben

Nach einer Gesamtauflistung aller Aufgaben in einem Ritual sollten diese auf die Frauen im Ritual verteilt werden. Vielleicht hat eine Frau eine besondere Begabung für meditativen Tanz, eine andere für Lieder, eine für Räucherwerk. Dann kann es hilfreich sein, die jeweiligen Aufgaben im Ritual aufzuteilen. In der Vorbereitung der Rituale hilft es, wenn es für alle klar ist, was soll jede einzelne Übernehmen und Mitbringen. Beim Übernehmen von

Aufgaben sollte frau sich allerdings nicht übernehmen. Es ist wichtig, auf die eigenen Grenzen zu achten.

7. Gemeinsame Erfolge

Nichts motiviert eine Gruppe mehr als der gemeinsame Erfolg. Wie kann jedoch in einer Ritualgruppe Erfolg definiert werden? Wenn eine Frau sich das erste Mal traut, eine Anrufung frei zu sprechen? Wenn ein Ritual gelingt, eine gute Stimmung entsteht, wenn die Teilnehmerinnen eine Erfahrung von göttlicher Nähe machen? Wenn eine Frau beim nächsten Fest berichtet, dass der gewirkte Zauber sich in ihrem Leben gezeigt hat? Ritualgruppen müssen viel Geduld aufbringen, nicht jeder gewirkte Zauber zeigt sich schnell, nicht jedes Heilungsritual wirkt sofort. Manchmal geht es ja um einen Wechsel der Einstellungen oder um die Erkenntnis des Loslassens oder um die Besinnung aufs Wesentliche.

8. Gemeinsame Feste

Nicht nur, wenn Erfolge zu feiern sind, sollte sich eine Gruppe zusammenfinden zu festlichen Anlässen. Eine Gruppe lebt auch von gemeinsamen Gefühlen und Erlebnissen, vom gemeinsamen Essen und Trinken, Singen, Tanzen, Wandern, Frotzeln, Witzeln... In einer Ritualgruppe sollen sich die Frauen mit Kopf, Herz und Bauch angesprochen fühlen. Daher gibt es in den meisten Ritualgruppen neben dem rituellen oder spirituellen Anteil des Rituals die gesellige Phase zu Anfang und zum Ende hin. Schon Starhawk sagte: Kein Ritual ohne Schmausen! In vielen Ritualkreisen bringt jede etwas zu Essen und Trinken mit, die Geselligkeit lässt das Ritual nachklingen, stärkt die Gemeinschaft, und das Essen erdet ganz natürlich.

9. Gemeinsame Ordnung

Um Vielfalt und Gemeinsamkeit, Eigenwohl und Gemeinwohl für alle erträglich auszubalancieren, braucht eine Gruppe Regeln, klare Absprachen und Vereinbarungen, Verlässlichkeit und Verbindlichkeit. Keine Frau kann sich in eine Gruppe wirklich einbringen, wenn sie nicht weiß und wissen kann, ob und wie lange sie sich auf die übrigen Mitglieder verlassen kann. Nichts ist so ärgerlich wie eine Mitfahrgelegenheit zum Ritual, die zu spät kommt, oder eine Person, die chronisch ihre Zutaten vergisst.

Hier bekommen auch die "bürgerlichen Tugenden" wieder einen Wert: Pünktlichkeit, Zuverlässigkeit, Loyalität und Solidarität. Die Frauen, die das Ritual vorbereitet haben, wollen bis zu einem bestimmten Zeitpunkt verbindlich wissen, wer teilnimmt. Wenn eine Frau chronisch so spät kommt, dass der Kreis schon gezogen ist, kann sie sich nicht mehr voll ins Ritual einbringen. Wenn von den vorbereitenden Frauen gebeten wird, bestimmte Objekte mitzubringen, ist auch hier Verbindlichkeit und Klarheit für alle das Beste. Viele Ritualgruppen schätzen es, wenn sie neue Teilnehmerinnen nach einem Fest auf Probe dann auf ein Jahr verbindlich verpflichten, am Ritualkreis teilzunehmen, damit keine ständige Fluktuation in der Gruppe herrscht.

10. Weiterentwicklung

Zwischenbilanzen zur Arbeit und zum Wohlbefinden der Frauen im Kreis, eine angemessene Regelung der in jedem Gruppenleben unvermeidlichen Konflikte, Verbesserungsvorschläge und Umstrukturierung von Arbeiten, Aufnahme neuer Mitglieder, Anpassung der ursprünglichen Zielsetzung an veränderte Verhältnisse, alles kann einer Weiterentwicklung einer Ritualgruppe dienen und einer Stagnation vorbeugen. Viele Gruppen gewöhnen es sich einmal im Jahr an, Bilanz zu ziehen. Dafür bietet sich die Zeit um Lichtmess an. Nicht nur für die Einzelne, auch für die ganze Gruppe braucht es immer wieder eine Zwischenbilanz und eine neue Vision. Eine einfache Runde, in der nach kurzer Meditation jede aufschreibt, was gut läuft im Ritualkreis und was nicht so stimmig ist, kann vieles ans Licht bringen. Solche Runden verlangen in der Regel eine gute Moderation, damit es nicht zu Verletzungen und Kränkungen durch zu salopp geäußerte Kritik kommt.

(Der Text greift Anregungen von Heinz Hinse auf, aus einem unveröffentlichten Arbeitspapier zur Leitung von Gruppen)

Lebensphasen einer Ritualgruppe

Wie wird aus einer Ansammlung von Individualistinnen und Freigeistern eine arbeitsfähige, stimmige, kreative und vertrauensvolle Ritualgruppe? Es gibt aus der Gruppendynamik eine bekannte Abfolge von Lebensphasen von Gruppen, die ich hier auf Ritualgruppen anwenden möchte. Wenn eine Ritualgruppe neu gegründet wird, sich neu findet oder eine Jahreskreisgruppe als Langzeitgruppe ihren ersten Workshop hat, befindet sie sich erst einmal in der **Orientierungsphase**. Alle sind neu und fremdeln etwas, aber sie sind auch neugierig, im Aufbruch. Vielleicht kennen sich auch einige schon vorher, haben sich gemeinsam angemeldet oder zwei gute Freundinnen haben miteinander den Ritualkreis gegründet. Dann haben sie aber meistens auch andere Frauen angesprochen oder Aushänge gemacht oder übers Internet neue Personen hinzugewonnen. Das erste Ritual, der erste Workshop oder das erste Ritualvorbereitungstreffen beginnt. Alle sehen sich in dieser Zusammensetzung zum ersten Mal.

Hier ist es wichtig, dass ihr euch nicht gleich inhaltlich reinstürzt, sofort mit Meditationen und Anrufungen beginnt, sondern euch erst einmal Zeit lasst, euch kennen zu lernen. Einige Gesprächsrunden solltet ihr euch schon gönnen, aber bleibt nicht nur auf der verbalen Ebene. Wir haben in meinem alten Ritualkreis von jeder eine Art spirituellen Steckbrief gemacht, mit Sternzeichen, Lieblingsstein, Lieblingsblume, Krafttieren und Farben. Ihr könnt jede bitten, ein Symbol zu wählen, einen rituellen Kraftgegenstand mitzubringen oder ihr wildestes hexisches Gewand anzuziehen.

Wichtig ist aber auch, dass ihr eure Erwartungen an die gemeinsame rituelle Arbeit ausdrückt. In der Orientierungsphase sucht jede nach Orientierung, die Gruppe gründet sich neu, und je mehr

Informationen ihr austauscht, umso besser. Jede will sich beschnuppern und im Grunde wissen, mit wem und welcher hat sie es hier zu tun. Es kann sein, dass ihr anfangs ganz begeistert seid, regelrechte Flitterwochen und Hochzeiten mit eurem neuen Ritualkreis erlebt und total happy seid, endlich einen Ritualkreis gefunden oder gegründet zu haben. Ihr spürt erst mal vor allem die Gemeinsamkeiten und seid im Gründungsfieber. Diese Hochphase hält aber nicht ewig an.

Nach der Gründungs- und Orientierungsphase kommt meist eine **Sturm- und Streitphase**. Das ist auch die Phase der Grundsatzdebatten. Hier geht es jetzt darum, dass langsam die unterschiedlichen Bedürfnisse klarer zutage treten. Erste Schwierigkeiten treten auf. Ihr merkt, dass ihr euch doch auf unterschiedliche Mythologien bezieht. Einige haben es mehr mit dem keltischen, andere mehr mit dem griechisch-römischen Sagenkreis. Die Anrufungen sind nicht für alle verständlich. Einige haben sich eher an Wicca orientierte Rituale vorgestellt, andere wollen einfach nur Naturreligon leben oder die Feste doch mit christlichen Inhalten kombinieren. Oder ihr stellt fest: Einige wollen nicht nur die germanischen Sonnenfeste feiern, sondern alle acht Jahreskreisfeste. Einige würden sich am liebsten noch ganz oft neben den Festen zu Lernworkshops treffen und auch alle Vollmonde feiern, andere kriegen schon die einfachen Festtermine nicht in ihrem Terminkalender unter. Einige sind noch sehr unsicher in der Ritualleitung, andere sind schon sehr sicher und werden immer bestimmender und tonangebender. Unterschiedliche Rollen kristallisieren sich heraus: Eine wird zur Fachfrau für den meditativen Tanz, eine andere fürs Räucherwerk. Unterschiedliche Vorlieben im Ritual werden deutlich: Wollt Ihr wirklich alle Gesang und Tanz? Lange Meditationsphasen? Tiefe Trancen oder eher kreatives Gestalten? Reicht es, an Ostara ein paar Eier zu bemalen und Frühlingslieder zu singen oder wollt ihr einen vollen rituellen Rahmen?

In der Sturm- und Streitphase wird miteinander ausgehandelt, was ihr als Ritualgruppe zu euren verbindlichen Themen und Anliegen machen wollt. Ihr klärt in der Phase, ob ihr regelmäßige, immer wiederkehrende Elemente haben wollt, z.B. bei den Anrufungen und der Rahmenhandlung, oder ob ihr jedes Fest völlig kreativ immer wieder neu gestalten wollt. Oft geht es auch um die Frage, wie intensiv soll der persönliche Austausch werden? Habt ihr alle vor, beste Freundinnen zu werden und euch im Ritual über intime Dinge auszutauschen oder wollt ihr eher ein lockeres, geselliges Zusammensein? Ein intimer Kreis, der sehr geschlossen bleibt, oder wie offen seid ihr für die Aufnahme von Neuen? Seid ihr ernsthaft an gemeinsamem, spirituellem Wachstum interessiert oder eher an einem netten Nachmittag oder einer wilden Fete in fantastischen Kostümen oder an streng zelebrierten Ritualen in edlen Roben?

Im Laufe der Sturm- und Streitphase kann es sein, dass noch einmal Personen den Ritualkreis verlassen, da sie merken, dass das nicht das Richtige für sie ist. Hier finde ich es wichtig, nicht im Groll auseinander zu gehen, sondern sich liebevoll loszulassen. Am Ende der Sturm- und Streitphase habt ihr – ob direkt ausgesprochen und schriftlich festgehalten oder nur verbal geäußert und erspürt - einige belastbare Regeln für euren Ritualkreis und die grundlegende Gestaltung der Treffen festgelegt. Es kann jetzt zu euren Regeln gehören, dass immer zwei das Ritual reihum vorbereiten oder dass ihr alle gemeinsam ein Vorbereitungstreffen macht. Vielleicht habt ihr jetzt eine feste Struktur für die Rahmenhandlung und die Vereinbarung, dass alle zum Festschmaus etwas mitbringen. Vielleicht habt ihr eine Newsgroup eingerichtet, um euch per Email regelmäßig auszutauschen. Vielleicht beginnt ihr jedes Fest mit einer aktuellen Runde mit Redestab. Ihr müsst diese Regeln nicht schriftlich in eurem „Buch der Schatten" festhalten, aber es ist wichtig, dass sie für alle klar sind.

Dann kann eine gute Phase folgen, in der euer Ritualkreis „arbeitsfähig ist". Wenn es gut läuft, folgt jetzt eine mehr oder weniger längere Phase, in der ihr euch regelmäßig trefft, miteinander Rituale feiert, ohne dass es jedes Mal wieder neu zu Grundsatzdebatten kommt. Diese Phase kann einfach **Arbeitsphase** genannt werden. Ihr werdet kreativ, bestärkt euch gegenseitig, schöpft Kraft aus dem Ritualkreis, die Treffen sind leicht zu organisieren und gut strukturiert. Leider hält auch dieser Zustand nicht ewig an. Jetzt können verschiedene Dinge passieren:

Es werden nach einiger Zeit neue Mitglieder in den Ritualkreis aufgenommen und damit beginnt wieder für alle eine neue Orientierungsphase und der ganze Prozess von vorne. Um diesen Effekt etwas zu begrenzen, nehmen viele Ritualkreise nur einmal im Jahr neue Mitglieder auf.

Es kann sein, dass ihr Bilanz zieht und dass sich wieder neue Fragen, neue Regeln, neue Grundbedürfnisse und leider auch neue Grundsatzdebatten ergeben. Einige von euch verändern sich, damit ändern sich die Grundbedürfnisse an den Ritualkreis. Die ausgeprägte feministische Singlefrau, die immer nur mit Frauen feiern wollte, hat jetzt einen neuen Freund und möchte ihn in die Rituale integrieren, wenigstens einmal im Jahr? Die erfahrene Althexe hat eine neue Ausbildung bei einem Geistheiler gemacht und möchte mehr heilende Rituale machen. Eine Person durchläuft eine Lebenskrise und möchte mehr persönliche Unterstützung vom Ritualkreis, als dieser ihr geben kann. All das sind Veränderungen, die eine erneute Streitphase und ein erneutes Aushandeln der Regeln nach sich ziehen.

Eine weitere Veränderung im Ritualkreis sind Abschiedsprozesse. Eine Althexe scheidet aus Altersgründen und wachsender Gebrechlichkeit aus. Eine Person zieht weg. Eine Person trennt sich vom Kreis, um einen neuen Kreis zu gründen. Oder die vereinbarte Jahresgruppe geht dem Ende zu und der ganze Kreis, der von einem Profi als Workshop geleitet wurde, löst sich auf. Oder der Kreis ist gewachsen und teilt sich in zwei neue Kreise auf.

Dann beginnt eine **Auflösungsphase**, die wieder Unruhe, wehmütige, widersprüchliche Gefühle, auch manchmal Ärger und Enttäuschung mit sich bringen kann. Sie kann auch von Dankbarkeit für das Erlebte geprägt sein, das jetzt reif ist, sich wieder aufzulösen. Als nunmehr erfahrene Ritualfrauen solltet ihr versuchen, den Abschied auch rituell zu gestalten. Für ein Verabschiedungsritual für eine Einzelne eignet sich das Schnitterinnenfest sehr gut. Ebenso kann es schön sein, sich Segenswünsche, Komplimente, Danksagungen, kleine Geschenke mitzugeben. In der Auflösungsphase kann es auch sein, dass sich der ganze Kreis auflöst, einige immer seltener zu den Festen kommen oder die Ritualfeste immer wieder ausfallen mangels Beteiligung. Oder es will sich niemand mehr finden, die Rituale vorzubereiten. Hier kann eine kreative Pause ganz gut sein, in der alle überdenken können, ob sie noch Interesse am Kreis haben und wie wichtig ihnen die Feste sind.

Die Kenntnis dieser Lebensphasen aller Gruppen, eben auch Ritualgruppen, kann dir helfen, Prozesse in deinem Ritualkreis in einem größeren Zusammenhang zu sehen. Ihr könnt euch zusammensetzen und gemeinsam überlegen, in welcher Lebensphase euer Ritualkreis gerade ist.

Fragen zum Nachsinnen:

1.   In welcher Phase ist mein Ritualkreis gerade?

2.   Haben wir alle Phasen schon einmal oder sogar mehrmals durchlaufen?

3.   Haben wir gemeinsame, für alle verbindliche Regeln gefunden?

4.   Wie oft nehmen wir neue Personen in den Kreis auf?

Toleranz in Ritualgruppen

In selbst verwalteten Ritualgruppen ist die Toleranz in mehrfacher Hinsicht wichtig. Das betrifft zum einen die unterschiedlichen Gottesbilder und Vorlieben im Ritual, aber auch die gemeinsame Begleitung in persönlichen Entwicklungsprozessen.

Die Gottesbilder der einzelnen Mitglieder können in einem Ritualkreis sehr unterschiedlich sein. Vielleicht hat eine Person im Kreis noch ein sehr gutes Verhältnis zur christlichen Kirche. Auf ihrem Hausaltar steht die Göttin und darüber hängt ganz selbstverständlich ein Holzkreuz. Andere sind sehr stark auf die Göttin orientiert, haben ganz mit der christlichen Kirche gebrochen oder zumindest großen Abstand dazu. Manch eine mag gar keine persönlichen Bilder der Göttin verwenden und arbeitet am liebsten nur mit den vier Elementen. Wenn reihum alle einen Anrufungstext einbringen, kann im gemeinsamen Ritual viel Geduld und Toleranz erforderlich sein. Theologische Grundsatzdebatten können einen Abend nach dem Ritual sehr spannend machen, mitten im Ritual stören sie jede Ritualstimmung sehr deutlich.

Die unterschiedlichen Vorlieben für die Ritualgestaltung fordern von allen eine große Toleranz. Eine bevorzugt vielleicht ein straffes Ritual, das schon in einer Stunde vorbei ist, und lässt lieber mehr Zeit für den geselligen Teil danach. Eine andere hätte gerne sehr viel mehr Zeit, um in Ritualstimmung zu kommen, eine lange meditative Phase ohne Reden und eine ausreichende Zeit, um wieder in die Alltagsstimmung zurück zu kommen. Eine Person liebt üppiges Räucherwerk, eine andere kriegt Kopfweh davon. Eine Person mag lange, elaborierte Anrufungen, eine andere spricht lieber kurz und spontan. Wenn der Ritualkreis dazu bereit ist, dass jedes Mitglied mal ein Ritual gestalten kann, kommt zwar jede zum Zuge, die einzelnen Feste unterscheiden sich aber sehr in der Gestaltung.

Hier kann eine Übereinkunft gut sein, dass die Person, die vorbereitet, die Regie behält und gewisse gestalterische Freiheiten hat. So kommt jede auch mal zu einem Fest nach ihrem Geschmack. Sie macht einen Vorschlag für die Gestaltung des Festes, und wenn der allen Mitgliedern eine Woche vor dem Fest zugeschickt wird, können sich alle darauf einstellen oder vor Beginn des Rituals noch mal ihre Wünsche äußern. Vielleicht wollen aber einige regelmäßig wiederkehrende Elemente, und dann ist es nicht so schön, wenn jedes Fest immer wieder komplett neu erfunden wird. Vielleicht wollen einige z.B. an jedem Ostara Ritual etwas rituell aussähen. Anderen geht das schon auf die Nerven, und sie möchten lieber mal zur Abwechslung Eier bemalen. Einige wollen jedes Jahr an Schnitterin den alten Kräuterstrauß verbrennen und einen neuen sammeln, andere wollen vielleicht mal einen Kornkranz winden oder Stockbrot braten und sehnen sich nach mehr Abwechslung. Diese unterschiedlichen Bedürfnisse zu integrieren, ist nicht einfach.

Besondere Toleranz ist auch erforderlich, wenn der Ritualkreis die Funktion der Lebensbegleitung für die beteiligten Personen mehr und mehr mit übernimmt. Wenn ich an Ostara immer etwas sähe und auch sage, wofür, kann es sein, dass ich statt aufmerksamen, liebevollem Zuhören und ritueller Begleitung jede Menge Tipps um die Ohren gehauen kriege. In manchen Ritualkreisen ist es schier unmöglich, z.B. von einem gesundheitlichen Problem zu erzählen, ohne gleich Tipps zu bekommen in Form von Kräutertees, Homöopathie, Schüssler Salzen, Reiki Behandlungen usw. Wenn eine andere über berufliche Probleme berichtet, wird ihr ein ganzer Satz von Tipps von Feng Shui über Astrologie bis Geistheilung um die Ohren gehauen. Es ist sehr schön, wenn viele Frauen in Ritualkreisen heilende Begabungen haben und auch so vielfältige Künste wie Kräuterwissen, Astrologie, Tarot, Geistheilung und Feng Shui im Ritualkreis vertreten sind.

Da die vielfältigen Tipps aber auch zu Rat-Schlägen werden können, haben sich viele Ritualkreise auf die Regel geeinigt, keine ungebetenen Ratschläge zu erteilen und sich nicht zu viele Rückmeldungen zu geben. Das ist besonders wichtig für die Anfangsrunden, wenn alle ankommen und sich erst einmal einander erzählen, welche Lebensthemen sie aktuell so bewegen. Es geht ein Redestab oder Redestein herum. Eine gute Regel kann sein: Diejenige, die ihn hat, hat das Wort. Die anderen hören zu. Das scheint in manchen Ritualkreisen eine extrem schwere Übung zu sein. Wenn die anderen Verständnisfragen stellen wollen, ist es auch in Ordnung. Tipps oder Ratschläge gibt es nur, wenn eine ausdrücklich darum bittet. Es gibt den alten Spruch, dass Ratschläge auch Schläge sind. Und gutgemeint ist manchmal das Gegenteil von gut.

Wir hatten in unserem Ritualkreis einmal die Situation, dass mit einem Jahr Abstand bei zwei Frauen ein Knoten in der Brust diagnostiziert wurde. Die eine ging so damit um, dass sie nie eine Mammographie machen ließ und jahrelang nur zum Geistheiler ging. Die andere ging so schnell sie konnte zur Mammographie und war danach beruhigt. Ein Geistheiler wäre für sie nie in Frage gekommen. Diese unterschiedlichen Verhaltensweisen bei gesundheitlichen Problemen hat uns allen im Kreis viel Toleranz abverlangt. Wir waren umeinander besorgt und mussten sehr an uns halten, um uns nicht gegenseitig die unterschiedlichen Formen der Gesundheitssorge vorzuhalten.

Eine weitere Frage der Toleranz in Ritualkreisen betrifft das gemeinsame Entwicklungstempo von Lebensthemen und Lebenskrisen. Was passiert, wenn eine Frau an Ostara zum zweiten Mal für das gleiche Thema sähen will wie letztes Jahr? Fallen dann die anderen mit Ungeduld und Vorwürfen über sie her, sie hätte das Thema doch schon letztes Jahr gehabt und warum sie es nicht gelöst hätte? Oder sind sie bereit, jede in dem Tempo zu begleiten, das sie braucht? Es gibt chronische gesundheitliche Probleme, die brauchen mehrere Jahre. Ob das die entzündliche Schultererkrankung, die Wechseljahre oder der Kampf mit dem Übergewicht ist, solche Themen sind selten in einem Jahr erledigt. Es gibt Beziehungsthemen, die brauchen mehrere Jahre. Sich ganz aus einer Ehe zu lösen und durch die Scheidung zu gehen, das kann mehrere kleine Schnitte an mehreren Schnitterfesten hintereinander brauchen, bis der letzte große Schnitt getan ist. Vielleicht trenne ich mich erst von den Erwartungen an meinen Mann, im nächsten Jahr sammele ich Kraft für die finanzielle Trennung und den Auszug und erst im übernächsten Jahr sammele ich Kraft für die Scheidung. Ist ein Ritualkreis bereit, das mit Geduld und ohne Bewertung zu begleiten?

In der jetzigen wirtschaftlichen Situation kämpfen viele Menschen sehr lange mit Arbeitslosigkeit oder mit beruflichen Umschulungen und Umorientierungsprozessen. Macht der Ritualkreis Vorwürfe, wenn jemand zum dritten Jahr an Ostara wieder für eine neue Stelle sät? Es dauert für junge Menschen oft sehr lange, bis sie ihren beruflichen Weg gefunden haben. Ist ein Ritualkreis bereit, das mit Geduld und Offenheit zu begleiten?

Manche Trauerprozesse dauern sehr lange. Wenn eine Frau nach 25 Jahren Ehe ihren Mann verloren hat, wird sie wahrscheinlich nicht nur ein Halloweenfest brauchen, um ihre Trauer zu verarbeiten und damit abzuschließen, sondern sie braucht vielleicht fünf Jahre.

Wir kennen aus der Astrologie sehr langwierige, langsame Planetenbewegungen. Es gibt schwierige Transite, die dauern mehrere Jahre. Es gibt im Tarot die Möglichkeit, dass eine Frau an Lichtmess zum zweiten Mal hintereinander die gleiche Jahreskarte zieht. Wie reagiert dann der Ritualkreis? Wird das als persönliches und spirituelles Versagen der Person gesehen oder eben als eine etwas langwierige Lernaufgabe, die das Leben dieser Frau stellt?

Erhält die Frau den Trost, die vorurteilsfreie Unterstützung und die geduldige Anteilnahme, die sie braucht?

Ich gehe hier davon aus, dass die Frau sich nicht einfach in die Opferrolle fallen lässt und sehr wohl etwas für sich getan hat in dem Jahr, neben den Ritualen vielleicht mehrmals bei Ärzten, Heilpraktikern, Therapeuten oder Beratungsstellen war. Trotzdem scheinen manche Ritualkreise von einer merkwürdigen Ungeduld befallen zu sein, was die Lösung von gesundheitlichen und Lebensproblemen angeht.

Ich möchte allen Frauen in Ritualkreisen wünschen, dass sie z.B. an Ostara in aller Ruhe für sich ein Projekt benennen und etwas säen können, ohne im Ritualkreis erklären zu müssen oder sich für irgendetwas rechtfertigen zu müssen. Ob eine Vision Gestalt annimmt und keimt oder verdorrt, entscheidet wohl die Göttin und nicht die Ritualgruppe... Und wenn die Frau ein weiteres Jahr braucht, um zu erkennen, was aus ihrer Ehe, ihrer Gesundheit oder ihrer beruflichen Zukunft wird, sollte der Ritualkreis ihr die Zeit dazu geben. Wer will sich denn vom Ritualkreis Druck machen lassen, meine inneren emotionalen Prozesse müssten schneller ablaufen, als sie innerlich reif sind?

Ich glaube, die Göttin und das Leben mit seinen zyklischen Prozessen haben außerordentlich viel Geduld mit uns. Die regelmäßig wiederkehrenden Festthemen geben uns eben die Gelegenheit, manche Lebensthemen in mehreren Jahren Schicht für Schicht wie die Häute einer Zwiebel abzutragen oder aufzubauen. Ich finde es außerordentlich schade und habe selbst persönlich schon sehr darunter gelitten, wenn Ritualkreise dieses langsame Entwicklungstempo nicht zulassen können.

Ein weiteres Thema, das toleranten Umgang verlangt, ist der Nutzen des offen ausgesprochenen Wortes. Es gibt Ritualkreise, in denen sehr viel geschwiegen wird, jede still ihre symbolische Handlung vollzieht und die anderen völlig im Ungewissen bleiben, welcher Zauber hier eigentlich gewirkt werden soll. Es kann auch jede an Schnitterin stumm ihren Kräuterstrauß binden und die anderen im Unklaren lassen, ob sie hier einen Ernteschnitt, einen Schnitt der Fülle, der Dankbarkeit oder der Trennung vollzieht. Die stumme Vorgehensweise schützt natürlich sehr vor falschen Tipps, Ratschlägen und unnötigen Diskussionen. Manch eine hat das rituelle Verständnis, dass der Wunsch nicht ausgesprochen werden darf, um in Erfüllung zu gehen.

Wenn Ritualkreise es sich zur Aufgabe machen, sich auch gemeinsam im Leben zu begleiten, dann kann es aber hilfreich sein, ein klares Wort zu sprechen, damit die anderen wissen, welches Thema hier gerade bewegt wird. Daraus darf kein Druck entstehen. Wenn eine eher schweigen will und sich so sicherer fühlt, soll sie nicht genötigt werden, sich auszusprechen. Genauso sollte der Mut, das Vertrauen und die Offenheit derjenigen, die ihr magisches Anliegen benennen, respektiert werden, indem die anderen Frauen im Kreis damit verschwiegen, taktvoll und wertschätzend umgehen.

Ein sehr hilfreiches Mittel, um Toleranz in Frauenritualkreisen zu fördern, kann Humor sein. Die Fähigkeit, über sich selbst, über den Kreis und auch über die Antworten der Göttin zu lachen, kann sehr heilsam sein. Wir wollten in einem Jahr einen Bändertanz an Walpurgis um eine Birke tanzen und hatten uns nicht vorgestellt, dass das einer gründlichen Vorbereitung und Choreographie bedarf. Die Birke war bald bunt umwickelt, ohne dass es sich wieder sinnvoll abwickelte, da lagen wir dann lachend im Gras, und der rituelle Ernst war entschwunden. Auch ein Räucherwerk, das einfach nicht glimmen will, oder eine Anrufung des Elements Wassers mit Blick auf eine dicke Gewitterwolke, die aus Westen heranzieht, kann komisch werden. Humorvolle, gelassene Akzeptanz, liebevolle Achtsamkeit, wertfreies, geduldiges Zuhören können helfen, dem Zuviel an Ratschlägen im Ritualkreis etwas Gutes entgegenzusetzen.

Konkretes Beispiel: Gründung und Entwicklung eines Frauenritualkreises

Diese sehr persönliche Schilderung einer Entwicklung eines Frauenritualkreises über neun Jahre kann vielleicht helfen, Entwicklungsphasen und Prozesse solcher Gruppen einmal an einem konkreten Beispiel nachzuvollziehen.

Vorlauf:

Ich hatte Ende 2000 nach Verlassen meines alten Frauenritualkreises zwei Jahre lang alleine Rituale gefeiert, teilweise auch mit meinem Mann oder einer Freundin oder mit beiden zu dritt. Mir war es wichtig, dass mein Mann diese spirituelle Grundlage meines Lebens kennen lernte, und es war auch sein Wunsch gewesen. So kam es, dass er meinen Wunsch nach einem individuellen Hochzeitsritual verstehen konnte und er mit mir und zwei Ritualfreundinnen das Ritual gestaltete. Wir wagten es, im Herbst 2002 eine große Zahl Gäste dazu einzuladen, u.a. auch den privaten Chor meines Mannes. Nach der Hochzeit sprachen mich zwei Frauen aus dem Umfeld des Chores an. Eine Frau hatte sich bei der Durchführung des Hochzeitsrituals teils unbehaglich gefühlt, teils war sie fasziniert davon. Sie hatte eine vage Idee gekriegt, „in einem früheren Leben evtl. mal etwas mit Magie zu tun gehabt zu haben..." Sie wollte mehr von dieser Tradition wissen. Eine andere Frau sprach mich auch darauf an, wir kannten uns auch schon von einigen Chorfesten. Sie meinte, dass sie diese Art des Rituals sehr anrührend und interessant gefunden hätte und sie gerne mehr dazu wissen würde. Sie sei selbst keine Christin und auf der Suche nach einer anderen, naturnahen Spiritualität für sich.

Gründung:

Wir wagten eine Ritualkreisgründung mit dem Zweck, verbindlich und regelmäßig miteinander die acht Jahrskreisfeste zu feiern mit vier Frauen. Wir wollten uns gegenseitig in der spirituellen Entwicklung als Frau unterstützen und zwei Frauen wollten meine Art von Naturreligion und Frauenspiritualität kennen lernen, die Ihnen noch neu war. Wir kannten uns nicht alle untereinander gleichermaßen gut. Eine war eine ehemalige Arbeitskollegin, mit der ich inzwischen gut befreundet war, hinzu kamen die zwei Frauen aus dem Umfeld des Chores meines Mannes. Wir begannen ganz traditionell mit Lichtmess als erstem Fest und unser erstes gemeinsames Ritual fand nach einem langen Winterspaziergang in meinem relativ großen Wohnzimmer statt.

Um etwas Kontakt mit Natur und Winterenergie zu bekommen, machten wir von da an immer vorher einen langen Spaziergang im nahen Park. Wir gönnten uns eine lange Kennenlernphase und Vorstellungsrunde. Ich führte das Ritual durch, hatte eine einfache rituelle Rahmenhandlung angeboten, eine kurze ruhige meditative Phase mit Musik und als magische Handlung fand in meinem großen Wohnzimmer eine kreative Handlung statt: Wir gestalteten mit Wachskreiden und Serviettentechnik in meditativer Ruhe für jede von uns eine Lichtmesskerze, die die empfangene Vision für dieses Jahr symbolisieren sollte. Eine Frau hatte sich frisch den Arm gebrochen und brachte ganz offen und vertrauensvoll ihre Ängste und Sorgen zu dem Thema ein. So war von Anfang an die Brücke geschlagen zwischen gemeinsamer Gestaltung der Feste und Begleitung der Themen im Alltag der Frauen.

Erstes Jahr:

Um uns gemeinsam auf einen Stand zu bringen, hatte ich aus ca. acht Büchern die Kapitel zu den Jahreskreisfesten herauskopiert und für jede Frau zu einem Reader zusammengestellt. Ich glaube, ich wählte eine bunte Mischung aus u.a. Z. Budapest, Starhawk, Ute Schiran, Ziriah Voigt, Scott Cunningham, Silver Raven Wolf. (Mein eigenes erstes Buch erschien erst 2004 und lag noch nicht vor.) Wir waren damals eine recht altershomogene Gruppe, vier Frauen im Alter von Anfang 30 bis Anfang 40. Wenige Feste später kam eine deutlich ältere Frau zu uns in die Gruppe aus meinem ersten alten Ritualkreis, die wechseln wollte. Das war nicht einfach für alle beteiligten Frauen aus dem alten und neuen Kreis.

Wir bereiteten von da an immer zu zweit die Ritualfeste vor, die Einladungen zum Fest wurden ganz modern per Email verschickt einschließlich der Listen, was jede zum Fest mitbringen sollte.

Die weiteren Jahre:

Bis heute feiern wir die Feste in der kalten Jahreszeit in einem der größeren Wohnzimmer und in der warmen Jahreszeit in einem halbwilden Garten mit Feuerstelle und Brunnen oder in einem großen Schrebergarten. Vereinzelt haben wir auch neutrale Seminarräume oder fremde Gärten genutzt. Einen Spaziergang zur Kontakt mit der Jahreszeit gönnten wir uns aber fast immer. Nach einigen Festen hatten wir eine gemeinsame Grundstruktur gefunden, eine feststehende rituelle Rahmenhandlung, die immer wieder sehr ähnlich blieb, und darin Raum ließ für eine rituelle Haupthandlung, die variierte. Die Frau, die einfach nur herausfinden wollte, was es mir ihr und der Magie auf sich hatte, hörte bereits nach einem halben Jahr wieder auf. Eine junge Frau feierte auf Probe zwei Rituale mit, bekam jedes Mal hinter her psychosomatische Beschwerden, fühlte sich im Kreis nicht angenommen und stieg wieder aus.

Wir hatten in den ersten zwei Jahren das Konzept, einmal im Jahr, an Sommersonnenwende die Männer als Gäste einzuladen, das gaben wir nach zwei Jahren schweren Herzens wieder auf. Teils hatten die Lebenspartner gewechselt, teils hatten schwierige

Trennungsprozesse im Leben der Frauen dazu geführt, dass es uns nicht mehr sinnvoll erschien.

Wir führten einmal probeweise an einer Wintersonnenwende ein Ritual mit einem männlichen Kind einer Frau durch, was danach aber sehr kontroverse Diskussionen zum „pagan parenting" nach sich zog. Der Wunsch, dem eigenen Kind die rituelle Praxis und spirituelle Tradition vorzustellen, war uns allen sehr verständlich, auf Dauer hätten wir uns aber keine regelmäßigen Feste mit Kindern vorstellen können, zumal zu dem Zeitpunkt nur eine Frau im Kreis ein junges Kind hatte.

Nach ca. einem weiteren halben Jahr kamen zwei deutlich jüngere Frauen (Anfang 20) zur Gruppe hinzu, die aus der Junghexenbewegung kamen und sich meinem Lernkreis angeschlossen hatten. Eine von ihnen profitierte für ein Jahr sehr von unserem Ritualkreis, sie trennte sich nur von uns, weil ihre Lebensplanung sie weiter wegziehen ließ, und sie bedauerte das sehr. Die andere jüngere Frau war etwas enttäuscht von unserer eher bodenständige Gestaltung der Feier und kam nur unregelmäßig zu den Festen, dann ging sie für ein Jahr ins Ausland. Weitere jüngere Frauen aus meinem Junghexenlerntreff gründeten später einen eigenen Ritualkreis, da sie vom Alter her unter sich bleiben und mehr experimentieren wollten.

Wir machten nur vorsichtig Werbung für den Ritualkreis auf einigen Homepages. Ich legte hin und wieder Flyer in zwei Esoterikbuchhandlungen und an einigen Frauenorten in Frankfurt aus. Selbst für das Auslegen von Flyern mussten wir teilweise hohe Gebühren zahlen, dazu begann ich später, mir meine eigene Homepage aufzubauen. Ein eher kirchlich orientiertes Begegnungszentrum für Frauen weigerte sich, unsere Flyer auszulegen. Ein esoterisches Zentrum wollte meine Flyer nicht auslegen, da sie den Bezug zu „Wicca" ganz ablehnten und eine streng hierarchisch organisierte Gruppe dahinter vermuteten. Nach ca. einem weiteren halben Jahr kam eine neue Frau in die Gruppe, die uns über eine Homepage gefunden hatte. Sie blieb einige Jahre im Kreis. Wir hatten die gleiche rituelle Grundausbildung bei Ziriah Voigt erhalten. Wie bei allen Neubewerberinnen trafen wir uns zu zweit mit der sich bewerbenden Frau zu einem Gespräch außerhalb eines Rituals. Wir waren voneinander sehr angetan und hatten das gute Gefühl, eine sehr erfahrene Frau hinzugewonnen zu haben.

Ein weiteres Jahr später kam eine jüngere Frau zu uns in den Kreis, die lange als Freifliegende alleine Wicca praktiziert hatte. Sie blieb etwa ein ¾ Jahr in unserem Kreis. Da sie bereits vorher als Freifliegende schon sehr stark ihre eigenen Formen gefunden hatte, forderte sie die Verehrung von Göttin und Gott ein und festere rituelle Formen. Wir fanden auf Dauer keinen guten gemeinsamen Kompromiss und sie verließ uns wieder. Wir konnten den Abschied aber an Schnitterin sehr gut gestalten.

Eine Freundin von mir nahm einmal auf Probe an einem Ritual teil, stellte dann zwar fest, dass es ihr zwar „von der starken Frauenenergie" her zusagte, dass sie aber doch zu sehr im christlichen Weltbild verhaftet war, um sich auf unsere Art der Spiritualität einzulassen. Außerdem war sie zu der hohen Verbindlichkeit, sich auf acht Feste im Jahr festzulegen, nicht bereit.

Eine Frau feierte zwei Feste auf Probe mit, schied dann aber sehr enttäuscht aus dem Kreis wieder aus, ohne sich im Ritualkreis zu verabschieden. Sie machte mir am Telefon heftige Vorwürfe, dass sie gedacht hätte, wir wären alle schon viel weiter. Wir wirkten unkonzentriert und zerstritten auf sie und hätten keine Fähigkeit, wirklich gute Energie aufzubauen. Unsere offene Art, Dinge durchaus auch zu diskutieren, unser eher behutsamer Umgang mit Anrufungen hatten sie wohl verunsichert und enttäuscht. Sie meinte, sie könnte von uns nichts lernen und ging wieder. Ich erinnere mich, dass ich in der Küche stand, sie schrie ihre Enttäuschung ins Telefon, ich war gerade am Kochen und hielt den Hörer weiter weg, da es wenig Sinn machte, ihr zu widersprechen. Unsere Vorstellungen von Spiritualität waren einfach zu unterschiedlich. Es gibt eben immer wieder sehr schmerzhaft erlebte Unterschiede in der Ritualgestaltung und ich fragte mich einmal wieder, warum ich diese Rolle übernommen hatte, mit Neubewerberinnen zu verhandeln und ihre Erwartungen auszuloten und zu klären.

Nach ca. 8 Jahren schied unsere Ritualälteste aus dem Kreis aus, das war ein sehr schmerzhafter Prozess, da ich mit ihr im Grunde seit sehr vielen Jahren gemeinsam Rituale gefeiert hatte in zwei Ritualkreisen hintereinander. In diesem Jahr hat sich in unserem Ritualkreis ein schwieriger Konflikt ergeben, wie intensiv Themen von persönlichen Lebenskrisen in die Ritualarbeit einfließen dürften oder nicht.

Ein Jahr später nahmen wir eine neue Frau auf, die ich auf einem meditativen Tanztreff kennen gelernt hatte. Wir nahmen sie auf, obwohl sie praktizierende Christin war, da es ihr ein Anliegen war, parallel Göttinnenspiritualität zu leben. Kurz danach schied eine Frau aus, die lange bei uns mitgefeiert hatte, und wir verabschiedeten sie in einem bewegenden Schnitterinnenritual. 2011 stieß über das Internet auch eine neue Frau zu uns, die aktuell auf Probe einige Feste mitfeiert. Ende 2011 legten wir eine Pause ein, da unser Kreis sehr klein geworden war und wir uns besinnen wollten, unter welchen Bedingungen wir einen guten Neustart versuchen oder den Kreis ganz auflösen wollten. Ende 2012 kam es zu einem Neustart der Gruppe, wieder mit drei neuen Frauen, die uns über das Internet gefunden hatte. 2013 legten wir dann den Ritualkreis des Junghexentreffs und den Frauenritualkreis zu einem offenen Verteiler zusammen. Die Feste wurden mehr und mehr nur noch von mir vorbereitet, der „inoffiziellen Hauptamtlichen.“

In der Zeit des Bestehens dieses Frauenritualkreises von 2003 bis heute sind also ca. 15 Frauen „durch den Kreis gegangen", wobei wir nie mehr als 7 Frauen gleichzeitig im Kreis waren.

Was lässt sich als Fazit ziehen?

Es ist gar nicht so einfach, als Frauenritualkreis neue Frauen anzuziehen, trotz Internets und neuen sozialen Netzwerken, haben wir in den Jahren gemerkt. Die Esoterikszene in unserer Stadt ist sehr unüberschaubar, und da wir kein kommerzielles Angebot machten, konnten wir uns auch nicht viel Werbefläche leisten. Die meisten Frauen kamen doch über Mund-zu-Mund-Propaganda in den Kreis. Bei neuen Frauen, die wir wirklich nur über das Internet kennen lernten, war es uns wichtig, erst einmal ein neutrales Treffen zu machen außerhalb eines Rituals, im Café oder bei mir zu Hause. Bei diesen Treffen waren zwei Frauen aus dem Ritualkreis anwesend. In zwei Treffen spürte ich eine Ablehnung, wurde aber durch die andere korrigiert. Wir haben aber gemerkt, wenn eine aus dem Kreis eine starke Ablehnung spürt, kommt meist auf Dauer keine gute Bindung an den Ritualkreis zustande. Das mag daran gelegen haben, dass unser Kreis so klein war.

Dann haben wir ein oder zwei Feste auf Probe gefeiert mit der neuen Frau. Danach baten wir um die Entscheidung, ob sie auf Dauer mitfeiern will und getrennt davon, ob der Kreis es will. Hier haben wir eben gemerkt, wenn bei einer Frau eine starke Abneigung besteht, hilft kein Überstimmen, es sollte im Konsens entschieden werden. Die folgenden Festtermine zeigten dann schnell, ob die neue Frau zur verbindlichen spirituellen Zusammenarbeit bereit war. Jede neue Frau hat erst ca. ein halbes Jahr im Kreis mitgefeiert, bis sie selbst in die Vorbereitung eines Rituals eingebunden wurde.

Wir sind im Laufe der Jahre davon abgekommen, nur an Lichtmess neue Frauen aufzunehmen, sondern nahmen später auch im laufenden Jahr neue Frauen auf. Es gibt in unserem Kreis keine rituelle Prüfung oder Initiation. Jede Frau erhielt den Freiraum, sich spirituell zu entwickeln. Die Ritualvorbereitung geht allen Frauen vorher per Email zu. Wenn es auch manchmal sehr kurzfristig ist, hat doch jede danach noch Zeit, Fragen zu stellen, Rückmeldungen und Änderungswünsche zum Programm anzumelden. Jede Frau kann inzwischen selbst zusätzliche Lieder, Texte oder Tänze einbringen, auch wenn sie nicht aktiv dieses Fest vorbereitet hat. Da unser Kreis jetzt immer noch sehr klein ist, haben wir es inzwischen angeregt, dass eine Frau alleine ein Fest vorbereitet, die anderen per Email einlädt und dann alle das Programm noch ergänzen können.

Wir haben mehrmals am Jahresende oder am Jahresanfang (also bei uns: zu Wintersonnenwende oder an Lichtmess) Bilanz gezogen von unserem Hexenjahr und gesammelt, was wir beibehalten wollen und was wir uns an Veränderung wünschen. In den neun Jahren hatten wir zweimal eine Krisensitzung, wo wir uns außerhalb eines Ritualtreffens zu einer reinen, lebhaften, schwierigen Konzeptdebatte trafen und wo es oft um das Thema ging: Wie tauschen wir uns aus, wie begleiten wir uns im Leben, ohne uns ständig Ratschläge, Tipps, moralische Keulen usw. um die Ohren zu hauen. Wir haben immer wieder neu darum gerungen, dass die sprechende Frau in den Anfangsrunden bei den Treffen und im Austausch innerhalb des Rituals „bei sich bleiben kann", und dass die anderen sich darauf konzentrieren, zuzuhören, Anteil zu nehmen, und uns in unserer Verschiedenheit zu akzeptieren. Wir haben immer wieder festgestellt, dass wir vom Temperament und von der Lebensweise her sehr unterschiedliche Frauen waren, die aber im Kern über lange Jahre durch eine gemeinsame Sehnsucht nach Spiritualität verbunden waren und blieben.

Eine Ritualfreundin hat mir 2007 den Herzenswunsch erfüllt nach einem persönlichen Ritual zur Beerdigung meiner Großmutter. Sieben Jahre später erlebte ich die Beerdigung eines alten Ritualgruppenmitglieds mit einer weiblichen Bestatterin und meditativen Tänzen um die Urne herum. Diese beiden Beerdigungen aus unserer Tradition der Frauenritualkreise heraus waren eine sehr stimmige, liebevolle, tröstliche Erfahrung.

Auch wenn wir immer wieder zu Anfang des Jahres eine Ritualterminplanung für das neue Jahr machen, ist es in den letzten Jahren durch die zunehmenden beruflichen und privaten Verpflichtungen immer schwieriger geworden, Ritualtermine zu finden, an denen alle Frauen teilnehmen können. Wir leisteten uns von Anfang an, nicht nur am exakten Festtermin zu feiern, sondern auch am Wochenende davor oder danach, aber inzwischen haben drei Frauen von uns viele berufliche Wochenendtermine, so dass es immer schwieriger wird, alle unter einen Hut zu bekommen. Hin und wieder überlegten wir, ob wir nicht einmal ein Fest für alle ehemaligen Frauen machen sollten und alle einmal einladen sollten, die phasenweise Teilnehmerinnen in unserem Kreis waren und uns in guter Erinnerung haben.

Grundlegender Ablauf unserer Ritualtreffen

Hier möchte ich auch als konkretes Beispiel unseren Grundablauf der Ritualtreffen vorstellen, der sich im Laufe der Jahre herauskristallisiert hat: Eine oder zwei Frauen bereiten vor und verschicken dann das Programm per Email oder Post an alle anderen, dabei auch die Liste der Zutaten, wer was mitbringen sollte.

Beginn des Treffens war bei uns meistens am frühen Nachmittag, gegen 14 oder spätestens 15 Uhr. Am Anfang stand oft ein **Spaziergang**, wenn wir im Zimmer feiern wollten, je nach Wetter und Jahreszeit. Bei einer Feier draußen, meist auf einem halbwilden Gartengelände, haben wir meist gleich gemeinsam die Kreismitte oder das Feuer gerichtet mit Räucherwerk, Musikinstrumenten, Blüten und Tüchern in den Farben des Festes, Symbolen für die Göttin und die vier Elemente usw.

Dann gab es immer eine **Gesprächsrunde** zum Ankommen zur Frage „Aus welcher Woche komme ich? Wie geht es mir heute?" mit Getränken und Gebäck. Wenn Neue oder Gäste dabei waren, mit ausführlicher Vorstellungsrunde. Hier war es wichtig, dass jede von ihrem Alltag erzählen durfte und Zeit erhielt, aus der Alltagsstimmung heraus- und anzukommen, sich zu zeigen und langsam zur Ritualstimmung umzuschalten. Wir hatten das Motto „Du darfst über alles reden, nur nicht über 10 Minuten!" Die Redende hielt einen Stein oder einen Stab, hatte dadurch sichtbar das Wort und sollte bei sich bleiben. Wir hatten alle immer wieder Mühe, hier einfach nur zuzuhören. Verständnisfragen waren erlaubt, unerwünschte Tipps und Ratschläge oder gar eine Gruppendiskussion wurden vermieden.

Dann kam die **Rituelle Rahmenhandlung,** von der einige Dinge im Laufe der Zeit festgelegt waren und gleich blieben:

- Einstimmen mit Rasseln, Trommeln, Klingeln, freier Musik usw.

- Gegenseitige Reinigung mit Salbeirauch oder anderem Räucherwerk, Wasser oder Rassel.

- Den rituellen Kreis ziehen mit Rassel, Rauch, rituellem Messer o.ä. (Meistens nicht nur durch Visualisation, da einige im Kreis nicht gut visualisieren konnten.)

- Anrufung der 4 Elemente, gerne verteilt auf vier Frauen, die in ihrem Temperament das entsprechende Element gut anziehen können. Wir riefen Luft im Osten an, meist mit einem Symbol wie einer Feder, einem Räucherwerk oder einem Messer. Dann folgte Feuer im Süden, mit Kerzen oder Kohlenstücken angerufen, Wasser im Westen mit einem Kelch voller Wasser, Wein oder einer großen Muschel. Zum Schluss das Element Erde mit einer Schale von Erde, einem Stein oder Früchten der Jahreszeit.

- Gemeinsamer einfacher Schritttanz mit Tanzlied „Luft ist hier, Feuer ist hier, Wasser und Erde verbinden sich hier!", um die Anrufung zu stärken und sich dann zu einem Kreis zu verbinden.

- Anrufung einer oder bestimmter Göttinnen oder der Ahninen, (Wenn Männer als Gäste mit im Kreis waren, wurden Gott und Göttin gerufen.) und der Wesenheiten des Ortes, wenn wir im Freien feierten.

- Dann Lesung einiger Texte zur Einstimmung, z.B. die Wechselsprechtexte von Barbara Walker, evtl. klassische Gedichte, ebenso Singen einiger Lieder, evtl. auch Hören von Liedern von CD, evtl. auch jahreszeitliche meditative Tänze oder Folkloretänze.

Anschließend folgte die **inhaltliche Haupthandlung**.

- Bei einer Feier mit Erwachsenen ohne Gäste enthielt die Haupthandlung immer eine Phase der Stille oder Meditation und die Gelegenheit (wer wollte) Gedanken zur Meditation aufschreiben oder zu malen.

- Gerne auch eine Phase mit einem konkreten Symbol oder eine Phase ausgiebigen freien Tanzens.

- Manchmal mit einer Phase kreativen Gestaltens eines Kraftgegenstandes.

- Danach eine Phase des Austauschs (wer möchte). Im Gegensatz zu den zwei konträren Auffassungen, dass der Kreis immer Zeuge des ausgesprochenen Wortes sein sollte oder dass magische Anliegen immer verschwiegen werden sollten, lassen wir es jeder Person frei, ob sie etwas sagen möchte.

Auflösung der rituellen Rahmenhandlung (Verabschiedung 4 Elemente und der gerufenen Kräfte in umgekehrter Reihenfolge, Tanzlied 4 Elemente dürfen gehen, Auflösung des Kreises, Rasseln, Schellen und Trommeln zum Abschluss)

- Gemeinsames Essen, evtl. Vor-Besprechung des nächsten Festes

- Schlusslied vor dem auseinander Gehen„May the circle be open...."

- Ende ca. 20:00 Uhr, falls das Fest sonntags gefeiert wurde, samstags saßen wir durchaus auch länger zusammen.

Gemeinsames Aufräumen und Heimfahrt.

Beispiele für die konkrete Gestaltung der Jahreskreisfeste:

Lichtmess

Zentrales Festthema: Reinigung und Vision

Reinigung mit einem Räucherwerk wie Beifuß oder Salbei oder mit eiskaltem Wasser.

Ziehen des Schutzkreises mit einem scharfen, metallischen Gegenstand.

Anrufung der vier Elemente mit Bezug zum Winter, z.B. „ Ich rufe das Element Luft aus dem Osten, mit kaltem Hauch und frischem Winterwind. Schicke uns klare Ideen und scharf geschliffene

Gedanken zu diesem Fest. Komm in unseren Kreis! Ich rufe das Element Feuer aus dem Süden, mit der inneren Wärme und der Glut des Schmiedefeuers, komm in unseren Kreis! Ich rufe das Element Wasser aus dem Westen, das jetzt oft erstarrt ist als Eis und Schnee. Erfrische uns, komm in unseren Kreis! Ich rufe das Element Erde aus dem Norden. Noch sammelt sich alle Lebenskraft in der Erde, noch ruht der Boden unter unseren Füßen, gib uns festen Halt, komm in unseren Kreis!"

Anrufung der Brigid als Göttin des Festes

Brigid, Bringerin des Lichts,

Bewahrerin der ursprünglichen Sicht

Neunzehn Jungfrauen hüteten deinen Herd

Göttin des Feuers, der Schmidekunst und des geschliffenen Wortes

Bride von den weißen Hügeln

Bride vom goldenen Haar

Bride von Sonne und Mond

Maria der Gälen

Gesegnete Poesie, verkündet aus der Quelle,

Brigit, die heilt kraft Zauber und Magie,

Sie ist der weiße Schwan, der weit die Flügel breitet,

sich vorwärtsträumend nach Südwesten fliegt.

Rühre Deine Trommel

Erleuchte unsere Seelen

Schneeglöckchen Königin, heilige Milchmagd,

Schenke uns Deine befruchtende Flamme.

(nach einem Text von Kathy Jones)

Als alte Volkslieder zu Lichtmess sind denkbar z.B. „Es wächst viel Brot in der Winternacht" oder „Nach grüner Farb mein Herz verlangt".

Als ergänzender Text ist denkbar das von mir abgewandelte Volksgedicht.

Immer schneller wächst der Tag.

Am Julfesttage wächst der Tag,

soweit die Mücke gähnen mag.

Am Neujahrstage wächst der Tag,

soweit der Haushahn schreiten mag.

An Dreikönig wächst der Tag,

soweit das Hirschlein springen mag.

Und an Lichtmess wird dir kund,

er wächst um eine ganze Stund.

(abgewandeltes Volksgedicht, Verfasser unbekannt.)

Mögliche Ritualhandlungen:

Reinigung und bewusster Kleiderwechsel

Die Frauen kommen an in schwarzer Kleidung mit weißer Unterwäsche, es gibt ein bewusstes Umziehen im Ritual und Reinigen mit kaltem Wasser. Je nach Vertrautheit im Ritualkreis kann das Ausziehen bis zur vollen Nacktheit oder bis zur weißen Unterwäsche gehen, dann wird eine rituelle Waschung durchgeführt mit kaltem Wasser oder Kräutersud, danach Anziehen komplett weißer Tageskleidung. Der Übergang von der dunklen zur weißen Zeit wird so deutlich spürbar. Jede Frau kann eine Sorge oder Angst benennen, die von ihr abgewaschen werden soll. Wenn keine vollständige Nacktheit gewünscht wird, können Arme, Beine und Gesicht gewaschen werden.

Gemeinsames Orakelziehen:

Ein Orakelmedium wird von allen gemischt, z.B. das Orakel der Göttinnen von Doreen Virtue oder die großen Arkana eines Frauentarotsets wie z.B. dem von Margarete Petersen. Alle mischen die Karten, eine legt sie aus und dann wird um die Karten getanzt, z.B. mit dem meditativen Tanz „Weg nach Delphi". Dabei sucht sich jede eine Karte aus, stellt sich zu der Karte und deckt sie erst auf, wenn alle ihre Karten gefunden haben. Dann folgte eine Phase des Rückzuges mit der Karte und stille Meditation über der Karte, dann ein offener Austausch.

Kreative Gestaltung im Fest:

Gemeinsame Kerzenmeditation mit einer dicken weißen Kerze für jede, danach buntes Gestalten dieser Kerze mit Wachskreiden, Wachsplättchen oder Serviettentechnik.

Stille Meditation (Text von Petra Sch.)

Alle setzen sich bequem hin, eine spricht den folgenden Anleitungstext langsam, klar und deutlich:

Entspanne Dich. Atme ein paar Mal tief ein und aus.

Lege Dich hin, atme zweimal ein- und aus, finde eine Position, in der Du länger liegen (oder sitzen) kannst.

Entspanne deine Füße, sie werden schwer, du kannst sie ablegen.

Entspanne deine Unterschenkel, sie werden schwer, du kannst sie ruhig ablegen.

Entspanne deine Oberschenkel, sie werden schwer, lege sie sanft in den Boden ab.

Entspanne dein Becken, Hüften und Po, sie werden schwer, du kannst sie ablegen.

Entspanne deinen Rücken, er wird schwer, lege ihn in den Boden ab, lass ihn los.

Entspanne deinen Bauch, er wird locker und weich, lass ihn zur Ruhe kommen.

Entspanne deine Schultern, sie werden schwer, lass sie hängen, du kannst sie ablegen.

Entspanne deine Arme, sie werden schwer, du kannst sie in den Boden ablegen.

Entspanne deinen Nacken und Hals, wird schwer und locker, lass sie los.

Entspanne deine Kopfmuskeln, den Kiefer, sie werden schwer, lass sie los.

Entspanne deine Gesichtsmuskeln, sie werden schwer und locker, lass sie los.

Entspanne deine Stirn, sie wird schwer und locker, lass sie los.

Stelle Dir nun einen Platz in der Natur vor, in dem Du Dich wohlfühlst. Es ist winterlich kalt, Du bist warm und weiß angezogen, trägst wollene Kleidung und hast ein dickes weißes Schaffell bei Dir. Es ist Winter, späte Morgendämmerung, dunkle Schatten und Nebel ziehen vorbei.

Du siehst einen Weg im Winter, schneebedeckt, gespurt, es ist eisig und windig.

Du gehst über eine kleine Brücke über einen Bach, er ist kristallklar, der Rand ist gefroren, das Wasser ist sehr klar.

Du siehst einen Berg, steigst ihn hinauf. Oben lichten sich die Nebel, der Blick weitet sich. Du siehst Sterne verblassen und eine erste zarte Färbung des Morgenhimmels. Du erreichst den Gipfel und setzt Dich auf das Schaffell. Die Sonne geht langsam auf, du erlebst einen Beginn eines strahlend hellen Wintertags. Du schaust Dich um und genießt den Ausblick. Im Hauch des Windes berührt eine göttliche Kraft Deine Stirn. Du bist voller Vertrauen. Alle Deine Sinne sind bereit, eine Vision für das neue Jahr zu empfangen. Lasse Dir Zeit, bis eine Vision in Dir aufsteigt. Du sitzt ruhig und entspannt. Alles darf sein, nichts muss sein. Warte in der Stille. Du bist offen und achtsam dafür, was sich Dir für das neue Jahr zeigen will. Vielleicht nur eine leise Ahnung. Nimm es an, was auch immer sich zeigt, der Sinn erschließt sich vielleicht erst später. Vielleicht kommt etwas zu dir und zeigt sich Dir....

Du bedankst Dich für die Vision, stehst langsam auf und blickst Dich um. Du lässt Dich vom Winterwind durchwehen und spürst Klarheit und Zuversicht. Du dankst der göttlichen Kraft von Herzen, dann verabschiedest Du Dich von diesem Ort. Mühelos steigst Du durch den hellen, glitzernden Schnee wieder herab, gehst den

Weg zurück, gehst wieder über die Brücke am Bach und kommst zu Deinem Ausgangspunkt.

Verlasse nun die innere Vorstellungswelt, atme zwei, drei Mal tief aus und ein, bewege Dich etwas. Komme wieder hier im Raum an, löse Dich, öffne die Augen, wenn Du soweit bist.

Abschluss der Ritualhandlung immer mit gemeinsamem Austausch. Vielleicht möchten nicht alle etwas sagen, vielleicht möchten einige nur ein paar Gedanken aufschreiben oder malen.

Dann Verabschiedung der Göttin, der vier Elemente in umgekehrter Reihenfolge, Lösen des Schutzkreises und etwas lebendige oder sogar wilde Musik und Tanzen, dann Abschlussessen und geselliger Ausklang. Stärkende und wieder erdende Winternahrung kann hier eine Suppe mit Wurzelgemüse sein.

Ostara – Frühlings-Tag-und-Nacht-Gleiche

Zentrales Festthema: Was keimt in mir, was möchte ich sähen?

Räucherwerk mit frischen Düften wie z.B. Lemongras.

Reinigung der Anwesenden und der mitgebrachten Samen(tütchen) mit dem Rauch des Räucherwerks.

Ziehen des Schutzkreises mit einer Rassel

Anrufung der vier Elemente mit Bezug zum Frühling, z.B. „Ich rufe das Element Luft aus dem Osten, die Kraft der Blütendüfte und der Frühlingsstürme, komm in unseren Kreis. Ich rufe das Element Feuer aus dem Süden, die Kraft der Frühlingssonne und das Licht, das das Saatkorn lockt, komm in unseren Kreis! Ich rufe das Element Wasser aus dem Westen, die Kraft der Tränen der

Freude und der Trauer, den Frühlingsregen, der unsere Saat be-
feuchtet, komm in unseren Kreis! Ich rufe das Element der Erde
aus dem Norden, die Erde, die jetzt zu neuem Leben erwacht, die
unser Saatkorn aufnimmt und uns festen Halt gibt, komm in unseren Kreis!"

Anrufung der Frühlingsgöttin , z.B.

Wir rufen die junge Frühlingsgöttin, die das Land weckt,

die die Kräfte aus der Erde nach oben ruft,

das Saatkorn lockt, erste laue Frühlingsdüfte spüren lässt und

auch Frühlingsstürme.

Du weckst in uns Hoffnung auf Neubeginn,

Du lässt uns spüren, wie etwas in uns aufbricht, keimen will,

wie etwas zuerst nur Geahntes nun Form und Gestalt gewinnen

will.

Ermutige uns, neue Wege zu gehen,

gib unseren Träumen und Wünschen neue Gestalt!

Komm in unseren Kreis!

Mögliche Gedichte zur Frühlings-Tag-und-Nacht-Gleiche:

Rilke „Über die Geduld"

Theodor Fontane „Frühling"

Eduard Möricke „Frühling lässt sein blaues Band"

Kristin Baege „Entfaltung".

Mögliche Frühlingslieder zur Einstimmung:

„Jetzt fängt das schöne Frühjahr an..." „Wenn der Frühling kommt..."

„Singt ein Vogel im Märzenwald" „Es gehet eine helle Flöte"

Möglicher meditativer Tanz „Frau Frühling klopft an" in der Choreographie von Ziriah Voigt.

Mögliches kreatives Gestaltungselement:

Die mitgebrachten Blumentöpfe werden mit einfachen Farben bemalt und verziert.

Oder ganz klassisch, das Bemalen und Verschenken hartgekochter oder ausgeblasener, bemalter Eier.

Meditation zur Einstimmung:

Eine Frau spricht die Anleitung zur Meditation, alle anderen setzen oder legen sich bequem hin.

Setze oder lege Dich bequem hin. Schließe Deine Augen. Finde eine Position, die Du einen Moment halten kannst. Atme zweimal bewusst ein- und aus. Gehe dann mit Deinen Gedanken zurück zu den Rauhnächten. Wie hast Du sie verbracht? Hattest Du Zeit für eine Ruhepause? Was ging Dir noch vom alten Jahr durch den Sinn? Wie hast Du gedacht, als Deine Gedanken ins neue Jahr hineingingen? Hast Du ein Orakel gelegt? Worauf freust Du Dich im neuen Jahr, was macht Dir Angst? Wie hast Du Schnee und Winter erlebt? Tat die Frostphase Dir gut, war es Dir zu lange zu dunkel?

Wie hast Du Lichtmess gefeiert? Wovon hast Du Dich gereinigt? Hast Du hier ein Orakel gezogen? Hast Du eine Jahreskarte gezogen?

Wann hast Du draußen in der Natur die ersten Frühlingsboten gesehen? Hast Du Schneeglöckchen bemerkt oder Weidenzweige, Winterlinge, Haselzweige mit golden-grünen Blüten? Hast Du gemerkt, wie die Tage länger wurden, die Vögel anders sangen, die Luft milder wurde?

Was keimt jetzt in Dir? Welche bewussten Pläne hast Du fürs neue Jahr? Was keimt von unten in Dir auf? Ist es ein Gefühl, eine Ahnung, ein Gedanke, der sich den Weg sucht?

Hast Du einen Wunsch nach Veränderung und Neubeginn? Oder eher nach mehr Beständigkeit und Gelassenheit? Ist Dein Terminkalender schon wieder sehr voll mit Terminen für die nächsten Monate? Brauchst Du mehr Antrieb oder mehr Rückzug? Welche bewussten Pläne hast Du? Wonach sehnst Du Dich wirklich in diesem Frühjahr und Sommer? Was möchtest Du Neues gestalten? Was will sich in Dir behaupten? Wem oder was möchtest Du mehr Raum geben? Was möchtest Du hegen und pflegen?

Komme jetzt langsam wieder hier in den Raum zurück. Öffne die Augen. Betrachte den mitgebrachten Topf mit Erde und die Samen. Lege ein paar Samen in die Erde, bedecke sie dünn mit Erde und gieße es etwas an.

Danach Austausch oder bewegter Tanz um die Samentöpfchen.

Zum Abschluss Verabschiedung der gerufenen Göttin, Verabschiedung der Elemente in umgekehrter Reihenfolge, Auflösen des Schutzkreises, wildes Tanzen und Rasseln um die Mitte, dann Festmahl und geselliger Ausklang. Gekochte Eier und frischer Kräuterquark passen hier gut, am besten mit ein paar Wildkräutern.

Walpurgis

Zentrales Festthema: Sinnlichkeit, Erotik und Kontakt mit Tierenergie

Süßes, sinnliches Räucherwerk wie z.B. Sandelholz und Patschuli.

Den Schutzkreis ziehen, indem er mit einer Rassel oder Trommel abgelaufen wird.

Anrufung der 4 Elemente mit Bezug zum Fest: „Ich rufe das Element Luft aus dem Osten, die sinnlichen, süßen Blütendüfte, wecke unsere Sinne, komm in unseren Kreis! Ich rufe das Element Feuer aus dem Süden, wecke das Feuer in unserem Becken, komme in unseren Kreis! Ich rufe das Element Wasser aus dem Westen, lass wie in der Natur auch unsere Körpersäfte die Fülle erleben, komm in unseren Kreis! Ich rufe das Element Erde aus dem Norden, das uns mit frischem Grün umfängt. Sei der vibrierende Boden unter unseren tanzenden Füßen, komm in unserem Kreis!"

Anrufung der sinnlichen Frühlingsgöttin

Göttin des vollen Mondes,

Frühlingsgöttin,

die in uns die Sehnsucht nach Liebe und Sinnlichkeit weckt.

Du weckst die süßen Säfte und Blüten,

die ganze Natur scheint in einem blühenden sinnlichen Höhepunkt zu münden.

Erwecke in uns unsere Frauenkraft.

So wie in den Bäumen jetzt die Säfte steigen und frisches Grün sich Bahn bricht,

so sehnen wir uns nach Fruchtbarkeit,

sei sie leiblich oder geistig.

Lass uns die Grünkraft der Bäume tanken,

lass in uns Liebe und Sinnlichkeit zu.

Öffne uns für den Kontakt mit der wilden Natur

und den wilden Tieren.

Öffne uns für die freien Impulse der Liebe,

die sich nicht immer an unseren Bindungen orientieren,

öffne uns für die Liebe unter Frauen,

öffne uns für die Sehnsucht nach Wildheit und Weite.

Komm in unseren Kreis!

Texte die sich für dieses Frühlingsfest eignen:

Kristin Baege „Hexenkraft"

Gebet um Gnade und Hingabe von Francesca de Grandis

Gesänge der handlungsfähigen Wandlerin von Ute Schiran

„Nicht alle Schmerzen sind heilbar" von Ricarda Huch

Lieder für Walpurgis

„Der Winter ist vorüber, April ist auch vorbei..."

„Der Mai ist gekommen..."

„Ich hab ein junges Mädchen gesehen" Lebenslied von Heike Panten

Kreative Gestaltungsformen:

Gegenseitiges Bemalen von Körpern und Gesicht, Schmücken mit Bändern und Federn.

Orakelset zum Kontakt mit Tierenergie:

„Karten der Kraft" von Jamie Sams und David Carson, Windpferd Verlag

„Das keltische Tierorakel" von Philip und Stephanie Carr-Gomm, Aurun Verlag

Hauptritualhandlung:

Gemeinsames freies Tanzen am offenen Feuer in einem geschützten Garten, alle tanzen mit Rasseln, Trommeln, Schellen. Eine Frau wird vorher bestimmt, die bis zum Schluss rasselt oder trommelt. Alle anderen dürfen sich irgendwann im Gras fallen lassen und hinlegen und ihren Phantasien, Träumen und Visionen nachgehen. Die Trance durch Tanzen mit Rasseln und Trommeln wirkt sich oft nicht so tief aus, wie wir es erwarten, kann aber sehr stärkend und befreiend sein.

Nachdem die Frau aus Dienst an der Gruppe noch lange weitergerasselt und getrommelt hat, lässt sie ihr Instrument auch ruhen, alle ruhen und können sich nach einiger Zeit austauschen.

Anschließend Verabschiedung der Göttin, der 4 Elemente, Auflösen des Schutzkreises und geselliges Essen. Manche mögen Maibowle bei diesem Fest.

Sommersonnenwende

Zentrales Festthema: Fülle, Höhepunkte, Licht

Gemischtes Räucherwerk mit Sommerdüften wie Rose, Lavendel, etwas Johanniskraut vom letzten Jahr, Sandelholz und Salbei.

Schutzkreis ziehen mit Rassel oder Ausstreuen von Heilerde im Kreis um den Ritualplatz.

Anrufung der vier Elemente mit Bezug zum Sommer: „Ich rufe das Element Luft, das uns mit warmer sommerlicher Kraft umfängt, schenke uns Gedanken der Fülle, komm in unseren Kreis! Ich rufe das Element des Feuers aus dem Süden, die Sonnenkraft, die jetzt ihren höchsten Punkt erreicht hat, spende uns Licht und Wärme, komm in unseren Kreis! Ich rufe das Element Wasser aus dem Westen, die warmen Sommerregen, die die Natur braucht, komme in unseren Kreis! Ich rufe das Element Erde aus dem Norden, die sommerliche Erde unter unseren Füßen, fruchtbar und tragfähig, komme in unseren Kreis!"

Anrufung der Sommergöttin

Königin des Sommers, wir rufen Dich!

Du umgibst uns mit Blütenduft, mit Bienen,

Schmetterlingen und Hummeln.

Wir rufen Dich im roten Mohn, der jetzt blüht, im Duft der Rosen, im Goldgelb des Johanniskrauts! Du bist die Blüte und der Dorn der Rose,

Du bist die flüchtige Schönheit der Mohnblüten,

Du bist die Herrin der kurzen Sommernächte.

Wir rufen Dich im süßen Duft der Holunderblüten, in den roten Beerenfrüchten des Gartens, Himbeeren, Johannisbeeren, Erdbeeren.

Du lässt uns in diesen Tagen die Fülle des Sommers erleben, den Höhepunkt der hellen Zeit.

Für Dich entzünden wir heute ein Feuer, Dir zu Ehren feiern wir den längsten Tag des ganzen Jahres. Die Sonne geht jetzt weit im Nordosten auf, weit im Nordwesten unter. Sie hat ihre höchste Bahn erreicht. Du lehrst uns, die Höhe- und Wandelpunkte in unseren Leben bewusst zu spüren. Komme in unseren Kreis!

Mögliche Gedichte und Texte

„Anrufung der Königin des Sommers" aus: Starhawk, Der Hexenkult als Urreligion der großen Göttin

„Sommersonnenwende" von Ludwig Uhland

„Ode an die Parzen" von Friedrich Hölderlin

„Prolog im Himmel" von Johann Wolfgang von Goetze, aus Faust 1. Teil

Mögliche Volkslieder „Lachend, lachend, lachend kommt der Sommer über das Land..."

Amazing Grace, auch in deutscher Übersetzung sehr schön: „Ein schöner Tag ward uns beschert"

Kreative Gestaltungsmöglichkeiten an diesem Tag:

Formen einer eigenen Göttinnenfigur aus Ton oder Salzteig, Kreatives Gestalten von Schmetterlingen z.B. mit Origamitechnik, ausgiebiges Schmücken der Ritualmitte mit Rosen, roten Bändern und Johanniskraut.

Magische Ritualhandlung:

Im stärkenden Feuer könne Amulette geweiht werden, insbesondere für Liebe, Sinnlichkeit, Heilende Themen und Wachstum.

Meditative Einstimmung zur Sommersonnenwende:

Eine Person spricht die Einstimmung, während die anderen um die Ritualmitte stehen:

Stehe fest auf dem Boden. Schließe für einen Moment Deine Augen.

Rieche die Sommerdüfte um dich herum, das Gras, die Blüten.

Spüre die Sonne auf Deiner Haut oder spüre Deine Sehnsucht nach Sonnenkraft.

Das Jahr ist auf seinem lichten Höhepunkt angekommen.

Atme zweimal tief ein und aus.

Spüre in deinem Inneren nach: Welchen Höhepunkt hast du in diesem Jahr, in diesem Sommer spüren können? Wo spürst Du Lebensfreude? Wo spürst du Dankbarkeit und Lebenslust? Welche dunklen Zeiten hast du überwunden, welche Tiefpunkte hast du hinter dir gelassen? Spüre die volle Kraft des Sommers, der jetzt beginnt. Die wirklich heißen Tage liegen noch vor uns, dennoch hat die Sonne jetzt schon ihren Höhepunkt erreicht. Was willst du mitnehmen, womit willst du dich und dein Amulett heute aufladen?

Öffne dich für die Kraft des Sommers. Vielleicht vertraust du der Sonnenkraft noch nicht ganz, öffne dich jetzt für die Kräfte des Lichts und der Sonne, die ihren höchsten Punkt erreicht hat.

Öffnet nun die Augen und lasst uns das Feuer entzünden und Tanzen.

Rituelle Haupthandlung ist hier wieder ein langes Tanzen ums Feuer, diesmal auch mit Sprung übers Feuern und Weihen von Objekten oder Amuletten, indem sie ins Feuer gehalten werden oder beim Sprung über das Feuer getragen werden.

Abschließend Verabschiedung von der Königin des Sommers, von den 4 Elementen, Auflösung des Schutzkreises mit Rasseln und Trommeln, geselliges Essen, lange zusammen Sitzen in dieser besonderen Nacht. Selbstgemachte Holunderlimonade passt hier sehr gut.

Schnitterin

Zentrales Festthema: Abschnitt, Schnitt, Trennung und Ernte

Räucherwerk mit Beifuß, Rheinfarn und Schafgarbe (Oder eine kleine Menge vom Kräuterstrauß des letzten Jahres wird verräuchert.)

Ziehen des Ritualkreises mit einer Sichel und sichtbares Auslegen mit einem dicken roten Wollfaden im Gras.

Anrufung der 4 Elemente mit Bezug zum Fest: „Ich rufe das Element Luft aus dem Osten, die scharfe Klinge, die uns Mut zum Schnitt macht und auch klare, trennende Gedanken zulässt, komm in unseren Kreis! Ich rufe das Element Feuer aus dem Süden, die Sommerhitze, die warme Sonne, die uns Kraft geschenkt hat, komm in unseren Kreis! Ich rufe das Element Wasser aus dem Westen, Tränen der Trauer über Trennung, Tränen der Freude bei Ernte und Dankbarkeit, komm in unseren Kreis! Ich rufe das Element Erde aus dem Norden, die goldene Fülle der Kornfelder, die jetzt dem Ernteschnitt weichen muss, komm in unseren Kreis!"

Anrufung der Göttin als Schnitterin

Große Schnitterin,

die Du Kräuter und Korn erntest,

stärke mich in meiner Ernte und in einem mutigen Schnitt.

Die Fülle der goldenen Kornfelder wandelt sich

Durch deinen Schnitt

in ein leeres Stoppelfeld.

Wenn ich die Kräuter jetzt nicht schneide und trockne,

welken und verblühen sie.

Gib mir Mut,

wenn in meinem Leben ein Abschnitt schmerzlich zu Ende geht.

Lass mich die Sichel ansetzen, lass mich einen Schnitt machen.

Lass mich einen Neuanfang wagen.

Lass mich die Ernte eines Lebensabschnitts einbringen.

Gib mir Kraft, wenn ich von der Fülle des Sommers

einen Vorrat an Kräutern und Korn ernten möchte

für die folgende Zeit.

Du bist die Schnitterin,

die uns mitten im Sommer

Ernte, Schnitt und Trennung bringt.

Ermutige mich, einen Schnitt zu machen,

mich freizuschneiden von Dickicht und Gestrüpp,

das mich hemmt und hindert.

Komm in unseren Kreis!

Mögliche Texte:

Lieder der Kornjungfrau von Chris Carol aus Starhawk, Der Hexenkult als Urreligion der großen Göttin.

„Schnitterin" von Kristin Baege

Anrufung des Kornkönigs von Uta Holunder Sprenger

Mögliches Volkslied: „Ein grüner Berg, ein dunkles Tal"

Kräuterkanon von Arunga Haiden, auch tanzbar mit einer Choreographie von Ziriah Voigt.

Mögliche kreative Gestaltung: Winden eines Korn- und oder Kräuterkranzes

Rituelle Haupthandlung (benötigt einen geschützten Garten, in dessen Nähe Felder mit Wildkräutern liegen zum Schneiden des Straußes): Zuerst Verbrennung des Kräuterstraußes aus dem letzten Jahr und Erinnerung daran, was ich letztes Jahr losließ, schnitt oder erntete.

Innere Einstimmung aufs Fest, eine Frau spricht für alle im Kreis: Die Korn- und Kräuterernte ist zu einem Höhepunkt gekommen. Es beginnen die Frauendreißiger, in deren Zeit die meisten einheimischen Heilkräuter erntereif werden und auch Giftpflanzen gut geerntet werden können. Nun ernte auch du, was Wiesen und Felder dir schenken. Bitte die Heilpflanzen um ihre magische und heilende Kraft. Frage sie, ob du sie schneiden darfst. Erlaube dir einen Ernteschnitt, einen Trennungsschnitt oder erlaube dir, einen Kraftstrauß für den Winter zu schneiden.

Vielleicht brauchst du dieses Jahr nur einen kleinen würzigen Strauß, vielleicht erntest du die Sommerkraft in einem üppigen Gebinde. Wenn dein Strauß voll und gut ist, kehre in den Kreis zurück. Wenn nur noch eine Frau fehlt, beginnen wir zu trommeln, um sie zurück zu rufen.

Die Frauen ziehen aus mit Schnittwerkzeug (Sichel, Schere oder Gartenschere) und ernten im eigenen Tempo einen Strauß aus Heilkräutern, Kornähren, vielleicht auch Disteln oder Zweigen. In eigenem Tempo kehren sie zurück und nähern sich wieder dem Kreis.

Wenn alle Frauen wieder zurück sind, sammeln sie sich vor dem Kreis. Sie übertreten eine rot markierte Schwelle, z.B. mit einem roten Tuch, treten in den Kreis wieder ein und sagen dabei, ob sie geerntet haben, geschnitten oder Kraft geholt haben. In innerer Ruhe wird im Kreis der Strauß dann mit roten Bändern liebevoll gebunden und alle Sträuße werden um die Mitte gelegt. Dann werden die Sträuße umtanzt und ein Austausch kann beginnen.

Anschließend Verabschiedung der Göttin, der 4 Elemente Auflösen des Schutzkreises und Einwickeln des roten Fadens, geselliger Ausklang, gemeinsames Essen. Einfaches Stockbrot kann hier passen.

Herbst-Tag-und-Nacht-Gleiche

Zentrales Festthema: Ernte und Fülle oder Schattenarbeit

Reinigendes Räucherwerk mit Beifuß oder Salbei

Ziehen des Schutzkreises und Ablaufen mit der Rassel oder Trommel

Anrufung der 4 Elemente mit Bezug zum Herbst: „Ich rufe das Element Luft aus dem Osten, das uns jetzt mit ersten Herbststürmen und dem Duft der Apfelernte umfängt, komm in unseren Kreis! Ich rufe das Element Feuer aus dem Süden, die Feuer auf den Kartoffelackern, das warme Licht der Herbstsonne, komm in unseren Kreis! Ich rufe das Element Wasser aus dem Westen, die Regenfälle des Herbstes, die würzig-feuchten Herbstgerüche im Wald, komm in unseren Kreis! Ich rufe das Element der Erde aus dem Norden, die Erde, die jetzt zur Ernte einlädt und uns reichlich beschenkt mit Früchten und Nahrung, komm in unseren Kreis!"

Anrufung der Herbstgöttin

Herbstgöttin,

die wir dich in Frau Holle erkennen

Du lädst zur Ernte ein.

Du willst, dass die Äpfel und Nüsse

von den Bäumen geschüttelt werden,

Du willst, dass das Brot gebacken wird

und die Vorräte gefüllt werden.

Lade uns zum Ernten ein.

Lass uns die Früchte der Erde und unseres Lebens

dankbar ernten,

Lass uns Vorräte anlegen für den Winter.

Du rufst uns mit den Herbststürmen,

mit dem Reifen der Früchte, der Verfärbung des Laubs.

Du lässt die Nächte kühler werden,

während die Tage neblig oder golden werden,

bis es immer dunkler in den Herbst hineingeht,

und du uns mit dem ersten Raureif

und den ersten Schneeflocken überraschst.

Komm in unseren Kreis.

Mögliche Texte zur Herbst-Tag-und-Nacht-Gleiche

Septembermorgen von Eduard Mörike, auch in vertonter Fassung von Heinz Lau

Schattenschwester von Kristin Baege

Der Apfel ist nicht gleich am Baum von Matthias Claudius

Mögliche Lieder

Leer sind die Felder und voll sind die Scheunen

Bunt sind schon die Wälder

Kreative Gestaltungsmöglichkeit:

Winden eines Erntekranzes mit Hagebutten und bunten Kräutern, Malen und / oder Schreiben einer Dankbarkeitsliste.

Meditative Einstimmung zum Thema Saat und Ernte

Eine Person liest den folgenden Text und führt die anderen durch die Meditation:

Nimm eine bequeme Sitzposition ein und atme zweimal tief ein und aus.

Atme zweimal tief ein und aus.

Gehe in Gedanken zurück zur Frühjahrstagundnachtgleiche:

Was hast du gesät? Welche Saat hast du gewählt und welche Wünsche waren damit verbunden? Wie hast du die Saat vorbereitet, was hast du hineingegeben?

Wie war die Zeit bis zur Keimung? Hast du dich um deine Saat gut kümmern können, stand sie geschützt oder draußen? Wann hast du dich getraut, sie rauszustellen, dem Wetter auszusetzen?

Wann ging sie auf? Was ist daraus geworden. Wann hat sie geblüht? Hast du Samen geerntet, Früchte oder Blüten?

Was ist aus deinen Wünschen oder Projekten geworden, die du im Frühjahr hattest? Konntest du sie hegen und pflegen, Energie reinstecken, sie weiterverfolgen?

Gab es Phasen des Rückschritts, der Verzweiflung?

Welche Projekte konntest du bis heute verfolgen, von welchen musstest du dich verabschieden?

Was ist aus deiner Pflanze jetzt geworden? Ist sie schon verblüht, hat sie Samen und Frucht getragen, hat sie noch eine letzte Herbstblüte, hat sie sich wieder ausgesät?

Ist dein Projekt oder dein Wunsch gereift und abgeschlossen, trägt es konkrete Frucht, kannst du ernsten oder musst du es weiter hegen und pflegen?

Halte jetzt inne, es ist die Zeit der (oder kurz nach der) Herbst-Tag-und-Nacht-Gleiche, Zeit der Ernte und des Sichten und Richtens der Vorräte.

Welche Vorräte nimmst du mit in die dunkle Zeit? Was trägt dich weiter, was nährt und wärmt dich in der dunklen Zeit? Was willst du einlagern und sammeln?

Für was bist du dankbar?

Was lässt du zurück, wo ist eher Hunger und Mangel, was trägt nicht mehr weiter?

Was ist welk, abgestorben, überlebt?

Was hält und trägt nicht durch den Winter?

Was willst du vielleicht im nächsten Frühjahr erneut versuchen, noch mal aussähen?

Stille Innenschau über die seelische Ernte, danach Zeit zum Schreiben oder Malen, dann Austausch.

Alternative Meditation: Trancereise zur Begegnung mit dem eigenen Schatten

Die Trancereise beginnt mit einer Tiefenentspannung und leitet dich dann erst an, deine inneren Bilder aufzubauen. Wieder spricht eine Person den Text, während die anderen entspannen und meditieren.

Lege Dich hin, atme zweimal ein- und aus, finde eine Position, in der Du länger liegen (oder sitzen) kannst.

Entspanne deine Füße, sie werden schwer, du kannst sie ablegen.

Entspanne deine Unterschenkel, sie werden schwer, du kannst sie ruhig ablegen.

Entspanne deine Oberschenkel, sie werden schwer, lege sie sanft in den Boden ab.

Entspanne dein Becken, Hüften und Po, sie werden schwer, du kannst sie ablegen.

Entspanne deinen Rücken, er wird schwer, lege ihn in den Boden ab, lass ihn los.

Entspanne deinen Bauch, er wird locker und weich, lass ihn zur Ruhe kommen.

Entspanne deine Schultern, sie werden schwer, lass sie hängen, du kannst sie ablegen.

Entspanne deine Arme, sie werden schwer, du kannst sie in den Boden ablegen.

Entspanne deinen Nacken und Hals, wird schwer und locker, lass sie los.

Entspanne deine Kopfmuskeln, den Kiefer, sie werden schwer, lass sie los.

Entspanne deine Gesichtsmuskeln, sie werden schwer und locker, lass sie los.

Entspanne deine Stirn, sie wird schwer und locker, lass sie los.

Gehe nun nach innen, die Eindrücke hier aus dem Raum treten mehr und mehr zurück bis auf den Klang der Stimme.

Versuche dich nun, dich an eine Situation zu erinnern, in der du dich mit dir selbst unwohl gefühlt hast. Was für eine Situation war das? Wer war daran beteiligt? Wie hast du dich verhalten? Welche Eigenschaft hast du in dem Moment gelebt? Wie hat es sich in deinem Körper angefühlt, so zu sein, sich so zu verhalten? Was hast du gemacht, was du an dir selbst gar nicht leiden kannst? Warum hast du dich so verhalten?

Versuche, ein Bild zu finden für diese Eigenschaft... warum war sie in der Situation nötig? Auch wenn du es nicht leiden kannst, wenn du so bist und dich selbst so verhältst, hat es dennoch einen Sinn gehabt? Gibt es eine Situation in deiner Kindheit oder gar mehrere Situationen, in denen du gelernt hast, dich so zu verhalten? Hat dich das vor etwas geschützt? War es notwendig zum Überleben? Wofür brauchst du es noch heute? Was würde passieren, wenn du dich nicht mehr so verhalten würdest? Welches Gefühl löst diese Eigenschaft bei dir aus?

Gibt es jemanden in deiner Umgebung, der auch diese Eigenschaften zeigt und den du deswegen ablehnst und nicht leiden kannst? Kannst du dir jetzt eingestehen, dass es auch deine Eigenschaft ist? Löse dich nun von dieser Eigenschaft und dieser Situation....

Versuche dich nun, dich an eine zweite Situation zu erinnern, in der du dich mit dir selbst unwohl gefühlt hast. Was für eine Situation war das? Wer war daran beteiligt? Wie hast du dich verhalten? Welche Eigenschaft hast du in dem Moment gelebt? Wie hat es sich in deinem Körper angefühlt, so zu sein, sich so zu verhalten? Was hast du gemacht, was du an dir selbst gar nicht leiden kannst? Warum hast du dich so verhalten?

Versuche, ein Bild zu finden für diese Eigenschaft... warum war sie in der Situation nötig? Auch wenn du es nicht leiden kannst, wenn du so bist und dich selbst so verhältst, hat es dennoch einen Sinn gehabt? Gibt es eine Situation in deiner Kindheit oder gar mehrere Situationen, in denen du gelernt hast, dich so zu verhalten? Hat dich das vor etwas geschützt? War es notwendig zum Überleben? Wofür brauchst du es noch heute? Was würde passieren, wenn du dich nicht mehr so verhalten würdest? Welches Gefühl löst diese Eigenschaft bei dir aus?

Gibt es jemanden in deiner Umgebung, der auch diese Eigenschaften zeigt und den du deswegen ablehnst und nicht leiden kannst? Kannst du dir jetzt eingestehen, dass es auch deine Eigenschaft ist?

Löse dich nun auch von dieser Eigenschaft und dieser Situation....

Komme dann langsam wieder in den Raum hier zurück. Spüre deinen Körper, recke die Arme, räkele dich etwas. Wenn du wieder ganz da bist, öffne langsam die Augen.

Anschließend Austausch über die erkannten Schattenseiten.

Anschließend Verabschiedung der Erntegöttin, der 4 Elemente, Auflösung des Schutzkreises, geselliger Ausklang mit Essen und Feiern. Frische Äpfel, Nüsse und Birnen gehören dazu.

Halloween - Samhain

Zentrales Festthema: Sterben, Tod und Wiedergeburt

Räucherwerk mit Beifuß

Anrufung der 4 Elemente mit Bezug zum Fest: „Ich rufe das Element Luft aus dem Osten, das uns heute erinnert an die Bestattungsform der Indianer, die Bestattung in der Luft, schenke uns klare Erkenntnisse in diesem Fest. Ich rufe das Element Feuer aus dem Süden, die Kraft der Bestattung im Feuer, wie sie die Hindus praktizieren, das Glühen und Vergehen, die starke Transformation, komm in unseren Kreis! Ich rufe das Element Wasser aus dem Westen, die Form der Bestattung in See, Wasser und im Moor, Tränen der Trauer im Abschied von den Verstorbenen, komm in unseren Kreis! Ich rufe die Kraft der Erde aus dem Norden, das geduldige Grab unserer Ahninnen, nimm alle Verstorbenen und unser Gedanken an sie in Deine Ruhe auf, komm in unseren Kreis!

Anrufung der Ahninnen:

„Ich rufe die Ahninnen, die Vormütter, die vor mir diesen Lebensweg gegangen sind, die uns das Leben geschenkt haben und uns aufgezogen haben. Ich rufe die geistigen Ahninnen, von denen ich gelernt habe, die vor mir den Weg der Frauenkraft gegangen sind, kommt in unseren Kreis!

Anrufung der Herbstgöttin als Todesgöttin

Göttin des Neumonds, Göttin der Dunkelheit!

Wir rufen Dich, die Du über den Kreislauf von Geburt, Leben,

Sterben und Wiedergeburt mit Weisheit regierst.

Du holst in dieser Nacht die Seelen der Verstorbenen heim,

Du geleitest Sie erneut in den Kreislauf

von Tod und Wiedergeburt.

Du erinnerst uns heute an unsere eigene Sterblichkeit,

an unsere Vergänglichkeit.

Wir erinnern uns der Verstorbenen

und zugleich feiern wir die Freude am Leben.

Wir denken an die Ahninnen und Ahnen,

die uns vorausgegangen sind.

Wir gedenken des Erbes, das wir annehmen,

und des Erbes, das wir ausschlagen müssen.

Führe Du uns durch die dunklen Herbstnächte,

rühre uns an in dieser Zeit,

in der aus der letzten goldenen Herbstpracht

nur noch Nebel, Regen und brauner Matsch übrigbleibt.

Gib uns den Mut, die Dunkelheit wertzuschätzen,

die ihre eigene Kraft hat.

Komm in unseren Kreis!

Mögliche Texte für Halloween

Gebet an die Vormütter und Ahninnen von Kristin Baege

Totenklage aus „Unsere Wunden heilen, unsere Befreiung feiern, Rituale in der Frauenkirche", von Rosemary Radford Ruether, Kreuz Verlag 1988.

Totenklage

Wir trauern heute um unsere Ahninnen, die von ihren Verfolgern für Hexen gehalten wurden. Wir trauern um Frauen, die noch heute, z.B. in Afrika, als Hexen verfolgt und getötet werden. Wir trauern um Frauen, die heute noch in Indien als Witwen verbrannt werden. Wir trauern um die Frauen, die sich für Bildung und Würde der Mädchen einsetzen und dafür bestraft wurden. Wir trauern um die vielen Frauen, die beschnitten wurden und so ihrer Lust beraubt wurden. Wir trauern um die Priesterinnen, die für ihre Kulte verfolgt wurden. Wir trauern um die Frauen, die heilende Kräfte hatten, Hebammen waren, beschuldigt wurden, für Unheil, Pest und Krankheit verantwortlich gemacht wurden. Wir gedenken unserer Vormütter, die teils vor Jahrhunderten gelebt haben, teils wenige Generationen vor uns in unserer eigenen Familie. Wir danken unseren Ahninnen für das Erbe, das sie uns hinterlassen haben. Wir trauern um die vielen Frauen, die um Frauenrechte gekämpft haben, die Kämpferinnen und Kriegerinnen. Wir trauern um die weisen Frauen, deren Wissen immer wieder verloren zu gehen drohte und an deren Wissen wir heute anknüpfen wollen.

Wir trauern in diesem Jahr um konkrete Verwandte oder Freunde und Freundinnen, die in diesem Jahr seit dem letzten Halloweenfest gestorben sind, und die die Göttin heute zu sich heimholt. Wir gedenken der Toten in diesem Jahr, der Toten in unserer Familie, in unserem Freundeskreis oder in unserem beruflichen Handeln.

Weint, Schwestern, um diese Frauen, die unsere Vormütter sind! Trauert um die Verstorbenen und erweist Ihnen Ehre!

Mögliches Lied für Halloween

„In stiller Nacht, zur ersten Wacht, ein Stimm begunnt zu klagen..." nach Friedrich von der Spee.

Kreative Gestaltungsmöglichkeiten

Die Frauen bringen Fotos von ihren konkreten Ahninnen mit (Tanten, Müttern und Großmüttern) und bauen sich einen kleinen Ahninnenaltar oder gestalten ein Gedenkbuch und tauschen sich aus.

Meditative Gestaltung des Festes:

Eine Frau spricht den Text, während die anderen entspannen, zuhören, sitzen oder liegen.

Trancereise Inannas Gang durch die 7 Tore

Tranceinduktion im Liegen: Lege Dich bequem hin. Schließe Deine Augen. Entspanne Dich. Atme ein paar Mal bewusst ein- und aus.

Entspanne deine Füße, sie werden schwer, du kannst sie able- gen.

Entspanne deine Unterschenkel, sie werden schwer, du kannst sie ruhig ablegen.

Entspanne deine Oberschenkel, sie werden schwer, lege sie sanft in den Boden ab.

Entspanne dein Becken, Hüften und Po, sie werden schwer, du kannst sie ablegen.

Entspanne deine Rücken, er wird schwer, lege ihn in den Boden ab, lass ihn los.

Entspanne deinen Bauch, er wird locker und weich, lass ihn zur Ruhe kommen.

Entspanne deine Schultern, sie werden schwer, lass sie hängen, du kannst sie ablegen.

Entspanne deine Arme, sie werden schwer, du kannst sie in den Boden ablegen.

 Entspanne deinen Nacken und Hals, wird schwer und locker, lass sie los.

Entspanne deine Kopfmuskeln, den Kiefer, sie werden schwer, lass sie los.

Entspanne deine Gesichtsmuskeln, sie werden schwer und lo- cker, lass sie los.

Entspanne deine Stirn, sie wird schwer und locker, lass sie los.

Wende deine Aufmerksamkeit nun deinem dritten Auge zu und öffne es für diese Trancereise.

Gehe nun nach innen, die Eindrücke hier aus dem Raum treten mehr und mehr zurück. Du willst deinen persönlichen Gang in die Unterwelt antreten. Du willst deiner dunklen Schwester, der Herrin der Unterwelt begegnen, um dich selbst zu erkennen.

1. Tor

Stell dir vor, wie du in der Abenddämmerung auf eine Höhle zugehst. Vor der Höhle sitzt ein Wächter. Das kann ein Tier sein oder ein Mensch oder eine Mischung aus beide. Du bittest ihn um Eintritt.

Er sagt dir, dass du zuerst etwas ablegen musst, was du am Leib trägst, etwas, was du mit deiner Schönheit und Würde verbindest. ein Schmuck- oder Kleidungsstück . Du legst es ab und er lässt dich passieren.

2. Tor

Du trittst ein in eine halbdunkle Höhle, die nur schwach erleuchtet ist und gehst auf das nächste Tor zu. Auch hier triffst du auf einen Wächter. Er fordert dich auf, etwas abzulegen und loszulassen, womit sich dein Gefühl für deine persönliche Macht verbindet. Was könnte das sein? Eine Eigenschaft? Eine Fähigkeit? Ein Gegenstand? Löse dich von einem Symbol oder einem Teil deiner persönlichen Macht. Gib es ab.

Der Wächter lässt dich passieren. Du gehst oder gleitest durch eine halbdunkle Welt der Schatten, bis du zum nächsten Tor kommst.

3. Tor

Du wanderst weiter durch die Schattenwelt und kommst auf ein nächstes Tor zu. Es ist voller Wurzeln, wie tief unter einem großen Baum. Eine Wächterin empfängt dich. Es kann ein Tierwesen oder ein Menschenwesen sein, oder eine Mischung aus beidem. Sie gibt dir die Aufgabe, dich von einem Gegenstand zu trennen, der dir lange wichtig war, der jetzt aber überflüssig geworden ist. Du musst wirklich bereit sein, dich von diesem Gegenstand zu trennen, damit du weiter kommst.

4. Tor

Du kommst zum vierten Tor. Es ist aus dunklem, glänzendem Stein.

Hier erwartet dich eine Wächterin. Vielleicht ist es ein Tier oder eine Menschenfrau, vielleicht ein Wesen aus beidem. Sie lässt dich erst passieren, wenn du dich von einer Freundschaft trennst, die sich überlebt hat. Welche Freundschaft könnte das sein? Überlege, von welcher Freundschaft du dich trennen könntest. Benenne sie, dann lass sie los. Die Wächterin lässt dich passieren.

5. Tor

Du wanderst weiter durch die dunkle Schattenwelt, die jetzt eine warme orange Färbung annimmt. Du kommst zu einem Wächter, neben dem Tor aus Kohlen und verbranntem Holz brennt ein warmes Feuer. Um dieses Tor passieren zu können, musst du dich von einer Eigenschaft trennen. Du musst eine Eigenschaft loslassen, die dir eine Zeitlang geholfen hat, zu überleben, und die dich jetzt aber daran hindert, weiter persönlich zu wachsen. Welche Eigenschaft, welcher Überlebensmechanismus könnte das sein? Benenne es und lass es los. Durchschreite das Tor.

6. Tor.

Du wanderst weiter durch die Unterwelt und gehst oder schwebst an einem dunklen Fluss entlang. Du kannst das dunkle Wasser riechen. Du begegnest wieder einer Wächterin. Sie fordert von dir, dass du dich von einem Gefühl trennst, was dich oft überwältigt. Welches Gefühl ist von dir am schwersten beherrschbar, welches Gefühl bringt dich oft in Schwierigkeiten? Lass die Frage der Wächterin auf dich wirken. Benenne das Gefühl und lasse es los. Die Wächterin lässt dich passieren.

7. Tor

Du wanderst weiter durch die Unterwelt und spürst einen kalten Wind. Du begegnest einem Wächter in grauem Gewand, dessen langes Kleid im Wind weht. Er fordert von dir, dass du einen Gedanken ablegst, den du oft denkst, der dich aber in deinem persönlichen Wachstum behindert. Welcher Gedanke könnte das sein? Welcher fast automatische, fast zwanghafte Gedanke eng dich in deinem Wachstum ein? Benenne ihn und lass ihn los.

Du passierst das letzte Tor. Du bist jetzt gereinigt in deinen Eigenschaften, in deinen Freundschaften, in deinen Gefühlen und Gedanken. Du fühlst dich vielleicht kraftlos, vielleicht auch befreit.

Du begegnest der Göttin der Unterwelt. Vielleicht nimmt sie Gestalt an, vielleicht bleibt sie verhüllt in einen dunklen Schleier. Du kannst ihr eine Frage stellen. Vielleicht erhältst du eine Antwort, vielleicht auch nicht. Bedanke dich für Ihre Gegenwart und gehe wieder zurück

Du durchschreitest das Tor der Winde und bedankst dich für alle Gedanken, die dir geblieben sind.

Du durchschreitest das Tor der Gefühle und bedankst dich für alle Gefühle, mit denen du lebst.

Du durchschreitest das Tor deiner Eigenschaften und bejahst alle Eigenschaften, die du hast.

Du durchschreitest das Tor der Freundschaften und bedankst dich für alle Freundschaften, die dir geblieben sind.

Du durchschreitest das Wurzeltor der irdischen Welt und bedankst dich für deinen Besitz, der dir geblieben ist.

Du durchschreitest das Tor deiner persönlichen Macht und bedankst dich für deine natürliche Autorität, die dir geblieben ist.

Du durchschreitest das Tor deiner persönlichen Schönheit und Würde und richtest deine Kleidung und deinen Schmuck. Du stehst wieder vor der Höhle, die Morgensonne geht gerade auf.

Komme jetzt langsam hier im Raume an und bewege dich ein wenig. Wenn du soweit bist, öffne deine Augen, du kannst jetzt etwas malen oder schreiben oder eine Kleinigkeit essen, um dich zu stärken.

Anschließend Austausch über die Erfahrungen.

Abschließend Verabschiedung der dunklen Göttin, der 4 Elemente und der Ahninnen. Auflösung des Schutzkreises und geselliges Essen. Eine Kürbissuppe muss unbedingt dabei sein!

Wintersonnenwende

Zentrales Festthema: Dunkelheit mit Wende zum Licht, Begegnung mit Alter, Ruhe und Weisheit.

Räucherwerk mit Weihrauch und getrockneten Tannennadeln

Anrufung der vier Elemente mit Bezug zum Winter: „Ich rufe das Element der Luft aus dem Osten, die jetzt immer kälter wird und uns klare Gedanken schenken kann, komm in unseren Kreis! Ich rufe das Element Feuer aus dem Süden, das wir als Herdfeuer oder als inneres Feuer erleben in dieser Zeit, komm in unseren Kreis! Ich rufe das Element Wasser aus dem Westen, das jetzt als kalter Regen, Schnee oder Schneematsch zu uns kommt, das zu Eis gefriert, komm in unseren Kreis! Ich rufe das Element Erde aus dem Norden, das uns trägt und als das einzig Beständige den Winter über erhalten bleibt, komm in unseren Kreis!"

Anrufung der Winterkönigin

Winterkönigin,

Du lässt die äußere Welt erstarren mit Frost und Schnee,

Du lässt uns den tiefsten Punkt der Dunkelheit erfahren,

aus dem sich neu das Licht gebiert.

Dein Wirken geschieht mehr im Unsichtbaren als im Sichtbaren:

Wir sehen die Wurzelkräfte nicht,

wir sehen nur die kahlen Bäume und Äste.

Wir sehen die Wende des Lichts nicht,

wir sehen nur die Dunkelheit.

Wir ahnen, dass tief in der Erde die Feuerkraft weiterlebt,

aber wir spüren es nicht.

Du zwingst uns, uns auf das Wesentliche zur reduzieren,

auf das Hüten des inneren Feuers,

auf die Dinge,

die wir auch mit begrenzter Kraft noch schaffen können,

auf den Rückzug ins warme Heim,

wenn uns draußen zu kalt und rau ist.

Jetzt müssen wir lernen, mit unseren Kräften zu haushalten.

Und doch bereitet sich ein Wandel vor.

Du bist die Wandlerin im Inneren,

Diejenige, die uns lehrt, lange Durststrecken zu durchstehen,

die weise Alte jenseits der Zeit,

Du führst uns durch die dunklen Tage, den hellen Schnee,

und weckst und aus dem tiefen Frost

mit dem Geruch von Winterpunsch.

Komm in unseren Kreis!

Mögliche Texte zum Fest:

Winter-Wende von Kristin Baege

Hymne an Frau Holle von Uta Holunder Sprenger

Mögliche Lieder zum Fest:

Ach bittrer Winter, wie bist du kalt!

Es wächst viel Brot in der Winternacht

Kreative Gestaltungsmöglichkeiten:

Formen von Strohsternen oder Fröbelsternen oder ähnlichem anderem Baumschmuck

Meditative Gestaltungsmöglichkeit:

Trancereise zu einer weisen alten Frau

Eine Person spricht den Text, während die anderen liegen oder sitzen und sich entspannen.

Schließe die Augen.

Atme ein, zweimal bewusst aus- und ein.

Entspanne Deine Füße, sie werden schwer, lege sie ab.

Entspanne Deine Unterschenkel, sie werden schwer, lege sie ab.

Entspanne Deine Oberschenkel, sie werden schwer, lege sie ab.

Entspanne Deine Becken, Hüfte, Po, sie werden schwer, lege sie ab.

Entspanne Deinen Rücken, sie werden schwer, lege ihn ab.

Entspanne Deinen Bauch, er wird locker und weich, lass los.

Entspanne Deine Schultern, sie werden schwer, lege sie ab.

Entspanne Deine Arme, sie werden schwer, lege sie ab.

Entspanne Deinen Nacken und Hals, sie werden schwer, lass los.

Entspanne Deinen Kopf und den Kiefer, sie werden schwer und, du kannst sie ablegen und loslassen.

Entspanne Deine Gesichtsmuskeln, sie werden schwer, lass sie los.

Entspanne Deine Stirn, sie wird locker, lass sie los.

Konzentriere dich auf dein drittes Auge, eine Stelle in der Mitte der Stirn, oberhalb der Nase, zwischen deinen Augenbrauen. Das dritte Auge ist unsere Brücke zur Anderswelt.

Gehe nun nach innen, die Eindrücke hier aus dem Raum treten mehr und mehr zurück bis auf den Klang der Stimme und die Musik.

Du siehst einen Weg vor dir, er führt durch einen winterlichen Tannenwald.

Versuche, den Weg klar zu sehen, gehe auf dem Weg durch den Wald. Du willst eine alte Frau besuchen, weil dir eine Frage auf dem Herzen liegt. Du gehst durch den Wald. Du kommst zu einer Lichtung. Auf der Lichtung steht ein kleines altes Holzhaus. Du weißt, hier wohnt eine weise alte Frau, die von den Menschen manchmal um Rat gefragt wird. Du klopfst an die Tür und sie ruft dich herein. Im Inneren der Hütte ist es dämmerig. Die alte Frau sitzt vor dem Herdfeuer und schaut in die Flammen. Vielleicht kennst du sie, vielleicht ist es eine für dich fremde alte Frau. Du spürst deinen Respekt vor ihrem Alter und ihrer Weisheit. Du nimmst all deinen Mut zusammen und stellst ihr die Frage, die dir schon lange auf dem Herzen liegt. Warte dann ab. Vielleicht erhältst du eine Antwort. Vielleicht schweigt sie. Oder sie sagt etwas, was scheinbar gar nicht zu deiner Frage passt. Merke dir ihre Antwort genau. Vielleicht legt Sie Dir etwas in Deine Hand. Lausche hinein in die Stille der Hütte. Warte etwas ab.

Dann löse dich von der Frage. Die Frau gibt dir ein Geschenk mit, legt es in deine Hand. Nimm es dankbar an, betrachte es genau.

Verabschiede dich jetzt langsam von der Frau. Danke ihr für die Begegnung. Verlasse die Hütte, gehe über die Lichtung. Schweigend gehst du den Weg durch den winterlichen Wald zurück. Du stehst wieder alleine auf deinem Weg, hast den Wald verlassen. Komme dann langsam wieder in den Raum hier zurück. Spüre deinen Körper, recke die Arme, räkele dich etwas. Wenn du wieder ganz da bist, öffne langsam die Augen.

Anschließend Zeit des Nachsinnens und des Austauschs. Dann Verabschiedung der Winterkönigin, der vier Elemente und Auflösen des Schutzkreises. Ausklang, Geselligkeit, gutes Essen, am besten mit Brataäpfeln!

Gruppenrituale mit Gästen

Bestehende Ritualkreise sind sich oft nach einiger Zeit sehr vertraut und sicher im Ablauf. Dann bedarf das einzelne Ritual deutlich weniger Erklärungen. Es gibt immer wieder Gelegenheiten, zu denen Gäste in den Kreis geladen werden. Sei es, dass eine Neue auf Probe mitfeiert oder dass die Männer einmal im Jahr als Gäste mitfeiern. Es kann auch sein, dass der Frauenritualkreis ein Familienereignis spirituell begleitet, eine Hochzeit oder eine Beerdigung, dann sind die Gäste vielleicht sogar in der Überzahl.

Bei den Gästen können unterschiedliche Motivationslagen vorherrschen: Neugierde auf das ungewohnte Ritual oder Interesse am Kreis, emotionale Berührung durch das Familienereignis oder die Teilnahme erfolgt wegen großer Verbundenheit mit einzelnen Personen aus dem Ritualkreis. Es kann große Skepsis vorherrschen, warum gerade diese rituelle Form gewählt wurde, ebenso Ängste, etwas tun zu müssen, was dem eigenen Glauben und Empfinden widerspricht.

Bei Gruppenritualen mit Gästen gibt es für mich einige wichtige Faktoren, die zu bedenken sind. Die Symbolik der 4 Elemente und die rituelle Rahmenhandlung sind meist nicht allen bekannt. Die Ritualfreundinnen sind nicht allen Gästen gleichermaßen gut bekannt. Evtl. tritt bei diesem Familienfest zum ersten Mal deutlich zutage, dass die Ritualfrau sich schon lange einem anderen Glauben und einer anderen Spiritualität zugewandt hat. Der rituelle Ablauf ist vielen unbekannt. Es gibt Unsicherheiten bezüglich der aktiven Teilnahme, des Fotografierens und des Zeitrahmens.

Nach meiner Erfahrung sind folgende Überlegungen hilfreich: Ein großes Familienritual wie z.B. eine Hochzeit mit Gästen sollte auf keinen Fall in der Hand einer einzigen Ritualfreundin liegen, damit das Fest verbindlich stattfinden kann, falls eine Ritualfreundin ausfällt. Die Frau, die die Hauptfigur im Ritual ist, weil sie trauert oder heiratet oder ihr Kind geweiht wird, sollte das Ritual nicht selbst durchführen müssen, sondern die Leitung einer anderen Ritualfreundin anvertrauen. Nur dann kann sie sich auch ins Ritual und ins Gefühl fallen lassen. Das Ritual sollte gründlich vorbereitet und gut strukturiert sein. Diejenigen, die das Ritual durchführen, müssen in der Lage sein, wesentlich mehr als sonst die Bedeutung der Symbole, des Ablaufs und der Handlungen laut und deutlich zu erklären. Es ist gut, wenn sich die Ritualfreundinnen, die das Ritual durchführen, vorher persönlich vorstellen und danach noch für Fragen zur Verfügung stehen.

Dass ein Schwert für das Element Luft, den Verstand und den Geist steht, erschließt sich nicht gleich dem Ritualungeübten. Dass z.B. die Ringe zur Hochzeit auf dem Schwertknauf gereicht werden, weil eine Ehe nicht nur eine Liebes-, sondern auch eine Verstandesentscheidung ist, muss der Hochzeitsgesellschaft erklärt werden. Es erschließt sich nicht von selbst. Ebenso kann der Verzicht auf die vielen sehr bekannten christliche Gebete und Formeln die Verwandten irritieren. (Ein Gast unserer Hochzeit meinte hinterher enttäuscht: „Das war ja gar keine richtige Hochzeit!", weil wir keine christliche Trauformel sprachen.) Die einzelnen Elemente der rituellen Rahmenhandlung müssen für alle deutlicher und langsamer erklärt werden, als wenn der Ritualkreis unter sich ist. Dabei ist es bei großen Gruppen sehr wichtig, dass laut, langsam und deutlich gesprochen wird.

Es ist gut, wenn es gelingt, alle Anwesenden aktiv einzubeziehen. Das kann bedeuten, am Ende gemeinsam einen einfachen Schritttanz zu tanzen. Oder dass z.B. bei einer Hochzeit alle ihre Wünsche für das Paar auf einem Zettel notieren können. Oder die einfache Form, einen Text mitzusprechen. Texte und Lieder, die gesungen oder gesprochen werden, sind für die Gäste meist fremd. Daher ist es wichtig, dass sie für alle in ausreichender Zahl auf Papier vorliegen. Die Einladung, sich aktiv zu beteiligen, sollte herzlich und offen formuliert sein. Niemand muss ein Gebet an die Göttin mitsprechen, wenn ihm oder ihr nicht danach zumute ist. Wenn unter den Gästen eher christlich orientierte Personen zu vermuten sind, kann ein Kompromiss gewählt werden: z.B. einmal „Vater unser" und einmal „Mutter unsere" zu sprechen.

Es ist gut, wenn in der Einladung ein klarer Zeitrahmen genannt wird. Bei einem christlichen Gottesdienst erwarten die meisten eine Dauer von ca. ein bis anderthalb Stunden. Wie lange Frauenrituale dauern, ist den meisten unbekannt. Wenn Gäste nicht zum Ritual, aber zur anschließenden geselligen Feier dazu kommen wollen, ist es eine große Hilfe, wenn auf der Einladung der Zeitrahmen angesprochen wird. Auch die Bitte, entweder zu Beginn des Rituals pünktlich zu erscheinen oder erst danach zum Essen, kann sinnvoll sein. Bei einem christlichen Hochzeitsgottesdienst versteht es sich für viele Menschen von selbst, dass sie nicht mitten hinein platzen und fragen, wo das Buffet sei. Der gleiche Respekt wäre für ein Frauenritual mit Gästen zu wünschen. Oft muss aber erst darauf hingewiesen werden.

Die meisten Gäste sind auch dankbar für Hinweise zur Kleidung und ob sie etwas mitbringen sollen oder dürfen. Auch der Hinweis „Wir feiern bei jedem Wetter draußen" ist wichtig.

Wie bei christlichen Festen gehen die Meinungen zum Fotografieren sehr auseinander. Manche wünschen sich Erinnerungsbilder von der ganzen Ritualhandlung, manche stört das sehr. Hier hilft auch die klare Bitte, was sich der Ritualkreis von seinen Gästen wünscht. Als Kompromiss können Fotos danach gemacht werden, die die Ritualmitte und alle Beteiligten zeigen. Genauso wichtig ist heute leider die Bitte, die Mobiltelefone auszuschalten.

Wenn die Gäste in der Minderheit sind, als Neue im Kreis z.B. auf Probe mitfeiern, dann ist es wichtig, danach „zum Überschlafen" anzuregen. Weder die Gastfrau noch der Kreis sollten sich zwingen, direkt nach dem Ritual eine Entscheidung zu treffen, sondern sollten eine Nacht darüber schlafen dürfen und es in Ruhe nachwirken lassen. In diesem Fall ist nach meiner Erfahrung die Unsicherheit überwiegend auf Seiten der Gastfrau. Aber auch der Kreis hat sich ja geöffnet und erfährt eine Bewertung.

Wenn das Zahlenverhältnis umgekehrt ist, wenn die Ritualfrauen eine sehr große Gruppe von Gästen z.B. anlässlich eines Familienfestes in ihren Kreis integrieren mussten, ist oft bei den Ritualfrauen ein großes Lampenfieber zu spüren. Eine meiner Ritualfrauen hatte bei einem solchen Anlass regelrecht die Sprache verloren und sie war plötzlich sehr heiser. Natürlich ist die eigene Hochzeit immer ein sehr aufregender Tag, auch eine Beerdigung kann sehr bewegend sein.

Zusätzlich steigen die Unruhe und die Anspannung, wenn sich die Ritualfrau das erste Mal ihrer Familie gegenüber mit ihrem neuen Glauben und ihrer Spiritualität präsentiert. Vielfältige Reaktionen, Fragen und Kommentare können auf die Ritualfrauen noch am gleichen Tag oder in den Wochen danach einstürmen. Die Reaktionen können abwertend, bewundernd, neugierig, hilflos und sehr gemischt sein. Auch besorgte und verärgerte Reaktionen können folgen, da ältere Familienmitglieder vielleicht noch mit einem sehr strafenden christlichen Gottesbild leben. Hier erscheint es mir wichtig, sich nach dem Ereignis als Ritualgruppe noch einmal zu treffen und sich wieder gegenseitig zu stärken, zu danken für den Mut und den Einsatz und unangenehme Reaktionen wieder loslassen zu können.

Der Einfluss des Mondkalenders auf die Jahreskreisfeste

Wer Jahreskreisfeste plant oder für Gruppen vorbereitet, wünscht sich oft eine einfache astrologische Hilfe, um abschätzen zu können, wie sich der Tag wahrscheinlich von der Tagesenergie her gestalten kann. Eine solche Hilfe kann das Beachten des Mondkalenders sein bzw. die Kombination von Mondkalender und Sonnenkalender. Ein Mondkalender steht auch für astrologisch Ungeübte einfach zur Verfügung, im Buchhandel gibt es sehr viele Versionen, im Internet auch online-Versionen. Rituale leben aus dem Zusammenspiel unseres bewussten Denkens und unserer intuitiven Kräfte. Dieses Zusammenspiel ist in der astrologischen Himmelsuhr erst einmal sehr einfach im Zusammenspiel von Mond und Sonne erkennbar. (Auf einer tieferen und wesentlich langsameren Ebene kann es sich im Zusammenspiel von Saturn und Neptun zeigen.) Insofern kann der Blick in den Mond-Sonne-Kalender mir schon einiges verraten, wie der Tag des geplanten Rituals evtl. besser gestaltet werden kann. Ich will erst einen einfachen, allgemeinen Überblick geben und dann noch einmal die einzelnen Feste besprechen.

Die vier Mondphasen: Bekannt ist vielen die Regel, dass ein Ritual in der zunehmenden Mondphase gut ist für Rituale zu Wachstum und Fruchtbarkeit (die z.B. die Themen an Ostara oder Walpurgis sind). Rituale in der abnehmenden Mondphase eignen sich eher fürs Loslassen und Verabschieden (wie z.B. passend zu Schnitterin, zur Herbst-Tag-und-Nacht-Gleiche oder zu Halloween). Die Vollmonde zeigen eine sehr starke, fruchtbare Spannung zwischen Sonne und Mond an, da Sonne und Mond dabei in gegenüberliegenden Zeichen stehen. Diese Feste eignen sich sehr für Feste mit Außenwirkung. Rituale an Neumondtagen eignen sich eher für Rituale, die nach innen wirken, wie z.B. eine Trauerarbeit oder ein Orakeltreffen. Halbmonde ergeben oft eine eher unangenehm erlebte Spannung zwischen Sonnen- und Mondenergie.

Außerdem zeigt jedes Mondzeichen an, mit welcher Kreativtechnik an dem Orakeltag das Ritualthema gut umgesetzt oder ausgedrückt werden könnte. Das jeweilige Zeichen, in dem der Mond steht, zeigt aber auch häufige emotionale Komplikationen im Geschehen der Ritualgruppe an. Dazu eine Auflistung:

Mond im Zeichen Widder

Rituelle Themen: Sport, Bewegung. Kampf, Streit, viele chaotische neue Ideen, Konkurrenz, Kopfwehattacken, Neuanfänge, Feuermagie ist gut möglich.

Mond im Zeichen Stier

Rituelle Themen: Kreatives Malen, gutes Essen, sinnliche Massage, gute Düfte. Geistige Trägheit, Faulheit, Völlerei. Evtl. Entladung jähzorniger, lang angestauter Wutausbrüche. Gute Erdung, Geldzauber ist gut möglich.

Mond im Zeichen Zwilling

Rituelle Themen: Gespräch, freie Assoziationen, aber auch Gefahr von Schwatzhaftigkeit, Small Talk. Große Schwierigkeiten, vom oberflächlichen Freundinnengespräch in eine spirituelle Tiefe zu kommen, vorschnelle, intellektualisierende Deutungen von Trancen oder körperlicher Beschwerden. Guter, schneller Austausch, gut für ein Brainstorming!

Mond im Zeichen Krebs

Rituelle Themen: Gesang, Tanz, Musik, Kochen, Märchen, Ahnenarbeit. Hohe emotionale Empfindlichkeit, evtl. Tränenausbrüche, „nahe am Wasser gebaut". Starke Empathie, starkes Mitgefühl.

Mond im Zeichen Löwe

Rituelle Themen: Starke Außendarstellung, z.B. durch Schminken, rituelle Kleidung, Masken. Im Mittelpunkt stehen wollen, Machtkämpfe, aber evtl. auch Großzügigkeit, die später bereut wird. Gut, um fröhliche Feste zu feiern

Mond im Zeichen Jungfrau

Rituelle Themen: Dinge ordnen, strukturieren, Vorräte anlegen, Kraftgegenstand wirken, Heilkräuter oder Heilwissen kennen lernen, emotionaler oder finanzieller Kassensturz, gegenseitiges Aufrechnen, Perfektionismus, Pingeligkeit, Nörgeligkeit. Gut, um den rituellen Ablauf mal zu überdenken, sich mit Ritualstrukturen zu beschäftigen.

Mond im Zeichen Waage

Rituelle Themen: Schönheitspflege, Wellness, evtl. auch Musik, innere Balance, starkes Bedürfnis nach Ästhetik und schöner Dekoration im Ritual, großes Harmoniebestreben, das leicht verletzlich ist oder notwendige Konflikte in der Gruppe vermeidet. Sich gegenseitig etwas Gutes Tun, gemeinsamer Wohlfühltag in der Gruppe.

Mond im Zeichen Skorpion

Rituelle Themen: Tiefe Trancen, aktive Magie, Erotik, Gefahr der Sexualisierung des Gruppengeschehens, evtl. auch emotionale Kontrolle und Machtspiele. Gut, um magisch zu arbeiten, gut für Orakeltechniken.

Mond im Zeichen Schütze

Rituelle Themen: Bewusste Ausübung der Priesterrolle, Lehren, Heilen, Reisen (konkret und in die Anderswelt!), Konkurrenz, wer die priesterliche Leitung an dem Tag hat, langweiliges, nervendes Dozieren einzelner Teilnehmerinnen, Besserwisserei, Tanz. Gut für einen offenen Austausch zur Priesterinnenrolle.

Mond im Zeichen Steinbock

Rituelle Themen: Bildhauerei, rituelle Klarheit, Finanzthemen, Ausdauer, starker Alltagsbezug Sturheit, Prinzipienreiterei, rituell-strukturell festgefahrene Formen, Schwierigkeiten, in Trance zu gehen, am Diesseitigen, am Alltag festkleben bleiben, moralische Härte. Gutes Arbeiten mit der rituellen Schwelle, mit Grenzen und Übergängen.

Mond im Zeichen Wassermann

Rituelle Themen: Schreiben, Dichten, Anrufungen, gemeinsamer Austausch über esoterisches Wissen, Dozieren, Besserwisserei, Vielschwätzerei nerven die Gruppe, ebenso evtl. Streit um mehr / besseres / höheres esoterisches Wissen. Trancen und intuitive Kräfte werden evtl. zerredet. Gut für kreatives Schreiben und Wortmagie!

Mond im Zeichen Fische

Rituelle Themen: Tiefe Trancen, freie Intuition, starke Wirkung von Räucherwerk oder Tee und Kaffee, Diskussion um Trancen und Drogenmissbrauch, Entgleiten von Trancen, schlechte Erdung, wortloses Weinen, Tränenausbrüche, „nahe am Wasser gebaut sein". Tiefe Meditation möglich.

Ich hoffe, es kommt durch diese Aufzählung zum Ausdruck, dass jede Mondstellung für ein Ritualfest bestimmte Vor- und Nachteile haben kann, bestimmte Kreativtechniken und Themen zur Entfaltung bringt, aber eben auch emotionale Spannungen und Komplikationen mit sich bringen kann. Ich will jetzt im Einzelnen auf jedes Fest eingehen und dort noch einmal einige mögliche Konstellationen vor allem im Verhältnis zur Sonne besprechen. Bei den vier Mondfesten bzw. eher keltischen Festen ist die Sonnenenergie immer festgelegt, während bei den vier Sonnenfesten bzw. eher germanischen Festen der exakte Festtermin einen Wechsel der

Sonnenenergie mit sich bringt. Hier ist es hilfreich zu wissen, dass eine Feier am exakten Festtermin eine etwas zwittrige Sonnenenergie mit sich bringt. Die Sonne als größter Himmelskörper in unserem Sonnensystem braucht einen ganzen Tag, bis sie ganz aus astrologischer Sicht in ein Zeichen gewechselt ist. Ich bespreche hier jeweils getrennt die Energie der Feste, wenn einen Tag danach oder davor gefeiert wird. Die Feier am exakten Tag, mitten im Wechsel kann sich eine gemischte Energie aus beiden solaren Themen einstellen.

Lichtmess

Von der Sonnenstellung her haben wir hier immer Sonne in Wassermann, das heißt, die Sonne gibt Kraft für bewusstes Schreiben, Dichten, Anrufungen, gemeinsamer Austausch über esoterisches Wissen. Es ist aus astrologischer Sicht kein Wunder, dass Brigid neben der Göttin der Schmiede auch die Göttin der Dichtkunst, des scharf geschliffenen Wortes ist. Von der Mondphase her optimal wäre Mond in Wassermann, also ein Neumond für ein Orakelritual, das gut in Worte gefasst werden kann, oder Mond in Fische, die junge Sichel nach dem Neumond. Mond in Fische für tiefe Trancen, freie Intuition, starke Wirkung von Räucherwerk kann die Intuition, die Suche nach einem Orakel für das beginnende Hexenjahr gut verstärken. Mond in Stier (Halbmondenergie!) wäre hier eher hinderlich, könnte abgefangen werden, indem nach der Trance und Visionssuche gemalt wird. Mond in Erdzeichen ist der intuitiven Kraft dieses Festes eher abträglich, da hier die Gefahr besteht, im Alltäglichen oder Sinnlich-Irdischen hängen zu bleiben. Für empfindsame Charaktere ist diese Erdung aber manchmal notwendig. Mond in Krebs kann für eine innere Intuitionssuche mit Märchen, Mythen oder Chants förderlich sein. Mond in Skorpion wäre wieder eine eher ungünstige Halbmondenergie. Wassermannsonne und Mond in Skorpion stehen für zwei sehr unterschiedliche Arten der Herangehensweise an ein Ritual: Wassermann steht eher für wortgewaltige, wissensgefüllte Esoterik, Skorpion eher für intuitiv-magisches Wirken. Bei Mond in Skorpion sollten also Orakeltechniken gewählt werden, die beiden Kräften etwas bieten können, wie z.B. Tarot.

Mond in Schütze ermöglicht eher den Zugang zu Brigids reinigendem, leuchtenden Feuer und einem intensiven Erlebnis der priesterlichen Rolle. Der Vollmond in Löwe ist eher hinderlich, da er nicht nach innen, sondern zu äußerer Darstellungskraft führt.

Ostara - Frühlings-Tag-und-Nacht-Gleiche

Ostara wird exakt gefeiert an dem Tag, an dem die Sonne vom Zeichen Fische ins Zeichen Widder wechselt. Von der Energie des Festes her (Neuanfang! Frühling!) ist meiner Meinung nach immer eher ein Nachfeiern zu bevorzugen, da die Sonne dann eindeutig im Zeichen Widder ist. Bei einem im Voraus Feiern ist die Sonne noch im Zeichen Fische, also in der Auflösung der diffus gewordenen Winterenergie und gibt damit weniger Kraft für einen rituellen Neuanfang, für eine Aussaat. Da die meisten Frauen mit der symbolischen Aussaat eher anwachsende Prozesse verbinden, ist hier zunehmender Mond, besonders Mond in Stier oder Jungfrau, sinnvoll. (Erdzeichen sind gut für Saat und Pflanzenwachstum). Mond in Wasserzeichen erfordern, dass im Ritual dem Wechsel von eher innerer, intuitiver Kraft (gutes Anknüpfen an Lichtmess ist möglich!) und aktivem Neuanfang Rechnung getragen wird. Mond in Luftzeichen kann an diesem Tag dazu führen, dass das neu ausgesäte symbolische Projekt gut benannt oder besprochen werden kann. Aber Vorsicht, die Ritualgruppe sollte es beim Benennen lassen und es nicht durch freundschaftliche Diskussion oder Ratschläge zerreden! Feuermondtage bekräftigen die Energie des Neuanfangs und geben oft auch schon Tage mit intensiver Frühlingssonne.

Walpurgis

Von der Sonne her ist hier immer das Zeichen Stier besetzt. Das Bewusstsein ist voll auf irdische Fülle, Sinnlichkeit, Schönheit und das Aufblühen des Frühlings konzentriert. Die ideale Mondstellung dazu ist der Vollmond und damit klar eine erotische Komponente oder – negativ ausgedrückt – eine Sexualisierung des Festes. (Mond in Skorpion) Damit kommen meiner Erfahrung nach nicht alle Frauen gleichermaßen gut zurecht, da nicht jede Frau gleichermaßen leicht Zugang zu dieser irdisch-sinnlichen Energie hat. Auch wie die Gruppe diese Energie gemeinsam ausdrücken und im Ritual leben will, kann Gegenstand lebhafter Gruppenprozesse sein (Nackt tanzen oder nicht??). Mond in den anderen beiden Wasserzeichen kann bedeuten, dass die sinnlich irdische Energie eher emotional gefärbt erlebt wird. Mond in Luftzeichen ist für dieses Fest eher kontraproduktiv, ganz ungünstig ist hier Mond in Wassermann (Halbmondenergie!). Ein Wassermannmond kann dazu führen, dass die sinnlich-irdische Energie des Festes wegdiskutiert oder angezweifelt wird. Die eleganteste Lösung für diese Konstellation könnte noch das Vorlesen erotische Gedichte sein. Mond in Feuerzeichen kann sprühend wirken, wobei der Löwemond aber auch eher ungünstig wirkt, da es wieder eine Halbmondstellung ist. Hier kann es zu Machtkämpfen und Wetteifer kommen.

Die Erdzeichen geben dem Fest entweder eine orakelhafte Tiefe (bei Neumond in Stier ist wieder Malen gut!) oder lassen es etwas steifer werden. Bei Mond in Jungfrau kann gut auf eine halb sinnliche, halb heilende Massage ausgewichen werden, während bei Mond in Steinbock die moralische Gegenabwehr des Festes fast unvermeidlich scheint.

Sommersonnenwende

Dieses Fest wird exakt gefeiert am Wechsel zwischen Sonne in Zwilling und Sonne in Krebs. Bei einem Nachfeiern des Festes kommt durch die Krebsenergie ein stark mütterlich-familiärer Aspekt hinzu. Sommersonnenwende eignet sich daher gut für einen weiter geöffneten Festkreis wie z.B. zu einem Familien-Sommer-Fest oder als Rahmenritual zur Eheschließung. Ist die Sonne noch im Zeichen Zwilling ist die Energie leichter, luftiger, schelmischer, flüchtiger. Eine gute Konstellation wäre hier der Vollmond, der zwischen priesterlichem Ernst (Mond in Schütze) und heiterer Sommerstimmung (Sonne in Zwilling) eine positive Spannung aufbaut. Ist die Sonne bereits in Krebs, bringt der Steinbock-Vollmond jedoch eher Ernst und Strenge mit ins Spiel. Neumond in Krebs kann dazu führen, dass unbewusste familiäre Themen Einfluss nehmen auf das Ritualgeschehen. Auch in Ritualgruppen finden sich Übertragungs- und Gegenübertragungsprozesse. Eine Ritualfreundin kann mich angenehm - unangenehm zugleich an meine leibliche Mutter erinnern und damit alte familiäre Gefühle in mir auslösen. Ebenso kann das Einladen familiärer Gäste neue Spannungen im Ritualkreis ergeben.

Mond in den Feuerzeichen begünstigt das große Sonnenwendfeuer, über das viele heute noch gerne springen, auch wenn das in der deutschen Geschichte Anlass zu Missbrauch und Missverständnissen war.

Schnitterin

Von der Sonnenenergie des Festes her ist hier immer Löwe vorgegeben. Die symbolisch ideale Konstellation wäre hier der abnehmende Halbmond, also Mond in Skorpion. Damit ist zwar eine schwierige Halbmondenergie gegeben, aber eine optimale Spannung zwischen der lustvollen Fülle des Sommers und den eher schmerzlichen Ablösungs-, Ernte- und Trennungsthemen, die rituell zu dem Fest passen. Alle Wasserzeichen an diesem Festtag zeigen an, dass hier bei der Feier vermehrt Tränen fließen können. Mond in Jungfrau als leicht zunehmender Mond passt ebenfalls gut zum Fest, da es die Beschäftigung mit Heilkräutern fördert. Monde in den Erdzeichen können allgemein an diesem Fest die Feier der irdischen Früchte, des reifen Getreides betonen helfen. Mond in Wassermann wäre hier eine atypische Konstellation von der Festenergie her, die eher den Austausch esoterischen Wissens als tiefe emotionale Prozesse zulässt. Ziemlich kontraproduktiv ist auch Mond in Stier, ebenfalls Halbmondenergie, da die sinnlich irdische Energie des Stiermondes den notwendig gewordenen Loslösungsprozessen eher entgegensteht. Mond in Schütze führt hier zu einer besonders bewussten Ausgestaltung der priesterlichen Rolle, während Mond in Zwilling wieder die Gefahr des freundschaftlichen Zerredens der teils schwierigen emotionalen Prozesse in sich birgt.

Herbst-Tag-und-Nacht-Gleiche

Vom exakten Festtermin her ist die Sonne genau im Wechsel vom Zeichen Jungfrau ins Zeichen Waage. Kann nicht exakt gefeiert werden, und liegt der Festtermin noch vorher, also bei Sonne in Jungfrau, bieten sich für das Fest eine inhaltliche Auseinandersetzung mit heilenden Themen an. Hier können Kräutertipps für die Winterzeit ausgetauscht werden oder Kräutervorräte geordnet werden. (Das könnte durch Neumond, Mond in Jungfrau, unterstützt werden und stark nach innen wirken.) Auch eine gegenseitige Wohlfühlrunde, wo jede sich von einer anderen etwas Gutes wünschen kann wie ein Lied, eine Massage, ein Gebet oder einen Segen, kann hier für die dunkle Zeit stärken, ebenso wie das Wirken eines Kraftgegenstandes. Ist die Sonne hingegen schon im Zeichen Waage, wird das Fest also nachgefeiert, bieten sich alle Balancethemen an. Das kann eine bewusste Auseinandersetzung mit Polaritäten im Ritual sein, mit meinen positiven und negativen Seiten oder mit Hell und Dunkel allgemein als archetypischen Kräften. Ebenso fördert Sonne in Waage die Auseinandersetzung mit innerer Schönheit. Mond in Waage an diesem Ritualtermin kann jedoch das Balance- und Harmoniebestreben so potenzieren, dass die Gefahr einer Enttäuschung oder Verletzlichkeit groß ist. Ebenso können Halbmonde hier Spannungen aufwerfen, die die harmonische Bewusstwerdung erschweren. Mond in Krebs bestärkt die Auseinandersetzung mit Schönheit und Ausgewogenheit in Musik und Tanz.

Halloween

Von der Sonnenenergie ist hier immer Sonne in Skorpion gegeben, damit wird eine bewusste Auseinandersetzung mit Krankheit, Tod, Stirb- und Werdeprozessen, Macht- und Ohmacht ermöglicht. Rituell als optimal angesehen wird der Neumond, wobei Neumond in Skorpion schon eine sehr heftige Energie für dieses Fest ist. Alle Wasserzeichenmonde verstärken den Aspekt der Trauer und schwieriger emotionaler Loslösung von den Toten- und Ahninnen, die dieses Fest hat, und lassen eher Tränen fließen. Ein Vollmond mit Mond in Stier ist als Festtermin eher zu vermeiden, da er viel lebensbejahende, sinnliche Energie mit sich bringt. Allerdings führte Mond in Stier sicher zu einem gut erdenden Festmahl mit allen Ahninnen und Geistern am Ende des Festes. Mond in Jungfrau oder Steinbock kann für eine gute Erdung und klare Struktur sorgen bei diesem emotional bewegenden Fest. Mond in Wassermann wäre wieder eine kritische Halbmondenergie, die wie alle Luftzeichen wieder die Gefahr des Zerredens mit sich bringt. Gut aufgefangen werden könnte das durch freie, bewusste Trauerreden oder klagende Anrufungen. Dann kann die Kraft der Worte in den Dienst des Festes gestellt werden. Mond in Krebs bietet dann eher wieder hilfreiche Trauermusik an oder betont die familiären Themen. Feuerenergie als Mondzeichen passt schlechter zu dem Fest, besonders Mond in Löwe nicht (Halbmondenergie), da es eine starke Spannung zwischen äußerem, weltlichen Ansehen und Machtgehabe und der Kraft der Vergänglichkeit aufwirft.

Wintersonnenwende

Der exakte Festtermin liegt am Wechsel der Sonne vom Zeichen Schütze in Steinbock. Wenn das Fest einige Tage vorher gefeiert wird, was viele wegen der Kollision mit dem christlichen Weihnachten vorziehen, ist das Fest von der Sonnenenergie her dem Zeichen Schütze gewidmet. Damit ist als Festthema das innere Feuer, das innere Licht in der dunklen Zeit gut getroffen. Ein Vollmond in Zwilling würde hier wieder die bewusste Vermittlung zwischen priesterlichem Ernst (Schützenergie) und heiterer, lockerer Festgestaltung fordern. Ein Krebsmond würde die Gestaltung als offenes Familienfest fördern. Mond in Fische weckt eher Bedürfnisse nach intuitiver Tiefe und ist eher eine unangenehme Spannung zur äußerlichen Wirkung der Priesterinnen an diesem Fest (Halbmondenergie). Die Feuerzeichen begünstigen ein großes Ritualfeuer, das in der Nacht weit leuchtet. Ein Neumond in Schütze wäre aber diesem eher nach außen wirkenden Fest etwas abträglich, würde vielmehr zu einem stilleren Fest mit Orakeln für das neue Jahr führen.

Wird das Fest nachgefeiert, bekommt es durch Sonne in Steinbock etwas mehr winterliche Strenge und mehr von der Kraft der weisen alten Ahninnen. Es gibt dann eine gute Basis für die Aussöhnung mit den Alten, den Familiengeistern und alten Werten.

Magische Begabungen und ihre Auswirkungen in Ritualgruppen

Ich möchte hier einige Fähigkeiten besprechen, die in Ritualkreisen angesprochen oder praktiziert werden und auch Auswirkungen auf die Gruppendynamik haben. Um Spekulationen zu vermeiden, gehe ich von den Fähigkeiten aus, die mir am häufigsten in Ritualkreisen begegnet sind, die ich noch für wahrscheinlich halte oder über die ich selbst verfüge. Das heißt nicht, dass ich anderes nicht für möglich halte. Aber ich möchte im Rahmen dessen bleiben, was ich direkt oder indirekt, an mir oder anderen erleben konnte.

Viele junge Menschen im Internet haben immer wieder danach gefragt, wie man „Fähigkeiten erkennen und trainieren" kann. Sehr häufig kamen in Internet-Foren Fragen, wie z.B. Telepathie oder Visualisation besser trainierbar seien. Erwartet werden zur Telepathie z.B. eine aus Filmen bekannte Anleitung mit Symbolkarten, die das Gegenüber erraten muss, oder eine Erprobung einer Gedankenübertragung auf weite Ferne.

Ich gebe eher zu, ich habe nie viel Visualisation geübt, weil ich sehr früh feststellte, dass die Fähigkeit einfach da war. Andere Fähigkeiten habe ich nicht geübt, weil ich sie für zu unwahrscheinlich halte (Telekinese und Wetterzauber!) oder weil ich es zumindest für zu unwahrscheinlich hielt, dass ich diese Fähigkeiten in Reinform hätte. Ich gehöre nicht zu den Frauen, die viele Techniken stundenlang übten. Umfangreiche Trainingsanleitungen ohne Bezug zur rituellen oder spirituellen Praxis oder seitenlang auswendig zu lernende Anrufungen sind eher in der Hochmagie üblich. Ich sage oft, ich bin eine einfache Hexe, stehe oft in der freien Natur bei einem Ritual oder bei mir am Hausaltar und verlasse mich auf die Kraft meines Wünschens, Betens und meiner Vorstellung. Ich bin weniger für diese Trockenübungen, sondern vertraue darauf, dass in einer Situation, wo mir etwas wirklich wichtig ist, diese Dinge dann auch zur Verfügung stehen.

Was ich eher geübt habe, sind Anrufungen oder auch Gruppenanleitungen frei zu sprechen, z.B. damit die Gruppe gemeinsam eine Visualisierung aufbauen kann. Wo ich jedoch sehr hartnäckig geübt und gepaukt habe, sind Disziplinen wie Tarot (Bedeutung der Karten, Legeschemata usw.) und Astrologie. Hier gehört ein außerordentliches Buchwissen zum Basistraining. Dafür habe ich jahrelang gelernt, und das, ohne zu wissen, ob es mir jemals etwas nutzen würde. Ich weiß noch, wie ich in meinem ersten Tarotdeck Karten- um Kartenbedeutung lernte, viel Zeit investierte, ein schlechtes Gewissen hatte, dass ich keine Fremdsprache lernte und lange nicht wusste, ob mir das jemals etwas bringen würde.

Mir ist bewusst, dass die Zusammenstellung dieser Fähigkeiten und meiner Ideen zu ihrer Vertiefung wieder eine sehr persönliche und für viele unvollständige Zusammenstellung ist. In meiner Schreibpraxis entwickeln sich diese Ideen aus dem Austausch im Internetforum, im Emailverkehr, im Junghexentreff und aus meinem persönlichen Erleben heraus. Ich möchte nur über Dinge schreiben, die ich aus eigener Erfahrung bestätigen kann. Daher werden sicher einige Fähigkeiten oder weitere Trainingsideen vermissen. Eine Anleitung zur Telepathie oder gar zum Wetter- oder Liebeszauber ist (wieder) nicht dabei, da ich nicht viel Sinn darin sehe, das zu trainieren. Ich vertrete eher die Ansicht, dem natürlichen Fluss von Gefühlen, Gedanken und Naturereignissen zu folgen.

Ich werde die einzelnen Begabungen jeweils erst in der individuellen Form beschreiben und dann in ihren möglichen Auswirkungen auf die gemeinsame Arbeit im Ritualkreis.

Leben lernen mit Empathie

Mit Empathie ist zunächst die Grundfähigkeit gemeint, sich in die Gefühle anderer Menschen hineinversetzen zu können. Es ist eine menschliche Grundfähigkeit, ohne die unser Zusammenleben gar nicht funktionieren würde. Wir wären sonst wahrscheinlich sehr oft taktlos, rücksichtslos oder sogar brutal. Das völlige Fehlen von Empathie gilt als schwerwiegende psychische Störung. Wenn du einen Menschen sehr gut kennst, kannst du dich in seine Gefühle meist besser hineinversetzen als bei einem völlig fremden Menschen. Mit einer starken Empathie kann es aber passieren, dass du auch bei fremden Menschen instinktiv spürst, wie es ihnen in Deiner Umgebung gerade geht. Das kann dir helfen, genau das richtige zu tun, also jemanden zu trösten oder rechtzeitig in Deckung zu gehen, weil du weißt, dass ein Wutausbruch naht. Kinder, die in chaotischen, dysfunktionalen Familien aufwachsen, weil Eltern oder Geschwister sehr unberechenbare Launen haben, entwickeln diese Fähigkeit sehr früh und stärker als Kinder aus Familien, in denen offen über Gefühle gesprochen wird oder sehr sensibel mit Gefühlen umgegangen wird.

Vielleicht ist es dir manchmal auch unangenehm, die Gefühle anderer so stark zu spüren. Vielleicht fühlst du dich manchmal geradezu überschwemmt von den Gefühlen anderer Menschen und brauchst deswegen oft mehr Distanz. Es kann anderen Menschen auch peinlich sein, wenn sie merken, dass du ihre Gefühlslage sehr genau und blitzschnell spürst. Oder es wundert andere Menschen, dass du ihre Gefühle spürst, ohne dass sie sie aussprechen müssen.

Eine starke Empathiefähigkeit zu haben, befähigt dich z.B. für heilende und therapeutische Berufe und zum Wahrsagen. Allerdings musst du dazu lernen, dich gut zu schützen und abzugrenzen. Eine Frau mit viel Empathie kann meistens ein Gruppenritual sehr gut anleiten, weil sie die Gruppenenergie sehr genau spürt und diese Gruppenenergie lenken kann. Sie erspürt die Stimmung im Ritualkreis sehr genau und weiß, wie sie andere Menschen begeistern oder trösten kann. Ebenso kann eine Empathin gut für andere Menschen wahrsagen, weil sie in der Beratungssituation oft genau spüren kann, worum es den ratsuchenden Menschen geht.

Empathie ist eine wichtige magische Grundbegabung. Dennoch wird eine starke Empathie von manchen Frauen in Ritualkreisen auch als Belastung erlebt. Ich nenne ein paar Grundgedanken, wie es gut gehen kann, dennoch gut damit zu leben.

Ein erster Tipp ist: Nutze deinen Verstand, um zu lernen, zwischen deinen und den Gefühlen der anderen zu unterscheiden. Frage dich immer wieder: Ist es mein Gefühl oder das eines anderen Menschen hier im Raum? Habe nur ich es oder schwappt es von außen über mich hinüber? Empfinde nur ich es oder auch eine andere Person in einer Nähe? Hätte ich das Gefühl auch, wenn die andere Person nicht im Raum wäre?

Als zweites versuche zu spüren, wo das Gefühl herkommt. Von innen, von dir? Hattest du Motive, Anlässe oder Erlebnisse, die zu dem Gefühl passen würden oder kommt es eher zusammenhangslos über dich? Wenn du innerlich wenig passende Erlebnisse oder Gedanken in dir dazu entdecken kannst, dann kommt das Gefühl wahrscheinlich eher von außen. Gleichzeitig kannst du deine verbale Kommunikation nutzen und die Menschen in deiner Umgebung vorsichtig und behutsam darauf ansprechen, ob sie vielleicht gerade dieses Gefühl empfinden, was für dich so klar greifbar im Raum steht. Nicht alle Menschen werden ehrlich darauf antworten, manchen wird es auch peinlich sein und vielleicht liegst du mit deinem Erspürten manchmal wirklich daneben. Aber es wird deine emotionale Beobachtungsgabe enorm schulen, wenn du diese für dich intensiven emotionalen Eindrücke verbal überprüfst.

Wenn die Gefühle der anderen zu stark über dich hinwegschwappen, kann es eine Hilfe sein, dich zu erden und einen

Schutzkreis um dich zu ziehen. Oft hilft es auch, zur Person, die der eigentliche Gefühlsträger ist, einen etwas größeren räumlichen Abstand einzunehmen. Das verdünnt die gemeinsame emotionale Grundschwingung, die Euch beide umgibt.

Nimm dir Zeit, deine eigenen Gefühle zu entdecken, damit sie dir nicht abhandenkommen, wenn fremde Gefühle im Raum sind. Mach dir klar, dass du ein Recht auf deine eigenen Gefühle hast, dass fremde Gefühle kein Ersatz für eigene Gefühle sind, dass du deine eigenen Gefühle hegen und pflegen darfst.

Mach dir so oft wie möglich klar, dass du ein Recht darauf hast, glücklich, froh und lebendig zu sein. Gönn dir deine Glücksgefühle, deine Lebenslust. Mach dir klar, dass du kein Leid der Welt besserst, wenn du mitleidest, denn zu stark mitzuleiden macht dich handlungsunfähig. Unterscheide zwischen Mitgefühl und Mitleiden. Du darfst glücklich sein, auch wenn andere leiden! Du hilfst niemandem, wenn du zu sehr mitleidest.

Erkenne an, wenn du eine Empathin bist, dass das eine wichtige Begabung ist, die du nutzen lernen kannst. Aber diese Begabung darf dich nicht zu sehr belasten. Lerne, damit zu leben, lerne, dem empathischen Kanal bewusst zu öffnen und zu schließen. Nimm Abstand von Menschen, deren Gefühle dich zu sehr stressen. Setz dich weg, geh aus dem Raum oder geh ganz raus ins Grüne, wenn's sein muss. Plane feste Zeiten mit dir alleine ein, zur Erholung von den ganzen unfreiwilligen empathischen Kontakten und genieße den empathischen Kontakt mit Menschen, die dir fröhliche, lustvolle, lebenslustige Gefühle bieten.

Lerne Leute zu meiden, die ständig in Leid verwickelt sind und ständig jammern oder stumm vor sich hin leiden. Sie sind für ihr Leid oft selbst verantwortlich, auch wenn sie sich als Opfer sehen und es nicht wahrhaben wollen. Du bist für dein Wohlbefinden verantwortlich und nicht der Retter der Welt. Der Titel "Retter der Welt" wird in der christlichen Religion Jesus zugeordnet. Was auch immer deine Religion ist, du musst nicht mit Religionsstiftern wetteifern und dich mit göttlichen Kräften messen. Ständig andere retten und anderen Menschen helfen zu wollen und selbst dabei auf Glück zu verzichten ist eine Verzerrung einer christlichen Hilfsbereitschaft. Selbst in der Bibel heißt es, du darfst den anderen lieben wie dich selbst.

Wie stark sich Empathie auf dich auswirkt, ohne dass du in empathischen Kontakt gehst, hängt unter Umständen davon ab, ob du erholt oder erschöpft bist, genug Schlaf hattest, ob du allgemein „gut drauf bist" oder ob du hungrig oder satt bist. Wenn du eine starke Empathin bist, achte auf genug Essen und Schlaf, eine Diät kann dich übersensibel machen ebenso wie chronische Müdigkeit oder Liebeskummer.

Eine häufig gestellte Frage ist auch: Sollte man als Mensch mit starker Empathie im sozialen Bereich arbeiten? Besteht nicht die Gefahr, mich zu überfordern, wenn ich all die Gefühle der anderen auch (abgesehen von meinen) spüre, nach einiger Zeit durchzudrehen? Zumal man als Sozialarbeiterin oder Krankenschwester nicht nur einen "Schützling" hat. Ich weiß nicht, ob du als Empathin im sozialen Bereich arbeiten willst, aber wenn du Sozialarbeiterin oder Psychologin oder Krankenschwester bist oder werden willst, und du bist eine starke Empathin, ist das kein Hindernis, sondern im Gegenteil eine zusätzliche Befähigung. Denn viele Menschen können nicht gut mit Worten ausdrücken, was sie brauchen, wo ihr Problem liegt und was sie bedrückt. Als Empathin kannst du eine sehr gute Beraterin oder Krankenschwester sein, weil du genau spüren kannst, was die Leute beschäftigt und wie es ihnen wirklich geht. Du musst dann aber auf alle Fälle lernen, dich gut abzugrenzen, dich gut zu erholen, dich gut zu erden und dich nicht auslaugen zu lassen.

Ein einfaches Phänomen von starker Empathie in Ritualkreisen kann sein, dass mehrere Personen feuchte Augen bekommen, wenn eine Person über ihr persönliches Schicksal spricht. Rituale aktivieren über Bilder, Symbole, Farben und Gerüche ein ganzes emotionales Spektrum und so kann es sein, dass im Ritual auch mal „Gefühle überschwappen". Dennoch erschien es mir immer wieder wichtig, Dinge behutsam auszusprechen, denn das, was ich da empathisch von meiner Mitschwester im Ritual empfange, kann dennoch sehr gemischt sein mit meinen eigenen Gefühlen.

Schwieriger wird es z.B., wenn ich im Ritual z.B. die volle Wut auf den Ehemann spüre, der meiner Ritualfreundin etwas „antut", und sie selbst diese Wut vielleicht noch gar nicht zulassen kann. Auch hier ist eine vorsichtige, verbale Verständigung wichtig.

Wir hatten einmal die schwierige Situation, dass eine Ritualfreundin nach einer Trennung von ihrem Lebensgefährten fast ein ganzes Fest über vor Tränen aufgelöst weinte und nicht sprechen wollte. Hier bekamen wir zwar empathisch so einiges an Gefühlen mit, es war aber sehr schwer, sich und vor allem die Trauernde wieder in eine alltagstaugliche Verfassung zu bringen. Denn jede muss nach einem Ritualtreffen in der Lage sein, die Heimreise anzutreten. Außerdem stellte sich beim nächsten Fest heraus, dass wir die Ursache ihres Weinens falsch interpretiert und eingeschätzt hatten. Auch wenn die emphatischen Mitglieder im Ritualkreis sehr deutlich spüren können, welche Gefühle hier vorherrschen, kann es heilend sein, in einen vorsichtigen verbalen Austausch zu gehen und nicht nur in den Gefühlen „zu schwimmen". Auch wenn einige sich als gute und sichere Empathinnen fühlen, kann es auch immer wieder zu Fehleinschätzungen der emotionalen Lage der anderen kommen. Nonverbale Signale, emotionale Stimmungen, die im Raum hängen, werden doch oft erst über das Aussprechen für andere erklärlich und deutbar.

Fragen zum Nachsinnen:

1. Wie stark ist Empathie bei dir ausgeprägt?

2. Was liegt dir mehr, das Mitfühlen oder das Abgrenzen?

3. Was fällt dir leichter, das wortlose Mitfühlen oder das Aussprechen von Gefühlen?

Leben lernen mit Wahrsagen

Wahrsagen zu können, ist nach meiner Erfahrung die Fähigkeit, aus dem Gefühl heraus oder mit Hilfe von Wahrsagetechniken einem Menschen sagen zu können, wohin sein Verhalten wahrscheinlich führen wird oder auch, wie er sich wahrscheinlich in der Vergangenheit verhalten hat. Die Betonung liegt hier auf Wahrscheinlichkeitsaussagen im Gegensatz zu sehr präzisen Vorhersagen wie beim Hellsehen. Personen mit Wahrsager-Begabung werden oft um Rat fragen, weil sie Situationen gut einschätzen können und gut sagen können, in welche Richtung sich die Lage aller Wahrscheinlichkeit nach entwickeln wird. Leider kann es manchmal passieren, dass du im Alltag jemandem ungebeten unbequeme Wahrheiten auf den Kopf zusagen kannst. Manche der Menschen in deiner Umgebung, die hören, wie du ein wahres Wort sprichst, sind dann erschrocken oder sogar beleidigt. Andere Menschen müssen schmunzelnd oder widerstrebend zugeben, dass du Recht hast und sie sich durchschaut fühlen. Bevor du nicht gelernt hast, mit dieser Gabe umzugehen, kann es auch passieren, dass du dir manche Freundschaften damit ruinierst, wenn du mit tiefen Wahrheiten offen herausplatzt. Viele Menschen mögen es nicht, wenn man sie durchschaut oder wenn sie offen auf ihre Fehler und Schwächen angesprochen werden, da sie sich diese selbst nicht eingestehen wollen.

Wenn du mit einer Begabung zum Wahrsagen lebst, sind drei Dinge besonders wichtig: Du musst lernen, zu schweigen, wenn du nicht um Rat gefragt wirst. Du solltest lernen, zwischen Wahrsagen und Hellsehen zu unterscheiden, wenn du nicht wirklich beide Begabungen gleichstark hast. Als drittes kann es sehr hilfreich sein, eine Orakeltechnik zu lernen, die deine Begabung unterstützt.

Warum solltest du lernen, zu schweigen, auch wenn du glasklar vorhersagen kannst, was wahrscheinlich passieren wird? Du kriegst Probleme mit den Menschen im Alltag, die nicht ausdrücklich eine Beratung von dir wollen. Viele Menschen wollen zwar über ihr Leid jammern, aber nicht wirklich etwas verändern. Oder sie wollen eine Wunderlösung für ihre Probleme hören und nicht wahrhaben, dass sie an sich selbst etwas ändern müssten. Andere Menschen wollen sich nur aussprechen und einfach Ruhe und Zeit haben, ihre eigenen Lösungen zu finden, während ein guter Freund zuhört. Wohlgemerkt, nur zuhört, nichts rät! Sie sind in diesem Prozess nicht empfänglich für fremde Ratschläge. Wenn du mit Astrologie arbeitest, wirst du wahrscheinlich die Horoskope deiner guten Freundinnen und Freunde kennen und manchmal merken, dass sie von einer aktuellen Planetenbewegung betroffen sind, also einen Transit haben. Auch dann wollen sie evtl. nicht unaufgefordert von dir darauf hingewiesen werden.

Genauso kann es in einer wahrsagerischen Beratung wichtig sein, nicht immer das volle Ausmaß auszusprechen, was du kraft deiner Fähigkeiten siehst. Das gilt für mich vor allem für die astrologische Beratung zu Kinderhoroskopen, die eher von den Eltern angefordert und gelesen werden. Hier finde ich es sehr wichtig, eher die Potentiale zu betonen als die möglichen Krisenherde, um keine selbsterfüllenden Prophezeiungen auszulösen. Du solltest dem Kind keine schwierige Deutung in die Wiege legen, die die Eltern so irritiert, dass sie mit ihrem Verhalten vielleicht genau das dann auch befürchten und fördern.

Genauso kannst du in der astrologischen Beratung eine eher hemmende Planetenbewegung im 10. Haus feststellen, während die ratsuchende Person gerade ganz hoffnungsvoll von dir eine Beratung zum Thema einer neuen beruflichen Herausforderung haben will. (Das 10. Haus steht in der Astrologie für das Thema Beruf und Berufung.) Hier kann es sinnvoll sein, sich vorsichtig dem schwierigen Thema zu nähern und im Gespräch auszuloten, wie viel Zurückweisung ihrer Hoffnungen die ratsuchende Person jetzt vertragen kann. Allgemein gilt, um mit Max Frisch zu sprechen, dass in der wahrsagerischen Beratung die Wahrheit nicht wie ein kalter Waschlappen ins Gesicht geknallt werden sollte, sondern wie ein Mantel angeboten werden sollte. Die Wahrsagerin sollte das, was sie als Wahrheit zu erkennen glaubt, vorsichtig wie einen Mantel anbieten, und es der ratsuchenden Person überlassen, ob sie hineinschlüpfen möchte. Du bist als Wahrsagerin auch nicht verantwortlich dafür, ob die ratsuchende Person deinem Rat folgt.

Hinzu kommt, dass jede Wahrsagerin sich im Klaren bleiben sollte, dass sie eher Wahrscheinlichkeitsaussagen machen kann. Sie sollte also schweigen, wenn ein ratsuchender Kunde oder guter Freund eine völlig konkrete Aussage von ihr haben will, und sie sollte mit einkalkulieren, dass sie mit ihrer Wahrscheinlichkeitseinschätzung auch mal daneben liegen kann. Das führt zum zweiten Punkt: Du solltest lernen, zwischen Wahrsagen und Hellsehen zu unterscheiden. Während Wahrsagen die häufigere Fähigkeit hat, ist echtes Hellsehen sehr selten. Es gibt dazu noch einige Menschen, die eher unwillkürlich gelegentlich hellseherische Träume haben. Aber es gibt nur sehr wenige Menschen, die im Wachbewusstsein aktiv steuernd hellsichtig arbeiten können.

Wenn du also wahrsagend deine Freunde und Freundinnen berätst, wird dir als erstes auffallen, dass viele Personen mit Fragestellungen zu dir kommen, die eher eine hellsichtige Vorgehensweise verlangen. Vielen Personen ist der Unterschied auch gar nicht bewusst. Ich habe mir angewöhnt, die meisten Fragen vorsichtig umzuwandeln, z.B. dahingehend, ob jetzt ein günstiger Zeitpunkt ist für... Im Grunde sind alle Fragen, die ein präzises Ereignis genau vorhersagen wollen, hellseherische Fragen. Wie z.B.: Bekomme ich den Job oder nicht? Erfüllt sich mein Beziehungswunsch oder nicht? Wann bekomme ich eine neue Stelle? Ist YX ein vertrauenswürdiger Geschäftspartner? Soll ich die Aktien der Firma XY kaufen? Was sind die Lottozahlen vom kommenden Samstag?

Du solltest also vor der eigentlichen Beratung darauf hinweisen und Fragestellungen, die eher hellseherisches Potential verlangen, zurückweisen oder so umformulieren, dass sie mit Wahrsagen bearbeitet werden können. Das wird nicht immer die Vorgehensweise sein, die die ratsuchenden Personen erwarten.

Ebenso gibt es Fragen, die du ablehnen solltest, weil sie besser auf anderem Wege zu klären sind, wie z.B. die Fragen, ob jemand schwanger ist, ob jemand an einer bestimmten Krankheit leidet oder gegen etwas Bestimmtes allergisch ist. Hier solltest du der klaren medizinischen Diagnostik den Vortritt lassen. Wieder andere Fragen erfordern ein eher psychotherapeutisches Vorgehen, z.B. die Bewältigung seelischer Störungen, familiärer Konflikte, frühkindlicher traumatischer Erfahrungen oder ein Coming out Prozess.

Wenn du wahrsagen willst, solltest du eine gute, sichere Technik lernen, die dein wahrsagerisches Potential gut unterstützt. Das kann z.B. ein Kartensystem sein wie Tarot, Kipperkarten oder Lenormand Karten, ein System wie Astrologie oder Runenkunde. Pendeln scheint oft einfacher zu sein, gibt aber durch die Fragetechnik (Ja / Nein - Fragen) leider oft die Illusion, hellseherisch arbeiten zu können, ohne dass dieses noch einmal genau überprüft wird. Bei den Kartenlegesystemen ist darauf zu achten, dass kein Legeschema benutzt wird, was eine hellseherische Deutung nahe legt. Ich würde also kein Legeschema mit einem Feld „Die Zukunft" benutzen, sondern würde nur mit Feldern arbeiten, die die mögliche Entwicklung umreißen. Genauso sind zeitbezogene Legeschemata (Tages-, Monats- oder Jahreskarte) daraufhin zu prüfen, dass sie nicht hellseherisch gedeutet werden, sondern nur ein Thema aufzeigen, dem ich mich mit einiger Wahrscheinlichkeit an diesem Tag oder in diesem Jahr stellen muss oder mit dem ich mich freiwillig, geleitet durch die Karte, auseinandersetzen darf. Viele Bedeutungen der Lenormandkarten sind so festlegend, dass sie oft automatisch eher hellseherisch verstanden werden. Auch hier ist Vorsicht geboten.

Grundsätzlich gilt: Wenn ich nur eine wahrsagerische Begabung habe, kann ich die Brücke zum echten Hellsehen auch nicht durch ein Ziehen einer Orakelkarte zur Zukunft ausgleichen!

Orakelsysteme, die mit Geisterkontakt arbeiten, wie Gläserrücken oder Ouija-Brett bzw. Witchboard lehne ich ab, weil sie weitere Komplikationen mit sich bringen. Sie erfordern einen Geisterkontakt, der erst gut und sicher erlernt werden muss, und bringen damit schon im Übungsstadium die erneute Komplikation mit sich, dass nicht mehr hinterfragt wird, ob hier hellseherisch oder wahrsagerisch gearbeitet wird. Den potentiell zu rufenden Geistern wird dabei alles Mögliche zugetraut und die Gefahren des unfreiwilligen Geisterkontakts werden meist völlig unterschätzt.

Du kannst deine Fähigkeit zum Wahrsagen also erst einmal weiter ausbilden und trainieren, indem du dir die Mühe machst, ein gutes, sicheres Orakelsystem gründlich zu lernen und korrekt anzuwenden. Dabei kommt meist eine Übungsphase, wo du dir in der Wahl der Fragestellung und in der Anwendung der Technik noch etwas unsicher bist. Die meisten üben in dieser Zeit mit Freunden und Freundinnen. Dabei solltest du die besondere Chance mit einbeziehen, dass dir der Kontakt zu diesen Personen meistens länger erhalten bleibt und du so die mittelfristigen und Langzeitfolgen deiner Beratung miterleben kannst. Du siehst, wie die Beratung wirkt und wie sich das konkrete Leben dieser Menschen danach verändert. Du kannst also Erfahrungen mit deiner „Trefferquote" sammeln und sie evtl. verbessern. Auch die wahrsagerische Deutung trifft ja durch die Wahrscheinlichkeitsaussagen und die empathische Menschenkenntnis einen Teil der zukünftigen Entwicklung! Evtl. gewöhnst du dir nach einigen Jahren auch an, vorsichtiger und zurückhaltender zu formulieren, weil dir wirklich klar wird, dass du eben nur Wahrscheinlichkeitsaussagen machen kannst. Vielleicht erfährst du dabei auch, dass manche Menschen wütend sind über deinen Rat, andere sehr dankbar. Die Erfahrungen im Freundeskreis sind deshalb so wertvoll, weil sie später, falls du mal fremde Menschen berätst, nicht mehr auftauchen. Viele Menschen, die in meine Beratung gekommen sind, habe ich lange Zeit danach nicht mehr oder einfach nie wieder getroffen. Ich erfahre also nie, welche Langzeitfolgen meine Beratung hatte und wie das Leben der Menschen, die ich punktuell mit Tarot oder Astrologie beraten habe, dann weiter verlaufen ist.

Zum Schluss noch eine Bemerkung, was für mich den besonderen Charme des Modells der Wahrsagung statt des Hellsehens ausmacht: Wenn Wahrsagen sich bewusst auf Wahrscheinlichkeitsaussagen beschränkt, ist es wesentlich besser vereinbar mit unserem modernen Konzept des freien Willens als es das Konzept des Hellsehens ist. Du gibst den Menschen, die Du berätst, mehr Freiheit, auf deine Ratschläge zu reagieren, ihr Verhalten zu verändern oder anzupassen. Trotz widriger astrologischer Umstände kann ein Projekt gelingen, die betroffene Person muss dann aber mehr Kraft, Ausdauer und evtl. einige Enttäuschungen auf dem Weg der Verwirklichung mit einplanen. Sich auf Wahrsagen zu beschränken nimmt den alten Orakeln das Fatalistische, was viele moderne Menschen aus berechtigten Gründen ablehnen.

In Ritualgruppen wird oft gemeinsames Wahrsagen praktiziert. Es kann sein, dass an Lichtmess alle gemeinsam eine Jahreskarte ziehen. Hier finde ich es zum einen wichtig, dass alle Teilnehmerinnen am Mischen der Karten beteiligt werden oder den Kartenstapel wenigstens einmal anfassen oder anhauchen. Zum anderen finde ich es wichtig, sich gegenseitig den Raum zu lassen, dass jede ihre Karte selbst deutet. Auf keinen Fall sollte innerhalb des Rituals eine Diskussion beginnen, was die richtige Deutung ist oder die Deutung mit Ratschlägen gekoppelt werden. Auch ein Nachschlagebuch mit Bedeutungen hat im Ritual selbst nichts zu suchen. Im Ritual gezogene Karten sollten am besten eine Nacht überschlafen werden, damit ich mir Zeit gebe, die Symbolik auf mich wirken zu lassen, bevor ich die offizielle Bedeutung der Karte in einem Buch nachschlage. Es kann hilfreich sein, ein magisches Tagebuch mit ins Ritual zu nehmen, um erste Gedanken zu notieren.

Manchmal wird am Ende des Rituals eine Karte gezogen, um die weitere Auswirkung des Rituals im Alltag anklingen zu lassen. Hier ist die Konzentration gegen Ende des Rituals oft schon etwas abgesunken. Etwas unübersichtlich wird die Lage, wenn z.B. im Lichtmessritual alle ein Jahresorakel ziehen wollen, aber unterschiedliche Deutungssysteme bevorzugt werden. Ich habe schon Rituale erlebt, bei denen eine Frau ein Runenset benutzte, drei Frauen mit unterschiedlichen Tarotsets arbeiteten und eine weitere Frau mit Engelkarten. Das ist grundsätzlich möglich, verlangt aber viel Toleranz und Geduld. Der Vorteil davon ist, dass jede Frau mit dem System arbeiten kann, das ihr liegt und das sie am besten anspricht. Die Deutungen können die anderen im Kreis oft dann nicht mehr gemeinsam nachvollziehen.

Eine weitere Gefahr des Wahrsagens in der Gruppe ist, wenn Frauen sich des Unterschieds zwischen Wahrsagen und Hellsehen nicht bewusst sind und sich gegenseitig sehr harte, klare Ratschläge geben. Eine Ritualfreundin meinte einmal, mich unbedingt vor einer Reise nach Berlin warnen zu müssen, da sie klar gesehen hätte, dass dort „ein großes Unglück passieren würde an diesem Wochenende". Ich habe mich nicht irritieren lassen, habe auf mein eigenes Gefühl vertraut und bin gefahren. Mir ist auf der ganzen Fahrt nichts Ernsthaftes zugestoßen, aber die Ritualfreundin war enttäuscht, dass ich ihrem Rat nicht vertraut hatte.

Wenn alle im Ritualkreis an Lichtmess eine Jahreskarte ziehen, kann es sehr hilfreich sein, vorher noch mal auf den wahrsagerischen Gehalt des Rituals hinzuweisen. Das Ziehen einer Jahres-

oder Tageskarte ist eine freiwillige, spirituelle Übung. Ich erkläre mich freiwillig bereit, mich ein Jahr lang mit einer hochwirksamen Karte mit tiefer Symbolik auseinander zu setzen. Aber ich liefere mich keinem fatalistischen Urteil aus. Bei Tarot haben die meisten vor bestimmten Karten Ängste, wie z.B. Tod, Turm und Teufel. Die Karten wahrsagerisch zu nutzen heißt ganz klar, wer die Karte den Tod als Jahreskarte zieht, mag Transformationen in diesem Jahr erfahren, aber sicherlich nicht immer einen Todesfall. Wahrsageinstrumente sind kein Spielzeug, sie sind ernst zu nehmen in der Wirkung, und der ganze Ritualkreis braucht in den nächsten Tagen und Wochen nach so einem Ritual die Möglichkeit des Austauschs und der gegenseitigen Unterstützung. Auf keinen Fall sollte Wahrsagen im Ritualkreis als Machtmittel oder Drohmittel genutzt werden.

Fragen zum Nachsinnen:

1.   Ist dir die Fähigkeit des Wahrsagens vertraut oder kommt sie dir unwahrscheinlich vor?

2.   Welche Wahrsagetechnik liegt dir?

3.   Warst du dir des Unterschieds zwischen Hellsehen und Wahrsagen bewusst?

Leben mit leichter Hellsichtigkeit

Hellsehen geht über das Wahrsagen hinaus und gilt für viele wohl als die spektakulärste und erstrebenswerteste übersinnliche Begabung. Um kaum eine andere Begabung ranken sich so viele Missverständnisse (wie z.B. die Verwechslung mit Wahrsagen) und Ängste, mit kaum einer anderen Begabung wird so viel Betrug und Augenwischerei betrieben und bei kaum einer anderen Begabung ist auch der Selbstbetrug so hoch. Sehr viele wünschen sich diese Begabung und belauschen ihren Alltag, ihr Traumleben, ihre Erlebnisse immer wieder daraufhin, ob sich nicht diese Begabung wenigstens im Ansatz bei ihnen zeigt. Wesentlich häufiger als starkes Hellsehen ist eine leichte, schwer kontrollierbare Hellsichtig-keit, die unwillkürlich hin und wieder auftritt, aber wenig aktiv für Beratungen genutzt werden kann. Viele Fragen in Internet- und Junghexenforen drehten sich immer wieder um (vermeintliche) Hellsichtigkeit. Die wenigen Menschen, die ich mit einer starken Begabung kennen lernte, berichteten einhellig, dass es sehr schwer sei, damit leben zu lernen. Der folgende Artikel soll einige Miss-verständnisse klären helfen. Ich will damit auch bewusst in den Raum stellen, dass nicht jede spirituell suchende Frau diese Bega-bung haben muss, um eine „echte" Hexe zu sein.

Hier noch einmal der Unterschied zwischen Wahrsagen und Hellsehen: Beim Wahrsagen wird eine Wahrheit meistens sprach-lich ausgedrückt und eher mit einer gewissen Wahrscheinlichkeit vorhergesagt, was passieren wird. Es werden eher Tendenzen, Po-tentiale gesehen, die Deutung bleibt mehr bei Entwicklungsten-denzen aus der Gegenwart heraus und reicht wenig in die Zukunft hinein. Beim Hellsehen ist es so, dass Du bestimmte Bilder „siehst". Sei es, dass im Traum oder dass im Wachen auf einmal ein Bild in Deinem Bewusstsein aufsteigt, das mit der Situation, in der Du selbst gerade bist, gar nichts zu tun hat. Es gibt auch Hellhören, wo auf einmal ein Wort oder ein Satz gehört wird, der gar nicht im realen Gespräch fiel, sondern vielleicht jemand anderes hunderte von Kilometern oder Jahren entfernt gerade in einem ganz anderen Gespräch sagt. Manche Menschen riechen auch hellsichtig, sie rie-chen z.B. einen Brand der woanders stattfindet oder stattfinden wird. Bei vielen Menschen ist diese Begabung in Ansätzen vorhan-den. Fast jeder kann sich daran erinnern, einmal etwas geträumt zu haben, was später eintraf. Das kann aber auch daran liegen, dass Du von etwas träumst, was Du schon geplant hattest oder was Du dir sehr wünschst. Traumarbeit kann ein wichtiges Hilfsmittel sein, eine schwache, hellsichtige Begabung zu entdecken. Aber das Traumtagebuch sollte dann auch lange, ausdauernd und ehrlich geführt werden! Beim Träumen ist der Verstand, der solche Ereignisse nicht wahrhaben will und oft unterdrückt, auf natürliche Weise im Hintergrund. Manche Menschen können in Trance hellsichtig sein, manche Menschen werden von diesen Bildern aber auch im Wachen „überfallen". Das ist dann nicht immer angenehm und kann am Anfang große Angst machen.

Echte Hellsichtigkeit ist - wie schon gesagt - sehr selten, daher will ich hier auf den wesentlich weiter verbreiteten Fall eine leichten Hellsichtigkeit eingehen, die im Alltag unwillkürlich und wenig steuerbar auftritt. Es gibt einige Personen, die hin und wieder hellsichtige Träume haben oder im Alltag kurze, sehr präzise Momente der Vorahnung haben. Hier kann das konsequente Traumtagebuch eine erste Hilfe sein. Es tritt dabei aber oft das Problem auf, dass du am Morgen, wenn du aufwachst, bei den meisten Träumen, die du notierst, nicht weißt, ob sie jetzt hellsichtig sind. Selten lernt die Träumerin, dass es innerhalb der Traumszenerie einen klaren Hinweisreiz gibt, anhand dessen sich die hellsichtige Ebene im Traum ankündigt.

Du wirst also wesentlich häufiger von Dingen träumen, über die du abends schon nachgedacht hast, weil du sie vielleicht für den nächsten Tag geplant hast. Wenn du jetzt einen Traum hast, der sich auf das schon geplante Ereignis bezieht, weißt du oft nicht, habe ich es mit einer Vorahnung, mit einer Angst oder mit einem Wunsch zu tun? Diese drei Möglichkeiten solltest du dir bei der Traumdeutung immer offen halten. Ich gehe sogar so weit, dass ich glaube, wenn der Traum sehr identisch ist mit meinen bewusst wahrnehmbaren Ängsten oder Wünschen ist, dass er dann wahrscheinlich eher auf diesem Prozess der Bewusstwerdung von Gefühlen beruht. Der Traum ist dann rein psychologisch erklärbar. Genauso nutze ich es umgekehrt als Hinweis auf intuitive Wahrnehmungen, wenn ich einen emotional sehr bewegenden Traum hatte, zu dem ich keinerlei Tagesreste oder Tagesvorplanungen erkennen kann.

Besondere Ängste gehen davon aus, wenn vom Tod nahestehender Menschen geträumt wird. Diese Angst ist so verbreitet, dass der Volksglaube gleich empfiehlt, fest daran zu glauben, dass diese Menschen besonders lange leben werden. Bei Personen mit echter Hellsichtigkeit sind es meiner Erfahrung nach meist wesentlich weniger plumpe Hinweise, die das Ableben einer nahestehenden Person ankündigen. Insofern ist es in den meisten Fällen sicher sinnvoll, bei Träumen, die vom Tod nahestehender Personen handeln, psychologische Deutungen zu wählen genau wie bei der Tarotkarte der Tod. Wenn Du z.B. vom Tod deiner Oma träumst, hast du vielleicht ein schlechtes Gewissen, weil du sie lange nicht besucht hast und Deine Oma inzwischen in einem Alter ist, wo ihr Tod verständlich wäre. Oder der Traum vom Tod deutet allgemein auf große Veränderungen hin wie die Tarotkarte auch.

Es gibt darüber hinaus die Theorie, dass eine Person, die ihre hellsichtige Begabung eher ablehnt, eher Vorahnungen von schwierigen, bedrohlichen, existentiellen Ereignissen in der engsten Familie erhält. Das führt leider oft dazu, dass die Begabung noch mehr abgelehnt wird. Wenn die betroffene Person sich jedoch dazu durchringen kann, ihre Begabung anzunehmen, tauchen auch häufiger Vorahnungen positiver Ereignisse auf.

Dann wird dir wahrscheinlich passieren, wenn du für dein Traumleben und deine Vorahnungen offen bleibst, dass dir Dinge im Traum erscheinen, die dir eigentlich völlig unwichtig erscheinen. Ich meine, es kommt leider so gut wie nie vor, dass du die Lottozahlen der nächsten Woche träumen wirst, oder? Z.B. passiert es mir, dass ich nachts von einer sehr herb-maskulin aussehenden Frau träume, am nächsten Tag zu einer Postfiliale gehe, und dann von genauso einer Frau bedient werde, die ich dort bewusst vorher noch nicht gesehen hatte. Ich weiß aber nicht ganz genau, ob ich sie wirklich vorher dort nie gesehen habe, und ich weiß eigentlich gar nicht, worauf mich der Traum hier eigentlich hinweisen will. Denn es steht nur der Kauf einer Briefmarke an und keine schicksalsschwere Entscheidung! Oder ich plane einen Besuch bei einer neuen Zahnärztin und träume nachts von Indiofrauen. Zu meiner Überraschung empfängt mich in der Praxis eine Zahnarzthelferin, die Ähnlichkeit mit Indiofrauen hat. Ich habe gelernt, dass solche Vorahnungen zwar wenig praktischen Nutzwert haben. Aber ich akzeptiere sie als ein Zeichen, dass ich am richtigen Ort bin und dass ich wohl gerade genau das richtige tue. Im Fall der Zahnarztpraxis hatte ich große Angst davor, die Zahnärztin zu wechseln, und habe die Vorahnung dahingehend interpretiert, dass ich dieser neuen Zahnärztin vertrauen kann und schon in der richtigen Praxis gelandet bin, was sich dann auch bestätigt hat.

Beim Führen eines Traumtagbuchs ist es sinnvoll, nach einiger Zeit rückwärts zu blättern und wenigstens die Träume der letzten 6-8 Wochen noch mal nachzulesen. Natürlich macht das nur Sinn, wenn du gleich am Morgen danach bei den Träumen auch notiert hattest, ob sie mit Tagesresten oder mit Tagesvorplanungen zusammen hingen. Manchmal entdeckst du nach einigen Wochen noch eine Vorahnung. Wenn du jedoch über lange Jahre Traumtagebuch führst, wird es irgendwann unmöglich, all diese Träume nach Jahren noch mal daraufhin zu durchforsten, ob sie vielleicht Vorahnungen enthielten. Dieser Methode sind Grenzen gesetzt. Dennoch kann sie helfen, Hinweisreizen auf die Spur zu kommen, die hellsichtige Träume begleiten.

Ein weiteres Problem stellen Dejá vú Erlebnisse dar. Gemeint ist damit das Gefühl, diese Situation schon einmal erlebt oder gesehen zu haben. Es gibt viele Theorien dazu. Manche sind eher biologisch, z.B. dass diese Erlebnisse in der Pubertät durch die hormonellen Schwankungen besonders häufig aufträten. Oder sie werden wahrnehmungspsychologisch erklärt, dass sie zustande kämen, wenn eine Gehirnhälfte Bruchteile von Sekunden früher als die andere den Gedanken oder die Wahrnehmung erfasst. Viele Junghexen haben häufige Dejá vú Erlebnisse und fragen sich dann, ob sie ein Hinweis auf eine Hellsichtigkeit oder gar auf frühere Leben sind. Im Alltag kann dich plötzlich das Gefühl überfallen, diese Situation schon mal erlebt zu haben. Wenn du es dann rational überprüfst, denkst du, kann ja gar nicht sein, also muss ich davon geträumt haben. Hier vertrete ich die Ansicht, wenn du kein Traumtagebuch führst und jetzt keine sichere Notiz dazu darin findest, würde ich starke Zweifel haben, ob du wirklich vorher davon geträumt hast. Für mich sind daher Dejá vú Erlebnisse keine klaren und eindeutigen Hinweise auf Hellsichtigkeit.

Momente der Vorahnung können auf Hellsichtigkeit hinweisen oder aber auch intuitive Warnungen sein. Von der Logik her weist dich Hellsichtigkeit eigentlich auf etwas Unvermeidliches in der nahen oder fernen Zukunft hin. Das kollidiert jedoch mit unserer modernen Überzeugung von Willensfreiheit. Wesentlich häufiger haben wir im Alltag jedoch instinktive Vorahnungen, die sehr hilfreiche Warnungen sind. Du spürst vielleicht instinktiv, dass dein Chef oder dein Lehrer sehr wütend ist oder eine bestimmte Absicht hat. Wenn du gelernt hast, solche schwachen, instinktiven Signale schnell wahrzunehmen und noch darauf zu reagieren, dann verändert sich wahrscheinlich der Verlauf der Situation. Auch diese Vorahnungen können jedoch genarrt werden von deinen Ängsten, deinen Wünschen und eben in dieser Situation wahrscheinlich auftretenden Verhaltensweisen.

Wie kannst du eine schwach hellsichtige Begabung fördern oder vertiefen? Wichtig ist hier besonders, die Begabung anzunehmen und erst mal zu akzeptieren, dass du sie wenig willentlich steuern kannst. Das Traumtagebuch öffnet den unwillkürlichen Kanal für diese Wahrnehmung und hilft dir auch, deine Hypothesen zu überprüfen. Wahrscheinlich wirst du dann erst mal feststellen, dass du viel mehr und viel öfter einfachen „Alltagsmüll" träumst, und dass die wirklich spannenden Träume eher seltener sind. Du kannst es versuchen mit einer vorsichtigen Trancetechnik, ob du im Wachen einen traumähnlichen Zustand erreichen kannst und dabei aktiv Bilder aufsteigen lassen kannst. Es muss nicht gleich die berühmte Kristallkugel sein! Dazu kann sich z.B. die Kerzenmeditation eignen oder eine Spiegel- oder Wasseroberfläche, in der sich Kerzen spiegeln. Wichtig dabei ist, dass du dir für solche Übungen eine klare Struktur setzt, einen klaren Anfang und ein klares Ende. Gut ist auch eine Art magisches Tagebuch, in dem du die Bilder oder Gefühle notierst, die dabei in dir aufsteigen. Und du solltest viel Geduld haben, denn meistens bleibt es bei unwillkürlich nicht steuerbaren Impulsen, als dass du es erlernst, diese besondere hellsichtige Wahrnehmungsebene aktiv auszulösen.

Solange du diese aktive Steuerung nicht erreichst, kannst du leichte, unwillkürliche Hellsichtigkeit auf keinen Fall nutzen, um andere zu beraten. Du solltest außerdem einkalkulieren, dass Hellsichtigkeit für viele Personen irritierend, erschreckend oder unglaubwürdig ist. Wenn du hellsichtige Träume hast, wird es einige Personen geben, die davon nichts wissen wollen oder die dir deine Wahrnehmungen ausreden wollen. Du solltest also auch hier vorsichtig überlegen, mit wem du offen darüber sprichst. Besonders vorsichtig solltest du sein, wenn du andere Leute aufgrund deiner Vorahnungen warnen oder beraten willst. Wenn du parallel mit Orakelsystemen arbeitest, halte ich es nach wie vor für den sichersten Weg, in der Beratung bei der wahrsagerischen Beratung zu bleiben. Solange es sich noch um eine leichte, nicht willkürlich steuerbare Hellsichtigkeit handelt, kannst du sie nicht aktiv für Beratungen nutzen und solltest auch bei der Deutung einer Tarotlegung oder eines Horoskops weiterhin bei Wahrscheinlichkeitsaussagen bleiben.

Nach meiner Erfahrung sind Frauen, die gemeinsam regelmäßig Rituale feiern, auch im Traumleben immer wieder auftauchende Personen. Die Frauen meines Ritualkreises nahmen alle ihre nächtlichen Träume sehr ernst und beobachteten sie häufig. Wir haben uns immer wieder gegenseitig in der Traumdeutung unterstützt und uns angerufen oder getroffen zum Austausch darüber. Auch wenn wir uns manchmal gegenseitig wahrsagerisch beraten haben außerhalb eines Rituals, ermahnten wir uns gegenseitig, nicht in die hellseherische Deutung oder Beratung zu verfallen. Ich habe auch gemeinsame Neujahrsorakel erlebt, wo ich zu Anfang immer wieder daran erinnerte, dass die Jahreskarte keine hellseherische Macht hatte und wir uns dann doch trösten und stützen mussten, wenn eine Frau Tod, Turm oder Teufel als bedrohliche Jahreskarte gezogen hatte.

Wenn eine Frau im Ritualkreis ist, die stärkere hellsichtige Kräfte hat, ist es ratsam, dass sie sehr behutsam damit umgeht. Diese Begabung sollte verantwortungsvoll gehandhabt werden und erschreckt immer noch viele Menschen. Mir selbst ist es leider mehrmals passiert, dass Menschen mich mit „Visionen und Prophezeiungen" warnen wollten, die allesamt bis heute nicht eingetroffen sind, mich aber sehr erschreckt haben. Auch hier sind manchmal ein gesunder Menschenverstand und eine gewisse Bodenständigkeit wichtig!

Fragen zum Nachsinnen:

1. Hast du bei dir Anzeichen hellsichtiger Momente erlebt?

2. Wie überprüfst du sie?

3. Hast du gelernt, auch auf ganz schwache Signale im Traum oder im Wachen zu achten?

Umgang mit heilenden Kräften

Für viele Menschen ist die weise Kräuterfrau das erste, was sie mit dem Wort Hexe verbinden. Aber längst nicht jede spirituell und magisch arbeitende Frau fühlt sich auch als Heilerin. Welche heilenden Kräfte gibt es und wie erkenne ich, ob ich sie habe? Zu magischen, heilenden Kräften gehört zum einen die Fähigkeit, auf instinktivem Wege zu erkennen, was für eine Krankheit ein Mensch hat. Vielleicht hast schon einmal innerlich gespürt, dass jemand in deiner Familie krank war, obwohl ihr nicht darüber gesprochen habt und der Mensch noch gar nicht beim Arzt war. Er konnte es also auch selbst noch nicht wissen. Du hast es ihm einfach angesehen oder irgendwie gespürt, dass etwas nicht stimmte.

Vielleicht gehörst du zu den Menschen, die sich schon immer eher für Kräutertees interessiert haben, als eine Tablette zu nehmen. Vielleicht hast du auch eine ältere Verwandte, die viel über Heilkräuter weiß, und du konntest einiges von ihr lernen. Vielleicht ertappst du dich bei einem Spaziergang dabei, dass du ein Heilkraut in der wilden Natur sofort erkennst, obwohl du es nur einmal im Biologiebuch gesehen hast oder sogar noch nie etwas darüber gelesen hast.

Wissen um Heilkräuter ist die bekannteste heilende Kraft. Dieses Wissen ist erlernbar, wenn du dich dafür interessierst. Wenn du lernen willst, Heilkräuter zu sammeln, musst du in deiner Umgebung jemanden finden, der mit dir Kräuterwanderungen macht. Dazu gehört die Fähigkeit, die Kräuter zu erkennen, und zu wissen, wann sie erntereif sind und welcher Teil geerntet wird. Bei manchen Pflanzen ist es ja die Blüte, das Blatt, die Früchte, die Rinde oder eher die Wurzel. Alleine aus Büchern zu lernen, Pflanzen zu wild zu sammeln, ist gar nicht so einfach. Es ist mit einiger Übung und Anleitung dann aber doch einfach, zu erkennen, wann man vor einer Johanniskrautpflanze steht, wenn du ein paarmal mit jemandem mitgegangen bist, der oder die sich auskennt. Ein schönes kleines Bestimmungsbuch für Heilpflanzen gibt es im Gräfe und Unzer Verlag, es heißt „Kompass Heilpflanzen" und enthält Fotos von 145 verbreiteten Heilpflanzen.

Ein etwas sicherer Weg, Heilpflanzen selbst zu ernten, ist, sie im Eigenanbau im Garten zu ziehen. Pfefferminze, Melisse, Lavendel, Salbei oder Ringelblume sind einfache Gartenpflanzen, mit denen du schon ein paar Alltagsbeschwerden in den Griff kriegen kannst. Vielleicht musst du gar nicht sehr viele Heilkräuter kennen, aber es reicht, wenn du für dich und die typischen Beschwerden in deiner Familie eine Art Hausapotheke aus den Kräutern zusammenstellen kannst. Ich komme mit Kamille (häufige Magenbeschwerden), Pfefferminze, Salbei (häufiger Husten und Zahnfleischentzündungen), Fenchel (auch für Husten und gegen Blähungen) Melisse und Lavendel (Einschlafstörungen) und Schafgarbe (als Magenbitter und zur Erleichterung der Menstruation) für meine Hausapotheke völlig aus. Dazu kommen ein paar Kräutermischungen als Wohlfühltees.

Kräuter aus aller Welt bekommst Du am besten in der Apotheke oder im Bioladen. Dort kannst Du sie auch lose und nicht nur im Teebeutel bekommen. Außerdem hast Du bei der Apothekenware die Sicherheit, dass ein hoher Anteil an wirksamen Bestandteilen enthalten ist. In einen guten Kamillentee z.B. gehören nur Kamillenblüten, keine Blätter oder gar Stängel der Kamille. In der Apotheke ist diese genaue Zusammensetzung vorgeschrieben.

Bei manchen Heilpflanzen ist es eine Überlegung wert, ob Du statt des Tees Kapseln oder ein Trockenextrakt nimmst. Manche sehr ökologisch orientierte Hexen würden hier jetzt massiv widersprechen. Dazu gibt es getrennte Meinungen. Manche Heilerinnen nehmen immer am liebsten die Originalpflanze, da sie am besten auch den Geist und die Schwingung der Pflanze erfasst und weitergibt. Andere sehen das etwas medizinischer, so wie ich. Bei manchen Heilpflanzen ist der Tee so widerlich im Geschmack, dass ich ihn nicht trinken will, so z.B. bei Original Baldriantee. Dennoch möchte ich in manchen Situationen nicht auf die Kraft dieser Pflanze verzichten. Dann nehme ich eben Kapseln. Bei manchen Kräutern sind die vermutlich wirksamen Stoffe eher wasserlöslich, z.B. wenn es Gerbstoffe sind. Dann kommt eine Teezubereitung auch gut in Frage, weil sich der Stoff oder die Stoffe gut in Wasser lösen lassen. Bei anderen Heilpflanzen geht die Meinung der Mediziner und Apotheker eher dahin, dass der wirksamste Stoff in der Pflanze ölig ist, wie z.B. ätherisches Öl oder der Wirkstoff des Johanniskrautes. Dann kann sich dieser ölige Stoff aber nicht in Wasser lösen und ein ätherisches Öl der Pflanze oder ein öliges Extrakt in Kapseln kann die Wirkung vermutlich besser transportieren. Mache dir aber klar: Heilkräuter sind eine sehr sanfte Medizin. Sie können dir im Alltag bei leichten Beschwerden helfen, wenn du dir gleichzeitig Ruhe gönnen kannst, und können die schulmedizinische Behandlung deines Arztes unterstützen. In vielen Fällen kann jedoch die Behandlung mit Kräutern den Gang zum Arzt nicht ersetzen.

Wann solltest du auf alle Fälle zum Arzt gehen? Ein Warnzeichen ist Fieber, also wenn deine Körpertemperatur über 38 Grad Celsius ansteigt und die hohe Temperatur anhält. Ebenso sind Schmerzen, deren Ursache du nicht kennst und die einige Tage anhalten ein echtes Alarmzeichen. Wenn du deine Periode hast und weißt, dass du da immer ein bisschen Bauchweh hast, ist das etwas, was du kennst und womit du wahrscheinlich gelernt hast, umzugehen. Vielleicht willst du dich lieber mit einem Tee und einer Wärmflasche hinlegen, als gleich eine Tablette zu nehmen. Wenn du aber so schwere Bauchkrämpfe hast, dass dir davon ganz übel und schwindelig wird, so dass du es kaum aushältst und den ganzen Tag nur noch im Bett verbringst, dann kann dir eine gute Frauenärztin vielleicht doch besser mit einer guten Schmerztablette helfen. Wenn du Zahnweh hast, musst du zum Zahnarzt, da hilft nichts. Ebenso ist es wichtig, zum Arzt zu gehen, wenn Beschwerden zwei, drei Tage lang anhalten und keine Besserung auf die Kräutermedizin hin eintritt. Wenn du dir den Magen verdorben hast und an einem Tag zwei, dreimal erbrichst, kannst du das gut mit Kamillentee und Zwieback wieder hinkriegen. Ein Erbrechen oder Durchfälle, die mehrere Tage anhalten, können sehr schnell lebensbedrohlich werden. Manchmal musst du dann sogar ins Krankenhaus, um künstlich genug Flüssigkeit zu bekommen.

Vielleicht ertappst du dich auch mal dabei, dass deine Freundin Bauchschmerzen hat und du ihr instinktiv deine Hände auf den Bauch legst. Dabei merkt ihr dann beide, wie deine Hände ganz warm werden und deine Freundin sich entspannt. Das ist ein erstes Zeichen für eine Begabung zur heilenden Berührung. Diese Begabung ist seltener als Kräuterwissen. Die Fähigkeit zur heilenden Berührung wird weiter entwickelt z.B. in alternativen Wissenschaften wie Reiki oder Shiatsu. Aber auch eine solide Ausbildung als Masseur oder Masseurin kann diese Begabung zur vollen Entfaltung bringen.

Immer häufiger wird jetzt von Geistheilern gesprochen, es können Kurse dazu besucht werden, ja Geistheiler dürfen sogar (im Gegensatz zu Psychotherapeuten!!) eine Praxis eröffnen, ohne einen Heilpraktikerschein nachzuweisen. Meine persönliche Meinung dazu ist: Das ist eine sehr seltene Begabung. Jemanden zu Heilen ausschließlich durch geistige Kräfte, ohne heilende Berührung oder Kräuterwissen, ist nur sehr wenigen Menschen gegeben. Mir ist schon zu Ohren gekommen, dass Menschen zum Geistheiler gingen, dort aber Spritzen und Tinkturen bekamen, spätestens das würde mich dann sehr misstrauisch machen.

Ich habe immer wieder gehört, dass junge Menschen, denen ein Mensch sehr leid tat, der z.B. einen schweren Unfall hatte, auf die Idee kamen, sich einfach mit ein paar Freundinnen hinzusetzen und ein Heilungsritual zu machen. In den seltensten Fällen wird aber dadurch die gewünschte Wunderheilung ausgelöst, die gewünscht ist. Die meisten Geistheiler versuchen eher, die Selbstheilungskräfte zu unterstützen, damit die Krankheit auf natürlichem Wege leichter abheilt oder bewältigt werden kann. Und wenn du keine Begabung zur Geistheilung hast oder keine Ausbildung, hast du meistens nicht gelernt, deine Kräfte sinnvoll einzusetzen.

Viele Menschen mit Interesse am Heilen erlernen vorher oder im Laufe der Zeit ganz bodenständige medizinische oder pflegerische Ausbildungen. Denn zu heilenden Kräften gehört auch einfach eine erhöhte Grundfähigkeit, heilendes Wissen zu erwerben. Da die wenigsten Heiler alleine von alternativen Heilmethoden leben können, machen die meisten Heilerinnen und Heiler eine Grundausbildung in einem normalen heilenden Beruf wie Krankenschwester, Physiotherapeutin, Hebamme, Arzt, Tierärztin oder Psychologin usw.

All das können Hinweise sein, dass du gute heilende Kräfte hast und leicht einen heilenden Beruf oder eine spirituelle Heiltechnik erlernen könntest. Auf alle Fälle ist es wichtig, wenn du eine alternative Heilmethode lernen willst, gleichzeitig ein Minimum an schulmedizinischem Wissen zu erwerben. Du musst einfach wissen, wann es besser oder dringend nötig ist, einen normalen Arzt oder eine Psychotherapeutin hinzuzuziehen, weil es eine akute oder schon weit fortgeschrittene Erkrankung ist. Ich finde es wichtig, zu lernen, eine gesunde rationale Sicht der Welt mit dem magischen Weltbild sinnvoll zu verbinden. Jede und jeder löst das ein bisschen anders. Wenn du heilende Fähigkeiten entdeckt hast, ist es sinnvoll, dass du deine Fähigkeiten als spirituelle Heilerin mit einer schulmedizinischen Ausbildung ergänzt. Sonst gehst du evtl. ein zu hohes Risiko ein mit einer Fehlbehandlung oder einer Fehldiagnose. Auch rein rechtlich brauchst du in der Mehrheit der Fälle in Deutschland eine Zulassung (mindestens als Heilpraktikerin) um Menschen heilend behandeln zu dürfen. Sonst bewegst du dich im völlig rechtsfreien Raum und kannst bei Fehlbehandlungen ernsthafte Schwierigkeiten bekommen.

Wie hältst du es, wenn du selbst krank bist? Manche Menschen glauben, dass Hexen und naturreligiöse Menschen nicht zum Arzt gehen würden sondern nur Rituale feiern würden und glauben damit ginge alles weg. Also, die meisten spirituellen Menschen, die ich kenne, gehen ganz normal zum Arzt wie andere Leute auch. Wenn sie ernste Beschwerden haben (Zahnschmerzen, Bein gebrochen) gehen sie sofort zum Arzt. Wenn es leichtere Beschwerden sind, probieren sie wie andere Leute erst mal ihre Hausapotheke aus, die bei einer guten Hexe aus vielen Kräutern, ätherischen Ölen usw. besteht, so z.B. bei Kopfweh, Schnupfen, leichten Magenbeschwerden usw. Wenn die Beschwerden dann dennoch drei Tage und länger anhalten, gehen sie auch zum Arzt.

Manche Frauen haben ein sehr starkes Gespür für ihren eigenen Körper und gehen daher früher zum Arzt als andere Leute, da sie sehr früh merken, wenn in ihrem Körper-Seele-Gleichgewicht etwas nicht stimmt. Im ganzheitlichen Weltbild sehen sie immer auch den seelischen Anteil einer Erkrankung, manchmal nehmen sie daher zusätzlich zum Arzt Rituale in Anspruch. Wie gesagt, zusätzlich zum Arzt und zu ihrem Kräuterwissen. Außerdem wenden manche Frauen zusätzlich zum Arzt geistige Methoden des Heilens an, wie z.B. Meditation und Gebet, oder sie haben eine Vorliebe für alternative Heilmethoden wie Reiki, Massagen oder Homöopathie oder sie nehmen in schamanischen Reisen Kontakt mit ihrem Körperbewusstsein auf.

Ich selbst habe aufgrund meiner persönlichen Geschichte Schwierigkeiten, wenn Menschen ausschließlich zum Geistheiler gehen und normale Diagnostik oder Schulmedizin völlig ablehnen. Das mag daran liegen, dass ich beruflich in einem Bereich lebe und arbeite, wo die Hoffnungen vieler Menschen mit unheilbaren Erkrankungen benutzt werden. Ich meine Menschen, die mit herkömmlicher Medizin unheilbare Erkrankungen wie z.B. Krebs, Demenz oder AIDS, wo die heutige Medizin nur begrenzt Hilfe bieten kann. Diese Menschen gehen zwar zum Arzt, der Arzt sagt ihnen aber irgendwann: "Sie sind unheilbar krank, sie werden daran sterben, ich kann für sie leider nicht mehr viel tun!" Dann sind diese Patienten natürlich sehr verzweifelt und haben große Angst vor ihrem weiteren Verlauf der Erkrankung mit nahendem Tod. Aus der Verzweiflung heraus suchen sie dann auch oft Geistheiler oder alternative Heiler auf, die ihnen manchmal sehr viel Geld abnehmen und ihre Verzweiflung einfach ausnutzen. Ich glaube immer noch: Eine gute Heilerin könnte auch versuchen, diese Menschen zu trösten oder ihnen durch Meditation, Gebet und Gespräche die Angst vor dem Tod zu nehmen oder zumindest helfen die Beschwerden zu lindern. Geistige und schamanische Arbeit kann mir auch helfen, z.B. mit der erforderlichen Chemotherapie besser klar zu kommen oder die Organe, die noch einmal operiert werden, innerlich zu verabschieden. Es kann die Selbstheilungskräfte anregen, zu einer tiefen Auseinandersetzung mit dem Sinn der Erkrankung anregen oder auch einfach seelisch Halt bieten. Aber es gibt immer noch eine Menge Geistheiler, die machen mit der Verzweiflung dieser Menschen ein großes Geschäft... Schließlich gibt es auch innerhalb der Schulmedizin heute eine sehr gut entwickelte Palliativmedizin, die für diese schwerstkranken Menschen sehr viel tun kann.

Daher bedenke, wenn du mit solchen Menschen zu tun hast oder selbst sehr schwer krank bist, welche Hoffnungen für dich oder die anderen daran hängen und wem du Geld gibst und von wem du Hilfe annehmen möchtest.

In einem Frauenritualkreis treffen oft sehr unterschiedliche Meinungen von Heilweisen, Vorstellungen von Gesundheit und Krankheit, Heilmethoden usw. aufeinander. Viele Lebensthemen, die im Laufe des Jahreskreises im Ritual auftauchen, sind mit Gesundheit oder Krankheit verknüpft und werden in den Ritualkreisen immer wieder angesprochen. Genauso treffen in den Ritualkreisen oft Frauen aufeinander, die ganz unterschiedliche Methoden gelernt haben. Während die eine eine echte Kräuterhexe ist, die andere sich als Geistheilerin oder in Reiki fortbilden lässt, ist eine andere vielleicht in ihrem normalen Leben eine recht rationale Ärztin oder Psychologin. Wenn Frauen im Ritual Themen der Heilung und Genesung ansprechen, Heilungswünsche äußern oder über Krankheiten klagen, ist wieder viel Toleranz gefragt. Hier erscheint es mir wieder wichtig, nicht sofort gegenseitig mit Therapieratschlägen und Tipps zu kommen, sondern erst einmal zu warten, welche Heilungswege die ratsuchende Frau im Kreis für sich sucht. Wenn gemeinsame Heilungsrituale geplant werden, halte ich es für sehr wichtig, gegenseitig keine illusionären Erwartungen nach einer Wunderheilung zu unterstützen und die Erwartungen aneinander gut vorher abzuklären. Rituale, Gebet, Meditationen können die Selbstheilungskräfte stärken, aber die Enttäuschung kann schnell groß sein, wenn eine Frau von ihren Ritualfreundinnen deutlich mehr erwartet...

Fragen zum Nachsinnen:

1.   Identifizierst du dich mit der Heilkunst?

2.   Wie ist dein Verhältnis zu Schulmedizin und Palliativmedizin?

3.   Wie viel Vertrauen hast du in unterschiedliche Heilwege?

4.   Wie ernsthaft nimmst du Vorsorgeuntersuchungen für dich wahr?

5.   Hast du schon Erfahrungen mit Heilungsritualen?

6.   Was gehört in Deine Hausapotheke?

Die Erdung im magischen Alltag

Was ist Erdung und warum ist sie so wichtig?

Sich erden ist eine magische Technik, die z.B. in Ritualen oder in der Trancearbeit angewendet wird. Sie geht davon aus, dass zwischen unserer Seele und unserem Körper eine Bindung besteht, die sich durch Rituale und Trancen etwas lockern kann. Durch eine Lockerung dieser Leib-Seele-Bindung ist es möglich, mit der Seele Kontakt zu höheren geistigen Ebenen aufzunehmen, die weniger irdisch sind. Da die Erdung eine sehr grundlegende magische Technik ist, die nicht nur im Gruppenritual, sondern auch im Alltag häufig angewendet werden kann, möchte ich hier einige Überlegungen zur Erdung ausführlicher darstellen.

Eine Frau, die Ritualerfahrung hat, kann im Traum nachts oder in einer Trance in der Anderswelt unterwegs sein, d.h. in anderen Wirklichkeitsebenen, die bei normalem Alltagsbewusstsein und enger Körper-Seele-Bindung nicht so leicht erreichbar sind. Wenn sie nun ein Ritual im Wachen sicher überstehen oder nach einer Trance sicher wieder in die ganz normale Alltagsverfassung und in die engere Körper-Seele-Bindung hineinkommen will, benutzt sie Erdungstechniken. Sie helfen, die Rituale oder die Trance wieder zu beenden und in eine ganz normale alltagstaugliche körperlich-seelische Verfassung zu kommen. Ebenso helfen Erdungstechniken bei unfreiwilligen Trancen. Die einfachste Erdungstechnik ist meiner Meinung nach die Nahrungsaufnahme. Wie der Volksmund schon sagt: Essen und Trinken hält Leib und Seele zusammen, es beschwert meinen Körper, gibt mir Schwere und Körperenergie zurück. Außerdem verstärkt es über den Geschmackssinn die leiblich-sinnliche Erfahrung. Da Trance Energie verbraucht, haben die meisten Menschen nach Ritualen und Trancen richtig Hunger, und es gibt nach den meisten Ritualen ein kleines oder großes Festessen. Umgekehrt kann man durch Fasten die Leib-Seele-Bindung lockern und sich geistig empfänglicher machen. Magersüchtige Menschen sind meiner Meinung nach schlechter geerdet als Menschen, die normal essen. Ebenso kann Fleisch essen wesentlich stärker erden als nur vegetarisch zu leben.

Andere Erdungstechniken sind z.B. bewusste Bewegungen wie aufstampfen mit den Füßen. Dann spürst du über die Füße den Boden klar und deutlich. Alles, was dir ein klares Gefühl für deinen Körper gibt, kannst du zum Erden nehmen, Spaziergänge gehören dazu, Stampfen, bestimmte Tänze, aber auch Umarmungen oder Massagen oder bestimmte Duftöle. Zedernöl kann frau z.B. gut nehmen, um die Erdung zu verstärken und wieder in ganz normalen Realitätskontakt zu kommen.

Du kannst auch eine Erdung durch Visualisation unterstützen, indem du z.B. das innere Bild aufbaust, von deinen Füßen wachsen Wurzeln in die Erde und verbinden dich mit der Erde. Im rituellen Ablauf geschieht das Erden in der rituellen Rahmenhandlung meistens einmal am Anfang und einmal am Ende des Rituals. Jetzt fragst du dich vielleicht, warum man am Anfang eines Rituals sich erden muss? Zum Ende kannst du vielleicht noch verstehen, damit du wieder im Alltag ankommst und nicht aus dem Gleichgewicht gerätst, aber warum auch am Anfang des Rituals? Hattest du es nicht es so verstanden, dass es hilfreich ist, wenn sich im Ritual Körper und Seele voneinander lösen? Warum füge ich sie dann am Anfang wieder enger zusammen?

Das ist eine sehr berechtigte Frage. Ich gehe davon aus, dass manche Menschen, die sich für Esoterik und Magie interessieren, eher geistig orientierte, sehr sensible, eher etwas schlecht geerdete, und vielleicht auch in sich selbst leicht instabile Persönlichkeiten sind. Damit im Ritual in der Trance- und Meditationsphase nicht zu große seelische Turbulenzen und nicht zu extreme seelische Erfahrungen auftreten, ist es dann eine Sicherheitsmaßnahme, sich vor dem Ritual noch mal kurz zu erden. So wie es ein Schutz ist, einen Schutzkreis zu ziehen. Auch da gibt es die Diskussion, ob man wirklich immer mit Schutzkreis arbeiten sollte, weil dadurch evtl. interessante Geister, Erfahrungen und Kräfte ausgeschlossen werden. Aber es soll eben dem Schutz und der Sicherheit dienen.

So ist es auch gut, wenn ich mich vor dem Ritual noch einmal kurz daran erinnere, dass ich ein Mensch bin, kein Vogel, keine Elfe, kein reines Geistwesen, sondern ein Mensch mit einem irdischen Körper. Bevor ich im Ritual die Verbindung etwas löse, vergewissere ich mich sicherheitshalber noch mal meiner Ausgangsposition, von der aus ich als irdischer Mensch ins Ritual starte, und erinnere mich damit daran, wo ich am Ende des Rituals wieder landen will. Und die Erdung schützt mich auch, falls ich etwas Heftiges im Ritual erlebe oder sehr heftige Energie erwische, dass ich sie ableiten kann.

Es gibt auch hier die umgekehrte Meinung, die vor dem Ritual eine Lösung der Erdung fordert z.B. durch Schlafentzug, Fasten, oder sogar Drogeneinnahme usw. Ich glaube, es ist eine Einstellungs- und Konstitutionssache. Ich lehne Drogen im Ritual ab. Räucherwerk ist mir genug. Wenn du von Natur sehr geerdet bist und schwer in Trance kommst, ist etwas Fasten vor dem Ritual vielleicht gar nicht schlecht. Ich persönlich habe früher oft leicht meine Erdung verloren, daher achte ich heute schon am Ritualanfang auf eine gute Erdung.

Meine Erdung im magischen Alltag

Manchmal versuchte ich, jemanden zu begleiten, der nicht gut geerdet war und um seine Erdung ringt. Manchmal ringe ich selbst um meine Erdung. Für mich ist ein Mensch, der sich für Magie, Schamanismus oder Spiritualität interessiert, und der sich nicht bewusst bleibt, wie wichtig die Erdung ist, so ein Mensch ist eine Gefahr für sich und seine Umgebung.

Wie hältst du es mit der Erdung? Oder anders gefragt, wann erlebst du dich als geerdet, wann nicht, und hast du überhaupt das Gefühl, das beeinflussen zu können? Wie erlebst du außerdem die Spannung zwischen spirituellen Höhepunkten und Alltag? Hast du gerade eher zu viel Alltag und eher zu wenig Spiritualität oder andersherum? Fliegst du mehr, fällst du mehr oder bewegst du dich gemächlich bodenständig durch deinen Alltag?

Ich möchte dir ein paar konkrete Beispiele aus meinem eigenen magischen Alltag geben... Ich selbst erlebe es so: Einen Teil meiner Erdung scheine ich nur begrenzt beeinflussen zu können, ich spüre z.B. den Mondkalender sehr intensiv. Hinzu kommt, dass ich von meiner astrologischen Grundkonstitution her sehr luftig und eher schlecht geerdet bin. An Tagen, wo der Mond im Erdzeichen ist, bin ich sofort wesentlich geerdeter. Sonst erlebe ich meine Erdung abhängig vom Schlafen. Letztlich habe ich keine Kontrolle über meinen Schlaf. Aber ich kann mit einiger Disziplin halbwegs gute Rahmenbedingungen für meinen Schlaf schaffen.

Ein weiterer Faktor ist für mich Essen. Wenn ich regelmäßig esse (mindestens drei Hauptmahlzeiten, genug Obst als Zwischenmahlzeit) erlebe ich mich als geerdet. In den letzten Jahren ist mein Appetit so, dass mir diese Art der Erdung nicht mehr schwer fällt. Ich empfinde Essen mit Fleisch als erdender, ich denke, dass ich daher auch nicht ohne Fleisch auskomme. Es hat mich mal getröstet, bei Dion Fortune zu lesen, dass sie sehr empfindsamen Menschen in den Großstädten auch empfiehlt, Fleisch zu essen, um nicht zu dünnhäutig zu sein.

Vicky Gabriel empfiehlt Sport als Erdung. Es stärkt die Verbindung von Seele und Geist, ist eine bewusste Art, gut für den Körper zu sorgen und kann für eine sehr entspannte, geerdete Müdigkeit sorgen.

Sonst erlebe ich meinen ganz normalen Arbeitsalltag als Erdung. Manchmal träume ich davon, nur als Beratungshexe und

Schriftstellerin zu leben, aber das wäre doch eine sehr unsichere Existenz. Ich bin froh, nicht jemand in einen Ritualkreis oder in einen Workshop aufnehmen zu müssen, nur, weil er oder sie dafür zahlt und ich davon leben müsste. So leiste ich mir den Luxus, mit allen Interessentinnen kostenlose, persönliche Vorgespräche zu führen.

Ich lebe mein Schreiben, mein Priesterin Sein, meine Kontakte als Hexe vor allem am Wochenende. Es gibt Höhepunkte im Jahreslauf, z.B. die großen Jahreskreisfeste oder ein Vollmondritual. Es gibt die kleinen Junghexenlerntreffen, die ich mit anderen gemeinsam veranstalte, die mich zwar oft viel Vorbereitung und Kraft kosten, mir aber auch ungeheure Freude machen. Es gibt viele Briefe, mal mehr, mal weniger „Hexenpost". Größere Meditationen, Rituale oder längere Spaziergänge schaffe ich fast nur am Wochenende.

Manchmal setze ich nach so einem „Hexenwochenende", wenn es sehr erfüllend war, sanft in meinem normalen Büroalltag am Montagmorgen auf. Es war dann so, dass ich viel Kraft geschöpft habe und viel Freude an einem Treffen oder am Schreiben hatte. Manchmal ist aber so vieles ungesagt, ungelebt und ungeschrieben geblieben, dass es mir schwer fällt, montags wieder in den „normalen" Arbeitsalltag zurück zu gehen. Dabei habe ich in meinem Hauptberuf einen tollen Job, der mir viel Freiheit, Befriedigung und Selbstverwirklichungsmöglichkeiten gibt. Und eben das nötige Geld verdienen lässt, was ja auch eine Art von Erdung ist.

Ich bin heute froh, eine stützende Alltagsstruktur zu haben, die es auch erfordert, dass ich die Bodenhaftung nicht verliere. Andererseits könnte ich die psychisch sehr anstrengende Arbeit, die ich heute mache, nicht machen, wenn ich nicht so viel Raum für Spiritualität am Wochenende hätte. Außerdem erlebe ich die ganz normale Haushaltsarbeit als erdend. Spülen, Waschen, Aufräumen, Kochen, Putzen – bis auf Kochen mache ich das alles eigentlich nicht gerne! Aber gerade, wenn ich schlecht geerdet bin, kann es sehr heilsam sein, sich den ganz normalen Aufgaben des Alltags zu stellen.

Manchmal leide ich unter der Woche sehr darunter, dass ich für Spiritualität zu wenig Zeit zu haben glaube. Dabei sind mein Gebet und meine Traumarbeit sehr regelmäßig. Aber für einen längeren Spaziergang, für eine längere Meditation ist oft eben nicht Zeit genug.

Eine weitere Quelle für Erdung sind bestimmte Gerüche, vor allem Nadelhölzer. Nichts holt mich so gut in die Realität zurück wie der stärkende Geruch der Zeder. Ich habe es eher zufällig entdeckt, dadurch dass eine Ritualfreundin oft Zedernöl trug, um sich vor Mücken zu schützen. Ich stand gerne im Ritual neben ihr und habe es gerochen, habe es als stärkend und kräftigend erlebt. Es gibt auch Visualisierungsübungen, z.B. die Übung, visualisiert von den Füßen aus Wurzeln zu schlagen in den Boden. Sie hilft mir manchmal, ist aber für sich schon eine magische Technik, so dass ich bei starkem Erdungsbedürfnis lieber andere, magiefernere Techniken wähle.

Baumfreundschaften waren ein weiterer Weg für mich. Ich habe oft das Wurzelgeflecht eines Baumes genutzt, mich an den Stamm gelehnt, und habe die erdende Kraft der Bäume für mich genutzt. Die Wurzeln der alten Weide reichten viel tiefer, als ich in meiner Visualisation je kommen konnte. Ich habe es jahrelang sehr tröstlich und stärkend gefunden, so eine Baumfreundin zu haben. Auch bestimmte Kleidungsfarben (Brauntöne) empfand ich als erdend, habe sie bewusst an Tagen getragen, wo ich mich danach sehnte.

Du siehst, es gibt viele Wege, sich im magischen Alltag zu erden. Es wird leider immer noch viel mehr geschrieben über die Techniken, der Erdung zu entfliehen. Sie sind entsprechen umgekehrt: Weniger essen, fasten, Schlafentzug, andere Gerüche (z.B. Weihrauch), Trancetechniken usw. Aber die Gegenbewegung, sich immer wieder bewusst zu erden, ist für dünnhäutige, sensible und spirituell sehr empfängliche Menschen genauso wichtig, ja sie kann lebensrettend sein. So schön es ist, in der Trance zu fliegen oder in die Grenzenlosigkeit der geistigen Welt einzutauchen, der Mensch ist ein irdisches Wesen. Solange er in dieser Welt lebt, ist er in der Anderswelt nur Gast. Auch wenn wir die Anderswelt manchmal als unsere wahre Heimat empfinden, auch wenn unser Ritualkreis uns oft wichtiger ist als Familie oder Beruf. Ich glaube inzwischen, jeder Mensch, auch der spirituellste, hat in seinem Leben außer seinen spirituellen Aufgabe auch ganz diesseitige Aufgaben zu erfüllen. Vielleicht würde bei dem Thema interessieren, wann ich zur Erdung raten würde. Also vielleicht zu welchem Zeitpunkt, ob morgens, mittags oder abends? Wie viel Zeit würde die Erdung in Anspruch nehmen?

Aber die Frage nach einem festen Zeitpunkt habe ich mir ehrlich gesagt, noch nie gestellt. In Bezug auf das Ritual ist sie klar zu beantworten, einmal zu Anfang und zu Ende des Rituals. Aber eine Tageszeit? Es gibt Frauen, die jeden Morgen die Zeit haben, sich vor dem Hausaltar zu erden und zu zentrieren und eine kurze Andacht zu halten. Ich finde dazu nicht die Zeit. Ich meditiere morgens, indem ich einen kurzen meditativen Text lese, Tagebuch und Traumtagebuch schreibe. Es kann bei mir eine ganze Woche geben, in der ich gut schlafe, ganz normal in meinem (erdenden) Alltag drin bin, mit Arbeit und Haushalt und etwas Ausruhen völlig ausgefüllt bin, kaum Magie betreibe, von einigen kleinen Gebeten im Alltag mal abgesehen, die ich eher unter Spiritualität als unter Magie verbuchen würde. In so einer bodenständigen, normalen Alltagswoche erdet mich mein Alltag ganz von alleine, da mache ich gar keine bewusste Erdung. Dann gibt es wieder Tage, an denen ich schlecht geschlafen habe, dadurch sehr dünnhäutig bin und mich viel erden muss. Also, ich könnte nicht sagen, dass es für das Erden eine feste Tageszeit gibt / geben sollte...

Eine Erdung kann ganz kurz geschehen (Eine kurze Visualisation aufbauen, weniger als eine Minuten.), kann wenige Minuten in Anspruch nehmen (nur etwas länger neben einem Baum stehend meditieren) oder kann 45 min Sport oder 1,5 Stunden guter Spaziergang sein. Auch hierfür gibt es keinerlei Zeitmaß.

Wie bemerke ich meine Erdung?

Wie bemerke ich, ob ich schlecht geerdet bin? Nach der Checkliste kannst du austesten, ob in deinem Alltag ein ausgewogenes Verhältnis an Erdungstechniken und spirituellen Techniken besteht. Aber wie merkst du es aktuell in deinem Leben, z.B. im Ritual? Es ist im Grunde das Gegenteil zu der Frage, wie merke ich, ob ich in Trance gehe oder bin. (Ich benutze den Begriff Trance auch für leicht veränderte Bewusstseinszustände und nicht nur für ganz tiefe Trancen.) Dass du in Trance gehst, merkst du u.a. an folgenden Dingen:

Zunächst kann es sich wie ein intensiver Tag- oder Schlaftraum anfühlen, obwohl du genau weißt, dass du nicht schläfst. Normalerweise nimmt dein Körpergefühl ab oder tritt etwas zurück. Du weißt eher noch, dass da dein Körper ist, aber er bewegt sich im Tanzen wie automatisiert weiter oder er liegt wie ein abgelegtes Kleidungsstück auf dem Bett, während dein Geist und deine Seele frei sind, andere Dinge zu sehen und zu erleben. Evtl. merkst du auch, dass die Konzentration deiner Wahrnehmung von außen nach innen umgeschaltet hat. Du siehst vielleicht innere Bilder vor deinem geistigen Auge, während du immer weniger hörst und siehst, was im Raum außerhalb um deinen Körper herum passiert. Außerdem kann es sein, dass sich dein Zeitgefühl verändert, dass du gar nicht mehr sagen könntest, wie lange du schon in diesem Zustand bist. Du weißt aber auch, zumindest wenn du etwas tranceerfahren bist, dass du in diesen Zustand freiwillig und bewusst hineingegangen bist und ihn auch wieder bewusst beenden kannst.

Du wendest dich mehr oder weniger vom Alltagserleben und von Alltagshandlungen ab.

Umgekehrt merkst du eine gute Erdung daran, dass du hellwach, voll im alltäglichen Bewusstsein bist und dich gut auch auf Alltags- und Routinetätigkeiten konzentrieren kannst. Gut geerdet ist ein Kassensturz oder ein Hausputz kein Problem, du kannst es gezielt und konzentriert angehen. Dein Zeitgefühl ist präzise und realistisch. Gut geerdet merkst du deinen Körper angenehm wach und kraftvoll. Du kannst gut Sport machen. Allerdings gibt es auch einige wenige Sportarten (Zen-Bogen Schießen z.B.) bei denen zum Zielen außer der guten Erdung eine leicht meditative Stimmung genutzt wird.

Gut geerdet bist du mit dir und deiner Stimmung im Lot. Du kannst deinen Alltag gut annehmen oder da, wo es nervt und wo Veränderung nötig ist, auch gut hinschauen und was ändern. Du fühlst dich weder euphorisch, überschwänglich, schwebend über den Wolken noch total im depressiven Tief, sondern in einer guten, stabilen Mittellinie deiner Stimmung.

Schlecht geerdet sein kann dich auch nervös, zittrig, angespannt oder gereizt machen. Bei mir löst viel Schwarztee oder Kaffee solche hochfahrend, erst kreativen und dann immer mehr ins Gereizte umschlagende Stimmungen aus. Schlechte Erdung kann sich auch als Ruhelosigkeit auswirken. Du merkst es daran, dass du dich nach einer ruhigen, eben eher beruhigenden Umgebung sehnst und dass du auf laute unruhige Umgebungen (volle S-Bahn oder volles Kaufhaus) sehr schnell gereizt reagierst.

Die Umgebung kann deine Erdung unterstützen, z.B. wirken auf mich unterstützend ein ruhiger Wald, der Anblick der rohen, frisch umgepflügten Erde auf einem Acker oder die dicken Wurzeln eines alten Baumes. Im Allgemeinen erlebe ich es so, dass eine natürliche, ruhige Umgebung erdender ist als eine hektische, großstädtische Umgebung. Ein Keller, eine Höhle ist erdender als ein

Hochhaus oder ein Berggipfel. Musik kann dich erden, wenn sie beruhigend ist und dir so Ruhe und Entspannung zurückgibt oder indem sie einen ruhigen, erdigen Rhythmus hat.

Bei schlechter Erdung kannst du dich sehr aufgedreht fühlen, 1000 Ideen sprühen dir durch den Kopf, die du aber nicht zu Ende denkst, evtl. ist deine Denkgeschwindigkeit sogar etwas schneller, als wenn du sehr geerdet bist. Das Element Luft ist ja ein Gegenpol für die Erde und wenn du gerade sehr luftig bist, kann das für das Denken und Assoziieren ganz gut sein.

Die Psychologen benutzen auch den Ausdruck "reizoffen", um eine weitere Seite der Erdung zu beschreiben. Die Reizoffenheit bestimmt darüber, ob die gesamten akustischen, emotionalen, visuellen usw. Reize unserer Umgebung sehr offen und ungefiltert auf uns einströmen oder ob wir ihnen einen gewissen Puffer und Filter entgegensetzen können. Wenn du gut geschlafen hast, Ruhe hattest und regelmäßig isst, bist du nicht so reizoffen, wie wenn du schlecht geschlafen und Hunger hast und den ganzen Tag in einer lauten Umgebung warst.

Naturpriesterinnen und Magier sind von Natur aus oft viel reizoffener als andere Menschen. Denn sie trainieren ja sehr, auf ihre innere Stimme zu hören, ihrer Intuition zu folgen und selbst schwache innere und äußere Signale wahrzunehmen. Das heißt, eine Priesterin, die sehr geschult darauf ist, mit der Natur zu kommunizieren, ihrer Intuition zu folgen, sich empathisch in andere Menschen einzufühlen usw. muss einfach sehr reizoffen sein. Aber sie muss auch lernen, ihre Reizoffenheit bewusst zu verstärken oder abzuschirmen. Wenn du auf der Suche nach einer Vision einen langen Spaziergang machst, ist es sehr gut, sehr reizoffen zu sein. Wenn du aber im gleichen Zustand versuchst, in einer Großstadt auf einer überfüllten Einkaufsmeile einkaufen zu gehen, dann bist du Ruckzuck völlig reizüberflutet. Das ist auch der Grund, warum Priesterinnen der Naturreligionen meist große Menschenansammlungen oder Warenkaufhäuser meiden.

Checkliste zur Erdung im magischen Alltag

Diese Checkliste soll dir Anhaltspunkte geben, um zu erkennen, was oder wie viel du gerade für deine Erdung im magischen Alltag tust.

1.   Astrologie. Kennst du dein Horoskop und deine astrologische Grundkonstitution in den 4 Elementen? Lebst du mit einem Mondkalender? Spürst du an Tagen, wo der Mond im Erdzeichen ist, eine stärkere Erdung? („Erdtage" sind Tage, an denen der Mond im Element Erde steht astrologisch gesehen, also in den Zeichen Stier, Jungfrau oder Steinbock.) Kannst du das für dich nutzen oder erlebst du es eher als lästig? Wie ausgeprägt ist die Erdung in deinem Geburtshoroskop? Gibt es da Berührungspunkte zum Lauf des Mondes?

2.   Schlafen. Was ist dein Minimum an Schlaf? Wie viele Stunden schläfst du täglich bzw. nächtlich? Hast du Schlafstörungen? Wenn ja, was tust du dagegen? Hast du Phasen gesteigerter Überwachheit oder Überdrehtheit, in denen du denkst, du brauchst keinen oder viel weniger Schlaf? Wie sorgst du dennoch für deinen Schlaf? Gönnst du dir nach Stressphasen mit Schlafentzug ausreichend Ruhephasen?

3.   Essen. Isst du regelmäßig, also drei Hauptmahlzeiten und genug Obst als Zwischenmahlzeit? Oder fastest du oft? Was erlaubst du dir zu essen? Ich empfinde Essen mit Fleisch als erdender, andere nennen Salz, Nüsse und vor allem genügend Fette. Andere empfinden Erdfrüchte, also z.B. Kartoffeln und Möhren als sehr erdend. Wie viel wiegst du bei welcher Körpergröße? Kennst du deinen BMI? Weißt du, ab wann Untergewicht beginnt und dass du bei Untergewicht chronisch schlecht geerdet bist? Spürst

du nach Ritualarbeit oder Trancen verstärkt Hunger und gibst du dem dann auch nach?

4. Sport. Treibst du regelmäßig Sport, bewegst du dich ausreichend?

5. Alltag. Wie viel ganz normalen Arbeitsalltag gibt es bei dir? Das kann Zeit für die Schule sein, das kann die Arbeit sein, das Studium. Ich meine hier aber auch die ganz normalen Dinge wie Kochen, Aufräumen, Spülen, Putzen. Beteiligst du dich im Haushalt an diesen ganz normalen Arbeiten?

6. Träumst du auch manchmal davon, ausschließlich als Beratungshexe, Künstlerin oder Schriftstellerin zu leben? Was tust du als realen Brotberuf? Kannst du es annehmen, dass du diesen Brotberuf brauchst? Wie erlebst du das Wechselspiel zwischen Tagen, an denen du mehr Hexe bist (z.B. nach einem „Hexenwochenende"), und dem Start des normalen Schul-, Berufs- oder Büroalltags am nächsten Montagmorgen? Kannst du den Wechsel bewusst annehmen?

7. Räucherwerk. Wenn du räucherst oder Duftöle nimmst, benutzt du mehr hebende, die Visionen und Meditationen erleichternde Düfte oder nimmst du auch manchmal erdende Düfte wie Nadelhölzer, vor allem Zedernöl?

8. Tanz. Genauso wie es möglich ist, mit Tänzen in Trance zu geraten, kannst du dich mit Tänzen erden, z.B. mit Stampftänzen. Wendest du solche Tänze im Ritual an?

9. Visualisation. Wie hilfreich sind für dich Visualisierungsübungen zur Erdung, z.B. die Übung, visualisiert von den Füßen aus Wurzeln in den Boden zu schlagen. Wendest du Erdung durch Visualisation regelmäßig an?

10. Pflegst du eine Baumfreundschaft oder eine Beziehung zu einem Krafttier? Ist es ein eher erdendes Tier oder ein Tier der Luft? Hast du schon mal versucht, das Wurzelgeflecht eines Bau-

mes zur Erdung zu nutzen? Oder dich zu erden, indem du mit nackten Füßen auf Erde oder Wiese stehst?

11. Kleidung. Wie geht es dir mit bestimmten Kleidungsfarben? Hast du Kleidung oder Schmuck in Brauntönen oder erdigen Farben, trägst du sie gerne oder manchmal bewusst?

12. Aufgaben. Ich glaube, jeder Mensch, auch der spirituellste, hat in seinem Leben außer seinen spirituellen Aufgaben auch ganz diesseitige Aufgaben zu erfüllen. Kannst du so eine Aufgabe in deinem Leben außerhalb der Spiritualität und Magie im engeren Sinne erkennen? Was tust du für diese Aufgabe? Bist du in irgendeiner Weise sozial oder politisch oder ökologisch engagiert?

13. Bücher und Fernsehen. Was liest du, was für Filme siehst du? Liest du außer magisch-esoterischer Literatur und Fantasyromanen zwischendurch mal etwas Alltägliches wie z.B. ein ganz anderes Sachbuch oder Zeitung? Siehst du außer Fantasyfilmen auch regelmäßig Nachrichten, um in der Welt verankert zu bleiben?

14. Kontakte. Hast du außer Kontakten zu spirituellen Freunden und Freundinnen noch genügend Kontakte zu Menschen, die von Magie und Esoterik vielleicht nicht so viel halten wie du? Pflegst du diese Kontakte?

15. Hobbys. Hast du neben der Magie und Hexerei noch andere „Hobbys"?

16. Natur. Lebst du Magie und Esoterik nur hinter Büchern und im Internet oder gehst du oft genug raus in die Natur?

Auswertung:

Gib dir für jeden Erdungstipp, den du bereits verfolgst, einen Punkt. Wenn du von jedem dieser Erdungstipps wenigstens einen Teil verfolgen würdest, hättest du ca. 15 Punkte. Wenn du weniger als die Hälfte erreichst, solltest du dringend mehr an deiner Erdung arbeiten!

Abschirmung im Alltag

Verwandt dem Thema Erdung ist der Wunsch, sich im Alltag manchmal besser abschirmen zu können. Spirituell offene Menschen sind sehr sensibel in der Wahrnehmung ihrer Umgebung. Sie haben gelernt, innerlich und äußerlich auf „schwache Signale" zu reagieren. Das stärkt ihre eigene Intuition und hilft beim Deuten von Orakeln oder Träumen. Es hilft auch, beim Leiten eines Rituals oder in einer Gruppe die Stimmung im Raum genauer einschätzen zu können. Ebenso sind empathische und spirituell arbeitende Menschen in der Lage, Gerüche und Geräusche sehr präzise wahrzunehmen und aus Beobachtungen in der Natur eine Bedeutung zu erspüren. Diese besondere Sensibilität schwachen Signalen gegenüber kann aber im Alltagsleben eine große Herausforderung sein. Die volle S-Bahn zur Hauptverkehrszeit, die Menschenmenge am Samstagmittag beim Einkaufen in der Fußgängerzeile, eine große Fete, auf der ich aus Höflichkeit länger bleiben muss, oder ein Besprechungsmarathon auf der Arbeit kann dazu führen, dass ich mich „überlade" mit Eindrücken. Viele spirituell aktive Frauen erleben sich als eine Art „Einzelgängerin" und brauchen regelmäßige Zeiten des Alleine seins, um sich zu entladen. Längere Spaziergänge alleine in der Natur tun ebenso gut, um sich zu entladen und zu erfrischen. Ein langer gemeinsamer Ausflug mit Menschen, die du dir nicht alle ausgesucht hast, wie z.B. ein Betriebsausflug oder ein Klassenausflug, kann von der Abschirmung her eine wirkliche Herausforderung sein. Wie kannst du dir helfen?

Zunächst helfen alle Erdungstricks genauso, um dich vor Überladung zu schützen: Ausreichend schlafen ist sehr wichtig, ebenso ausreichend essen. Erdungsvisualisationen („Wurzeln in die Erde schlagen") können dir helfen, dich zu zentrieren. Eine andere klassische Visualisation ist, öfter einen Schutzkreis um dich zu ziehen. Das hilft aber wenig, wenn du nicht den Mut hast, dich auch auf anderen Wegen abzugrenzen.

Wenn du dich längere Zeit in einer größeren Menschenmenge oder Gruppe aufhalten musst, ist es wichtig, dass du dir dennoch mehr Zeit für dich alleine erkämpfst. Sag, dass du mehr Pausen brauchst. Zur Not, wenn gar nichts anderes mehr hilft, kannst du auch auf die Toilette gehen, dort wirst du immer alleine sein, und kannst dich dort für fünf Minuten bewusst atmen, dich neu erden und zentrieren. Oder suche dir einen anderen Ort, wo du fünf Minuten alleine sein kannst, dich erden und zentrieren kannst und dich auf deinen Atem konzentrieren kannst.

Wenn du nicht genug Schlaf findest, was auf Klassenfahrten oder Dienstreisen leicht passieren kann, kann es helfen, öfter mal tagsüber für fünf Minuten die Augen zu schließen und kurz zu meditieren, zu dösen oder zu beten. So schützt du dich vor Überreizung.

Wenn es der Rahmen ermöglicht, verbringe die Pausen dann nicht auch noch mit der gesamten Gruppe. Klar, keine und keiner von uns möchte als Einzelgängerin gelten, aber es gehört zur Übersensibilität dazu, mehr Pausen zu brauchen. Gehe in einer Pause mal 5-10 Minuten vor die Tür. Setz oder stell dich an einen Baum, gib deine Anspannung über die Wurzeln des Baumes in die Erde ab oder lauf im nächsten Park eine kurze Runde. Du kannst auch einfach einmal im Quadrat um den Häuserblock laufen. Aber zwinge dich nicht, alle Pausen mit der ganzen Gruppe zu verbringen.

Erlaube dir öfter, früher schlafen zu gehen. Klar, auch das ist unbeliebt, du willst ja kein Weichei sein, wenn die anderen feiern. Genauso kann es eine Hilfe sein, etwas früher als die anderen aufzustehen und so im Bad oder am Frühstückstisch noch etwas Zeit für dich alleine zu haben.

Bei einer gemeinsamen Wanderung kann es eine Hilfe sein, öfter mal alleine am Anfang oder am Ende der Gruppe zu laufen. Gönne dir kleine Zeiten des Schweigens, wenn es möglich ist..

Eine weitere Hilfe kann dein Tagebuch sein. Du kannst für dich selbst in so einer Menschenmenge oder Gruppe gut sorgen, indem du dein Tagebuch dauernd mitnimmst und damit für dich alleine deine Beobachtungen einträgst, wie es dir selbst geht. Dein Tagebuch kann deine beste, stille Freundin sein, wo du ehrlich eintragen kannst, wie genervt du von der ganzen Gruppe oder von der andauernden Gesellschaft bist. Selbst wenn du nur in einem kurzen Moment ein, zwei Sätze einträgst, kann das helfen, dich zu zentrieren und zu dir zurück zu finden.

Noch ein paar Sätze zur Kleidung: Schwarz als Kleidungsfarbe ist gerade bei Junghexen sehr beliebt. Es ist die Farbe, die oft mit Magie verbunden wird, und es ist eine Tarn- und Schutzfarbe. Sie schluckt viel Strahlung von deiner Umgebung, gibt aber wenig selbst nach außen abgibst. Viel und oft schwarz zu tragen bedeutet aber auch, ständig viel emotionale Strahlung von den anderen aufzunehmen. Erdender und schützender ist braune Kleidung.

Fragen zum Abschirmen:

1.Ist dir das Bedürfnis nach mehr Abschirmung vertraut?

2. Welche Techniken hast du vielleicht schon unbewusst oder bewusst bereits angewendet?

3. Kannst du akzeptieren, dass du regelmäßige Zeiten des Alleinseins brauchst?

Mein magisches Bekenntnis

Die folgenden Gedanken zur Magie sind keine allgemeingülti-
gen Sätze für alle Frauen in Frauenritualkreisen. Sie sind meine
ganz persönlichen Ansichten dazu, mein eigenes magisches Bekenntnis, das aus meinen Erfahrungen entstanden ist. Dennoch ist
es beeinflusst von den Gedanken anderer Hexen und Ritualfrauen,
von denen ich gelesen oder mit denen ich gearbeitet habe. In Frauenritualkreisen herrschen ganz unterschiedliche Vorstellungen
vor, was Magie ist, ob eine Frau Magie betreiben will oder ob sie
eher davon Abstand nimmt und nur Spiritualität leben will. Nun
ist eine an Wicca angelehnte Spiritualität ausdrücklich mit der Erlaubnis verbunden, Magie zu wirken. Dennoch gibt es da oft Be-
rührungsängste, Missverständnisse oder illusionäre Erwartungen.
Frauen, die gemeinsam in einem Ritual Magie wirken, brauchen
kein gemeinsames magisches Bekenntnis, es kann gut sein für das
Verständnis und den Respekt untereinander, wenn die Frauen eines Kreises sich außerhalb eines Rituals darüber austauschen.

Magie selbst ist keine Religion. Es gibt Religionen, die den Gebrauch von Magie nahelegen wie Wicca oder Voodoo. Magie kann
eingebettet sein in einen spirituellen Hintergrund. Bei Barbara
Dinkelmann steht: „Der religiöse Mensch bittet, der magische
Mensch fordert und erschafft." (Barbara Dinkelmann, „Kreisen",
im Selbstverlag erschienen.) Es hat Barbara Dinkelmann sehr beschäftigt, dass sie zugleich magisch denkt und religiös handelt.

Die meisten von uns leben in der Spannung zwischen beiden
Polen, nutzen die geschenkten Kräfte und Begabungen, leben aber
in der Hoffnung auf eine göttliche Unterstützung. Magie, die in
Spiritualität eingebettet ist, berücksichtigt, dass das Leben oder die
Göttin eine Art Widerspruchsrecht haben, wenn wir einen Zauber
wirken wollen. Ich bündele meine Kräfte im Ritual oder in der Vision und lasse dann los. Magie anzuwenden heißt nicht, dass die

Dinge den Verlauf nehmen, den wir erwarten. Ich glaube nicht, dass sich Prophezeiungen immer von selbst erfüllen können, nur weil wir daran glauben und wenn wir danach handeln. Wir nutzen die Kraft des Wünschens, der Phantasie, des Ersehnens, um Dinge zu gestalten und Kraft freizusetzen. Aber wir erleben oft genug, dass die Göttin ganz andere Dinge mit uns vor hat, dass wir unsere Wünsche wieder loslassen und ihr unser Leben überlassen müssen, weil unser Leben Teil eines größeren Planes ist.

Magie ist ein Werkzeug, das in der Psychotherapie und im Rahmen der Spiritualität der Hexen, Heidinnen und Wicca angewandt werden kann. Magie ist aber nicht gleichzusetzen mit spiritueller Psychotherapie, Magie kann ergänzend eingesetzt werden. Magie entspricht der Bildersehnsucht unserer Seele, unseres Unbewussten und unseres inneren Kindes mehr als das reine therapeutische Sprechen. Magie erlaubt, mir Bilder zu machen, kreativ schöpferisch mit der eigenen Bildhaftigkeit und der Kraft der inneren Bilder zu arbeiten. Das Bilderverbot einiger großer Weltreligionen ist der Magie völlig fremd.

Magie ist kein vorsintflutlicher Aberglauben. Magie ist Teil eines anderen Weltbildes, in dem der Gedanke vom Zufall eine eher neue, etwas abwegige Idee ist, die in der Geschichte der Menschheit noch nicht so alt ist. Wir erlauben uns, uns daran erinnern, dass Alles mit Allem verbunden ist. Ich glaube, dass die Gesetze von Ursache und Wirkung zu einengend sind, um jeden Zusammenhang in diesem Universum beschreiben zu können. Wir erlauben uns im Ritual, andere Zusammenhänge wahrzunehmen, die nicht aus der einfachen logischen Abfolge der Zeit entstehen, sondern die das Erleben von Gleichzeitigkeit genauso wichtig erscheinen lassen. Wir erlauben uns, „analog" zu denken, in symbolischen Entsprechungen, weil es die Sprache der Seele und des inneren

Kindes ist. Wir zwingen uns nicht, alles analytisch in der Sprache des inneren Erwachsenen zu durchdenken und zu zerpflücken

Magie ist die Kunst, willentlich den Bewusstseinszustand wechseln zu können. Magie verfügt mit Trancearbeit, Traumdeutung, Orakeln und Ritualen über Techniken, zwischen der Sprache der Seele, des Geistes, des Intellekts und den Wesen und Gesetzen der Anderswelt zu vermitteln. Dabei können Erkenntnisse die Bewusstseinsschwelle passieren, die ohne diese Techniken nie bewusst geworden wären. Diese Erkenntnisse können unser Leben bereichern und unsere Sicht des Lebens verändern.

Die Freiheit einer jeden Einzelnen ist oberstes Gebot in der Magie. Frauen in einem Ritualkreis tauschen ihre Meinungen und ihr Wissen aus und bemühen sich um Toleranz. Dennoch weichen moderne Magierinnen keiner kritischen Auseinandersetzung aus. Magie will niemanden missionieren. Aber sie will auch nicht von anderen Religionen re-missioniert werden. Es war so schwer für die Anhängerinnen der Magie, ihr Wissen durch die Zeiten der Christianisierung zu erhalten, zu retten oder wieder zu entdecken, dass manche noch heute einen Groll gegen das Christentum empfinden. Dennoch lassen wir alle Anhängerinnen von Religionen oder esoterischer Weisheitswege ihren eigenen Weg finden und ihre eigenen Lehren erfahren.

Magie ist der Versuch, Dinge zusammenzubringen und zusammen zu leben, die früher zusammengehört haben, aber in der heutigen Zeit getrennt werden. Magie hat also eine ganzheitliche Sicht des Lebens. Ich empfinde es als eine künstliche Trennung, wenn Astrologie und Astronomie heute zwei völlig getrennte Wissenschaften sind. Die meisten Frauen in Frauenritualkreisen erleben keine Trennung zwischen der Erfahrung der Natur und der Erfahrung der Göttin. Ich empfinde es als künstlich, dass es heute getrennte Heiler für den Körper (Ärzte), Heiler für die Seele(Psychotherapeuten) und Heiler für den Geist (Pfarrer, Priester und Priesterinnen, Prediger, Propheten usw.) gibt. Insofern ist das magische Weltbild dem schamanischen Weltbild sehr ähnlich. Die Schamanin nahm in früheren Kulturen alle 3 Funktionen wahr, sie war Heilerin für Körper, Seele und Geist und stellte den Kontakt zu den Göttinnen, den Ahnen und Ahninnen und den Geistern her.

Magie versucht, im Ritual einen Raum zu schaffen, in dem die Seele von den Zwängen des rationalen Tagesbewusstseins befreit wird, in der ihr erlaubt wird, die Gesetze des logischen Denkens zu verlassen und in den irrationalen Urgrund einzutauchen, der uns alle verbindet. Trancearbeit, Rituale, Traumdeutung, die Arbeit mit Orakeln, sie alle haben letztlich das Ziel, uns mit diesem irrationalen Urgrund zu versöhnen und der Seele dabei einen sicheren Halt zu geben. Nur so kann die Seele unbeschädigt, erfrischt und bereichert aus der Begegnung mit den irrationalen Tiefen des Gefühls und der Anderswelt hervorgehen. Das rationale Tagesbewusstsein hat Angst, bei dem Kontakt mit dem Irrationalen die Kontrolle zu verlieren und sich aufzulösen. Durch die Struktur des Rituals und den Rahmen der Trancearbeit wird dem rationalen Tagesbewusstsein eine Möglichkeit gegeben, in den Hintergrund zu treten, ohne völlig zu verschwinden. So kann das Tagesbewusstsein auch zum Ende der Tranceübung oder des Rituals hin wieder zurückkommen, damit die Person als Ganzes wieder alltagsfähig wird und bleibt.

Das ist ein wichtiger Unterschied zwischen Magie und den Veränderungen des Erlebens der Realität bei psychischen Krankheiten wie akuten Psychosen. Bei einer Psychose erfolgt der Zusammenstoß von rationalem Tagesbewusstsein mit dem Abgrund der Irrationalität so unvermittelt und mit einer solchen Heftigkeit, dass das Ich der Person sich auflöst, von diesem Abgrund verschlungen wird und nur noch mit fremder Hilfe daraus geborgen werden kann. Wer einmal diese heftige und unfreiwillige Begegnung mit dem irrationalen Abgrund erlebt hat und sich heraushelfen ließ, weiß, welchen Schaden die Person dabei nimmt und dass die Alltagstauglichkeit für eine lange Zeit verloren gehen kann. Dennoch glaube ich, dass die Arbeit mit Magie, mit Trancen und Ritualen helfen kann, diese beiden Pole in uns zu versöhnen. Ja, ich glaube sogar, dass magische Techniken psychisch kranken Menschen helfen können, vor einem erneuten unfreiwilligen Zusammenstoß bewahrt zu bleiben. Wenn der Abgrund nicht mehr verleugnet und gemieden werden muss, sondern in disziplinierter schamanischer oder rituell magischer Arbeit am sicheren Seil des rituellen Rahmens ausgelotet und erfahren werden kann, werden die Drachinnen in der Tiefe zu den Hüterinnen der großer Schätze, die ihre Weisheit gerne mit uns teilen.

Magie und Spiritualität im Alltag

Das sind meine wichtigsten Tipps, Magie und Spiritualität in den Alltag zu integrieren. Suche dir für dich etwas daraus aus. Es ist keinesfalls so gemeint, dass du sie alle beherzigen sollst. Die einen sind eher Morgen-, die anderen eben eher Nacht- oder Abendmenschen. Ich weiß, gerade für Beruf- und Familienfrauen ist es besonders schwer, sich eigene Freiräume zu nehmen...

- Steh 20 Minuten früher auf, schreibe einige Morgenseiten. Schreibe in einem Tagebuch alle Gedanken auf, die Du morgens am Tagesanfang hast. Nutze ein Traumtagebuch. Schreibe Deine Träume, Wünsche und Ängste vor dem Tag direkt auf und lasse sie dann los.

- Lese täglich beim Frühstück ein Meditationsbuch. Es gibt sehr viele schöne, anregende Bücher, die für jeden Tag des Jahres eine kurze Meditation enthalten.

- Höre kurz vor dem Einschlafen eine kurze Meditation. Besorge Dir unterschiedliche Meditations CDs und finde heraus, welche dir gut tut.

- Bete täglich. Tu es wirklich!

- Zünde vor dem Schlafen eine Kerze an. Bete oder meditiere mindestens fünf Minuten. Versuche, wenigstens eine Sache an diesem Tag zu finden, für die du danken kannst.

- Schreibe jeden Abend eine Dankbarkeitsliste in dein Tagebuch. Versuche, mindestens fünf Dinge täglich zu finden, für die du danken kannst.

- Schreibe zu Anfang jeden Jahres eine Wunschliste für dieses neue Jahr mit deinen Zielen und Wünschen, und lege sie dann beiseite oder verbrenne sie sogar, um das Loslassen der Wünsch auszudrücken.

- Wenn du ein langwieriges Problem hast, mache in einem kleinen, persönlichen Ritual bewusst drei Knoten in eine schöne Schnur, verpacke sie schön und verstecke sie vor dir selbst in einer Schublade oder Kiste. Wenn du sie nach Jahren wieder findest, wirst du oft feststellen können, dass sich das Problem gelöst hat oder du gelernt hast, damit zu leben.

- Gehe 15 Minuten später schlafen, ziehe dich vorher mit deinem Tagebuch zurück, notiere ein paar Gedanken vom Tage.

- Sieh weniger Fernsehen. Wenn jemand anderes im Wohnzimmer Fernsehen sieht, gehe in dein Zimmer oder ins Schlafzimmer, wenn du kein richtiges eigenes Zimmer hast.

- Verabrede dich mit einer Person, ein spirituelles Buch gemeinsam zu lesen und / oder euch einmal pro Woche oder einmal alle 14 Tage einen Brief / eine Email zu schreiben über eure spirituellen Gedanken und Erlebnisse.

- Verabrede dich mit einer Person, ein Orakelsystem zu lernen. Tauscht euch regelmäßig aus, führt Buch über eure Legungen.

- Schließe dich einer spirituellen Selbsthilfegruppe an, z.B. einer Selbsthilfegruppe im Sinne der 12 Schritte und 12 Traditionen wie die Anonymen Alkoholiker. Das Prinzip ist inzwischen auf sehr viele Süchte und seelische Probleme übertragen worden.

- Versuche, dir wenigstens einmal in der Woche eine freie Zeit zu erkämpfen, die weder von deinem Mann, noch von deinen Kindern, noch von deiner Arbeit oder Schule und Studium aufgesogen wird. Nimm diese Verabredung mit dir selbst so wichtig wie einen Termin auf der Arbeit oder mit deiner Familie.

- Lebe mit einem astrologischen Kalender. Für den Anfang ist ein guter astrologischer Mondkalender mit täglicher Anzeige völlig ausreichend. Wenn du tiefer in Astrologie einsteigst, wirst du vielleicht später mehr astrologische Faktoren im Alltag berücksichtigen wollen.

- Gehe über ein, zwei Jahre lang immer wieder in allen Jahreszeiten den gleichen Weg in einer Art meditativem Spaziergang. Es darf auch deine Joggingstrecke sein. Beobachte, wie sich die Natur verändert über den Jahreszeitlauf.

- Ziehe hin und wieder eine Tageskarte, sei es aus einem Tarotdeck oder mit Engel- oder Feenkarten.

- Richte dir in einer kleinen Ecke deines Zimmers einen „Hausaltar" ein, an dem du Symbole der vier Elemente, eine kleine Figur für die Göttin oder dein Krafttier oder einen Engel, einige Kerzen, Räucherwerk und frische Blumen der Jahreszeit dekorierst. Halte hier regelmäßig eine kleine Andacht.

- Lege dir eine Goddess Box an: Das kann eine schöne Keksdose oder eine Schachtel sein, die Du bunt bemalst. Notiere alle Deine Wünsche, Gedanken, Ängste und Sorgen, die dich belasten, auf kleine Zettel. Als Zeichen dafür, dass du sie der Göttin übergibst, legst du sie in die Dose oder Schachtel und lässt dann los. Leere die Dose regelmäßig, indem du die Zettel in einen Bach, in ein Feuer oder ins Meer gibst. Wiederhole den Vorgang so oft, bis die Probleme sich gelöst haben oder du ganz losgelassen hast.

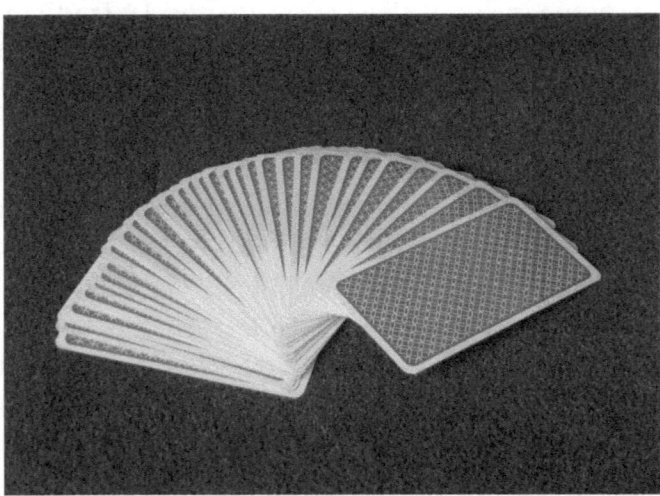

Der Energiebegriff in der Magie

In vielen Ritualen und magischen Handlungen ist von Energie die Rede. Was meinen spirituelle Menschen, was wird in der rituellen Magie unter Energie verstanden? Frauen in Frauenritualkreisen haben oft sehr unterschiedliche Begriffe und Vorstellungen von Energie in ihrer spirituellen Arbeit. Es kann eine gute Übung sein, sich in Ruhe gemeinsam im Kreis darüber zu unterhalten, welche Vorstellungen von Energie die jeweiligen Frauen haben. Der magische Energiebegriff steht oft zwischen dem physikalischen Energiebegriff und dem psychologischen Begriff von Energien, Stimmungen und Symbolik. In vielen Bereichen wird in der Magie und in der Esoterik auf Begriffe aus der Physik zurückgegriffen, die dennoch anders mit Inhalt gefüllt werden. Dieser Artikel soll einige Beispiele für die Anwendung des Begriffs Energie in Magie und Esoterik geben. Ich will versuchen, die Unterschiede und Überlappungen des Energiebegriffs der Esoterik mit der Psychologie und der Physik aufzuzeigen.

Esoteriker übernehmen z.B. das Farbspektrum aus der Physik: Die Regenbogenfarben finden sich in der Chakrenlehre und in der Farbtherapie wieder. Chakren sind Energiezentren, die nach östlichen spirituellen und medizinischen Heilslehren das Körpergeschehen beeinflussen. Das Wurzelchakra wird z.B. in Rot visualisiert, das Sexualchakra in Orange, das Solarplexuschakra in Gelb usw. Chakren sind Energiezentren im Körper, denen Farben und bestimmte seelische Themen zugeordnet werden. Hinter fast jedem Chakra steht außerdem eine Hormondrüse. An der entsprechenden Körperstelle die jeweilige Farbe zu visualisieren, soll die Tätigkeit des Chakras und der Hormondrüse anregen. Dabei wird der Esoteriker diese Farben als gleich wirksam bewerten, egal ob sie von einer Lampe ausgehen oder innerlich visualisiert werden. Für einen Physiker zählt jedoch nur äußerlich messbares Licht. Er kann die innere Logik der Farbenlehre im Zusammenhang mit den Chakren nicht nachvollziehen. Die "Energie" der Farbe würde hier von Physikern und Esoterikern anders bewertet werden. Für den Physiker gilt nur die physikalisch messbare Wellenlänge des Lichts, während für den Esoteriker auch das innerlich visualisierte Licht Energie enthält. Messbar ist unter Umständen, dass sich die Körpertemperatur des Körperbereiches leicht erhöht, weil die Durchblutung dort zunimmt, wo Lichtenergie visualisiert wird.

Ähnlich ist es bei dem Begriff der Stille. Für den Physiker ist Stille das absolute Fehlen jedweden Geräuschs. Die Erfahrung von Stille ist für den Magier oder Esoteriker aber auch ein Gongschlag, der lange nachschwingt, oder ein Zwitschern von Vögeln im Wald, bei dem jedes menschliche Geräusch schweigt. Hier ist eher die psychologische Qualität von Stille gemeint, im Sinne von zur Ruhe kommen, innerlich zur Stille zu finden.

Der Begriff der Energie kann in der Magie eher psychologische Vorgänge wiedergeben. Eine geschulte Familientherapeutin nimmt z.B. die Stimmung in einer gestörten Familie sehr genau wahr. Sie kann sie auch beschreiben und mit psychologischen Methoden messen, aber nie so genau messen wie in der Physik. Sie kann beobachten oder Fragebögen verwenden, eine zweite Therapeutin als Beobachterin hinzuziehen, aber sie kann kein einfaches Messgerät wie in der Physik verwenden. Eine Familientherapeutin kann dabei Schuldgefühle in der Familie wahrnehmen, Schuld, Vorwürfe oder eine Atmosphäre von Gewalt und Unterdrückung oder bestimmte, immer wiederkehrende Kommunikationsmuster.

Ebenso nimmt eine Ritualpriesterin im Ritualkreis die Energie der anderen Frauen wahr. Sie muss lernen, wahrzunehmen, ob die anderen Personen im Kreis wach sind oder müde, ob sie z. B. noch in tiefer Trance sind oder langsam erwachen. Sie sollte spüren können, ob eine magische Übung mit Angst oder Vertrauen aufgenommen wird. Die Fähigkeit, wie lange jemand eine rituelle Aufmerksamkeit aufrechterhalten kann, ist unterschiedlich ausgeprägt. Wenn eine Priesterin ein Gruppenritual durchführt, versucht sie, sich in Tempo und Intensität der Ritualgestaltung den Möglichkeiten der Gruppe anzupassen. Wenn alle sehr müde sind, wird sie z.B. keine langen Anrufungen oder Gebete zum Ende des Rituals sprechen.

Die neuzeitliche Magie hatte eine Blütezeit gleichzeitig mit der beginnenden Anwendung der Elektrizitätslehre und hat daher einige Begriffe aus diesem Bereich übernommen. Daher kommen so Begriffe wie „Erdung" oder sich „aufladen" sowohl in der Magie wie in der Elektrizitätslehre vor, dennoch sind andere Vorgänge damit gemeint. Es gibt magisch arbeitende Frauen, die eher der Welt der Elektrizitätslehre nachstehen oder die eher die psychologische Seite des Energiebegriffs sehen. Einen magischen Gegenstand mit Energie aufladen, heißt für eine eher elektrisch denkende Magierin, etwas so in der Schwingung der Materie dieses Gegenstandes zu verändern, dass es auch auf andere Gegenstände oder Menschen abfließen könnte. Für eine eher psychologisch-symbolisch arbeitende Magierin ist ein aufgeladener Gegenstand vor allem für diejenige Person mit Bedeutung aufgeladen, die ihn auflädt. Eine andere Person merkt das nach ihrer Vorstellung vielleicht weniger oder gar nichts von dieser Aufladung. Oder sie erschließt sich die Bedeutung dieses Gegenstandes aus den Äußerungen der Person, die ihn aufgeladen hat und symbolisch benutzt.

Die Energie in einem Ritualkreis hat wahrscheinlich viel mehr mit den psychologischen Mechanismen in dieser Gruppe zu tun, als so manche Frauen wahrhaben wollen. Es hilft wenig, wenn jemand einfach so bei einem Ritual sagt, es sind schlechte Energien im Raum und es sollte dringend mehr geräuchert werden. Wenn die Energien aus dem feinstofflichen Bereich kommen, kann Räucherung helfen, dann sollte es eine reinigende Räuchermischung sein. Wenn es eher Müdigkeit der Teilnehmerinnen ist, kann eine erfrischende Räucherung oder einfach gründliches Lüften und sich

Bewegen helfen. Wenn jemand das Gefühl hat, ein unangenehmes Wesen aus der Anderswelt nähert sich, sollte aber eher der Schutzkreis verstärkt werden. Oft ist es aber etwas ganz Naheliegendes, nämlich dass einige Personen im Ritualkreis unangenehme Gefühle oder unausgesprochene Konflikte miteinander haben. Dann hilft eine Räucherung herzlich wenig, sondern die Gefühle müssen ausgedrückt und die Konflikte geklärt werden, und zwar am besten, indem alle nach dem Ritual darüber sprechen.

Genauso kann es aber auch sein, dass die Gruppenenergie von der vorherrschenden Farbe, der Temperatur und der Helligkeit im Raum beeinflusst wird. Wenn alle Frauen sich zum Ritual in sommerliches Rot oder in winterliches Schwarz kleiden, ergibt das eine andere Stimmung im Raum. Wenn eine Person im Kreis sehr traurig ist, braucht sie vielleicht mehr Kerzen oder eine Umarmung, um sich wohl und getröstet zu fühlen. Wenn alle frieren, weil die Heizung im Ritualraum nicht funktioniert oder weil sie schon seit Stunden im Winter draußen bewegungslos den Vollmond anbeten, dann kann auch nur noch wenig rituelle oder meditative Stimmung aufkommen.

Die Planetenenergien in der Astrologie sind ein weiterer Hilfsbegriff. Entgegen einer vielverbreiteten Auffassung sind die Planeten keine Ursache für irgendein Geschehnis auf dieser Welt. Sie sind eine große Uhr, die eine Zeitenergie anzeigt. Um es mit einem Beispiel zu sagen:

Wenn du zu einer bestimmten Uhrzeit gefrühstückt hast, sagen wir mal um 7:00 Uhr, ist es mehr als wahrscheinlich, dass du Hunger spürst, wenn deine Uhr 13:00 Uhr anzeigt. Dennoch würdest du nie behaupten, dass die Uhrzeit 13:00 die Ursache für deine Hungergefühle ist.

So ist es auch mit der Astrologie: Wenn du zu einer bestimmten Uhrzeit und an einem bestimmten Ort geboren bist, erhöht das die

Wahrscheinlichkeit, dass du zu bestimmten späteren Lebenszeiten bestimmte Erfahrungen machen oder suchen wirst. Aber dein Horoskop ist nicht die Ursache dafür, sondern es zeigt eine bestimmte erhöhte Wahrscheinlichkeit für bestimmte Begabungen oder Erfahrungen an. Leider wird in der astrologischen Sprache dennoch oft einiges an Begriffen benutzt, was die Fehlinterpretation der Kausalität, also der Ursächlichkeit nahe legt. Denn es fällt vielen schwer, sich eine Zeitenergie vorzustellen. Es bedeutet, dass bei einer bestimmten Konstellation von Planeten sich die Wahrscheinlichkeit häuft, dass bestimmte Ereignisse eintreten. Aber es ist ein Denken in Gleichzeitigkeit, nicht in Ursache und Wirkung. So kann es vorkommen, dass bei einer Saturn-Mars Konjunktion gleichzeitig im Bundestag über eine Verschärfung der Waffengesetze diskutiert wird und gleichzeitig ein verzweifelter junger Mensch seine Hemmungen gegen den Waffengebrauch überwindet und in seiner Schule ein furchtbares Attentat begeht. Beide Ereignisse stehen unter der gleichen Zeitenergie, des Konfliktes zwischen der Saturnenergie (Moral, Anstand, Gesetz, Ordnung der Gesellschaft, Disziplin) und Marsenergie (Krieg, Waffen, Wut, Gewalt, Konflikte, Kampf). Die Energie dieses Tages hat sich gleichzeitig in der Planetenuhr gezeigt und in den Handlungen auf der Erde.

Ebenso wird der Begriff der Energie in den Bereichen der Geistheilung und der heilenden Berührung z.B. durch Reiki verwendet. Auch dieser Energiebegriff bewegt sich an einer Grenze von Esoterik, Medizin und Psychologie. Ein Schulmediziner würde nicht über die Energie der Schilddrüse reden, er würde die Schilddrüsenwerte im Blut messen und daran nach den Regeln seiner Kunst die Medikamente einstellen. Eine Geistheilerin würde jedoch sagen, dass sie ganz genau die Aura, einen Energiekörper, des Menschen spürt oder sogar sieht, der weit über seinen materiellen Körper hinausstrahlt. Sie würde eine Schwächung des Kehlkopfchakras spüren und daher zusätzlich zur medikamentösen Therapie andere Therapien empfehlen, z.B. die Farbe des Chakras visualisieren (Hellblau-Türkis) oder eine Kette aus Türkisen zu tragen, die in diesem Bereich aufliegt. Gefährlich kann es werden, wenn die Geistheilerin empfiehlt, die schulmedizinischen Medikamente ganz abzusetzen. Sonst können sich aber beide Sichtweisen des menschlichen Körpers gut ergänzen.

Ein esoterisch offener Arzt würde so eine Ergänzungsmedizin akzeptieren, ein Schulmediziner würde von einem Placeboeffekt sprechen. Placebos sind wirkstofffreie Scheinmedikamente. Ein Placeboeffekt meint, dass die Wirkung der Behandlung mehr durch die psychologische Erwartung einer Wirkung als durch die Behandlung selbst zustande kommt. Der Schulmediziner würde also bei der esoterischen Behandlung wieder eher die psychologische Wirkung sehen.

Häufig findet sich in der Esoterik oder Magie auch die Auffassung, dass Alles Schwingung sei, also Energie. Materie sei die "konzentrierteste" Form davon, sozusagen gefroren. Hier wird wieder ein Bild aus der Physik genommen und esoterisch weitergedacht. Aus der Physik wissen wir, dass es drei Aggregatzustände eines Stoffes (fest, flüssig, gasförmig) gibt. Diese Aggregatzustände gehen bei jedem Stoff bei anderen Temperaturen ineinander über und lassen sich aus Sicht der Physik als unterschiedlich starke Bewegung der Moleküle darstellen. Bei fester Form gibt es kaum Eigenbewegung der Moleküle, bei flüssiger Form mehr, bei gasförmiger Form bewegen sich die Moleküle sehr frei im Raum. Kein Physiker käme jedoch auf die Idee, dass der Unterschied zwischen Materie und geistigen Energieformen durch höhere Schwingungen zu erklären sei. Denn für ihn bleibt die Materie immer als Materie erhalten, sie ist nur je nach Aggregatzustand in höherer oder geringerer Eigenbewegung, löst sich aber nicht in Nichts auf. Gerade in der Physik ist das Erhaltungsgesetz der Materie ganz wichtig. Wenn der Esoteriker meint, alles sei Schwingung, dann basiert das auf seinem Glauben, dass die ganze Welt von Energieschwingung durchzogen sei, und dass jede Ausformung von Materie im Grunde auf einer Ausformung von Energie beruht. Rein geistige Energie wird dann als feinstofflich bezeichnet, für den Physiker messbare Materie als eine Ausprägung langsamer schwingender Energie, als grobstoffliche Materie. Wenn man von dieser esoterischen Definition ausgeht, kann man sich die Wechselwirkungen zwischen Materie und anderen Formen von Energie besser vorstellen und kann auch verstehen, wie man magisch arbeitet: Beim Wirken eines Zaubers werden verschiedene Erscheinungsformen von Energien ineinander überführt. Eine innere Vorstellung wird irgendwann in ein äußeres Ereignis überführt oder ein äußeres Ereignis wird geistig verinnerlicht und erkannt.

Eine für Physiker schwierige Erkenntnis und für Esoteriker reizvolle Vorstellung ist die physikalische Erkenntnis, dass sich Licht je nach physikalischem Messansatz mal als feinste Materienteilchen, mal als wellenförmige Schwingung verhält. Diese Erkenntnis möchte der Esoteriker sofort auf jedwede materielle Existenzform übertragen, während der Physiker sie nur auf das Phänomen Licht beschränken kann und sie sich sonst in physikalischen Experimenten mit anderen Stoffen nicht wiederholen lässt. Dennoch ist es eine Wende in der Physik gewesen, in der die Physik erstmals anerkennen musste, dass die Wahrnehmung eines Phänomens vom Versuchsansatz abhängig sein kann. Diese Erkenntnis ist in der Psychologie schon lange bekannt.

Wie spürst Du Energie? Die vorangegangenen Beispiele haben gezeigt, dass es verschiedene Situationen in der Ausübung von Magie und Spiritualität gibt, in denen der magisch oder esoterisch geschulte Mensch bewusst Energie wahrnimmt. Eine rituelle und psychologische Ausbildung kann helfen, die Energie in einer Gruppe wie einem Ritualkreis zu spüren. Eine astrologische Ausbildung kann helfen, Zeitenergie bewusster zu erkennen.

In vielen Situationen ergibt sich mehr Klarheit, wenn mit der Psychologie und / oder der Astrologie die "Schwingungen" z.B. in einem Ritualkreis oder in einer Familie beschrieben werden. In meinem alten Ritualkreis haben wir mal alle Horoskope ausgerechnet und eine astrologische Aufstellung gemacht. Wir haben den Tierkreis in den Raum gelegt und uns je nach Sonne, Mond und Aszendent zueinander gestellt. Das war sehr spannend und hat viel von den Beziehungen im Kreis wiedergespiegelt.

Eine Möglichkeit, geistige Energie wahrzunehmen und sie zu lenken, ist in der Visualisation gegeben. Über Visualisation wird magische Energie vorstellbar und lenkbar, z.B. beim Bilden des Schutzkreises oder Energiekreises im Ritual. Das kann jedoch auch durch Gesten geschehen, indem z.B. der Schutzkreis mit der Rassel oder mit dem Ritualmesser gezogen wird.

Es gibt Menschen, die können die Energiefelder von Lebewesen sehen, manche bei wachem Bewusstsein, manche bei leichter oder starker Trance. Du kannst auch üben, das Energiefeld eines Menschen mit den Händen zu spüren. Dabei erhöhst du die Empfindlichkeit deiner Hände, indem du sie etwas aneinander reibst, bis es kribbelt. Dabei spürst du die Wärme und das Energiefeld deiner eigenen Hände. Dazu kannst du deine Hände etwas auseinander halten und versuchen zu spüren, wie lange dieses leicht kribbelige Gefühl zwischen den Händen anhält. Dabei spürst du eine Ausdehnung eines Teils deines eigenen körperlichen Energiefeldes, meistens eher der etwas kompaktere Teil, der Aura genannt wird.

Die gleiche Übung kannst du mit einer größeren Pflanze, deinem Haustier oder einer anderen Person machen. Du aktivierst erst Deine Hände ein bisschen und gehst dann von außen ein paar Schritte auf das andere Lebewesen zu. Ab einer gewissen Entfernung und mit einiger Übung kannst du wieder dieses Kribbeln als Anzeichen spüren, nämlich den Beginn dieses kompakten Energiefeldes des anderen Lebewesens. So kannst du versuchen, zu erspüren, wie das Energiefeld den materiellen Körper dieses Lebewesens umgibt. Bei Bäumen ist die Aura sehr groß. Wenn du auf einen Baum zuläufst, kannst du auch üben, zu spüren, wann du Kontakt mit der Baumenergie bekommst, meistens dann, wenn du den äußersten Wurzelkreis betrittst.

In einem Frauenritualkreis können sehr unterschiedliche Energieauffassungen der Frauen aufeinander treffen. Das kann sich z.B. im Umgang mit den magischen Werkzeugen zeigen. Es gibt Frauen, die auf keinen Fall möchten, dass andere ihre magischen Werkzeuge berühren, weil sich dann Energie entladen könnte. Andere gehen ganz locker damit um, da es für sie „nur" symbolische Gegenstände sind. Genauso kann der Umgang mit dem Schutzkreis sehr unterschiedlich sein. Für manche ist ein Schutzkreis ein festes Energiegebilde, das sehr respektiert und möglichst nicht übertreten werden soll. Für andere ist es eher eine symbolische Handlung, einen Schutzkreis zu ziehen, und sie gehen ganz unbefangen damit um, übertreten ihn leichtfertig und laufen umher. Genauso kann es bei der Anrufung der vier Elemente sein: Für manche ist es eine symbolische Handlung, andere spüren deutliche Energien in den Kreis kommen. Entsprechend wird die Eine sich vielleicht leichter tun mit der Anrufung und die Andere wird mehr Respekt davor haben. Ebenso ist es bei den Anrufungen von Gottheiten: Wenn eine Frau sich darin übt, die Göttin als eigenständige Kraft in sich hineinzurufen, so dass sie als Mensch und Persönlichkeit dahinter zurück tritt, ist das eine sehr anstrengende Übung und eine andere Auffassung von Anrufungen, als nur symbolisch einen Text über die Gottheit vorzulesen und einfach an sie zu erinnern. So kann auch das Wirken von Zaubern oder das Weihen von Amuletten im Ritualkreis mit ganz unterschiedlichen Auffassungen begleitet sein, ein Amulett nur symbolisch zu weihen oder zu glauben, dass es durch das Ritual substantiell verändert wird.

Wie in allen anderen Situationen mit unterschiedlichen Auffassungen im Ritualkreis kann es sinnvoll sein, sich vorher darüber zu verständigen, was jede einzelne erwartet, aber im Ritual dann die jeweilige Auffassung der Frau zu respektieren, die ihr Amulett weiht oder einen Zauber wirken möchte. Beim Umgang mit Anrufungen und Schutzkreisen ist es wichtig, im Ritualkreis mal bei einem eher konzeptuellen Treffen die Unterschiedlichkeit auszusprechen und zu klären, wie viel Respekt jede von der anderen benötigt, um in ihrem rituellen Tun bestärkt und gefördert zu werden. Denn das ist letztlich das wichtigste Ziel von Frauenritualkreisen, einander in der Ausübung von Spiritualität und im inneren Wachstum zu unterstützen.

Was ist Synchronizität?

In Ritualkreisen wird mit Orakeltechniken gearbeitet, die auf der Vorstellung von Synchronizität aufbauen. Es kann aber auch bei der Durchführung eines Gruppenorakels ganz offensichtliche, zeitlich synchrone Effekte geben. Wir haben einmal gemeinsam eine Legung mit den Lenormand Karten gemacht und als es um die Deutung einer bestimmten Karte ging, fragte ich die Frau, ob sie denn gar keine Vorstellung hätte, wer damit gemeint wäre. Sie zögerte, in dem Moment klingelte ihr Handy. Die Person, um die es ging, rief an, denn sie hatte vergessen, ihr Handy vor dem Ritual auszuschalten. Wir mussten sehr lachen und konnten dann offen sprechen.

An einem anderen Tag zerbrach mir beim Richten der Ritualutensilien für das Halloweenritual mein liebster Ritualkelch. Ich erschrak sehr darüber. Am Abend trat in unserem Ritualkreis ein lange währender, unterschwelliger Konflikt klar zutage, der letztlich dazu führte, dass ich den Ritualkreis verließ. Es ist auch möglich, dass mitten im Ritual ein Bild von der Wand fällt oder ein Kelch zerbricht und dass dieses Ereignis auf tiefere Prozesse im Ritualkreis hinweist. Das kann für einen ersten Moment erschrecken, dennoch rate ich davon ab, darin das Wirken von Poltergeistern oder ähnlichem zu erkennen. Der Fall liegt meist viel einfacher in der Deutung der Situation durch die Personen, die die Situation erleben.

Für die meisten Anfänger der Astrologie oder des Tarot ist Synchronizität erst einmal ein unverständliches Fremdwort. Synchronizität geht als Begriff auf C.G. Jung zurück. Es ist gebildet aus dem altgriechischen Wortstamm „syn" für „zusammen, mit" und „chronos" für „Zeit". C. G. Jung war neben Freud einer der großen Urväter der Psychologie und der Psychoanalyse. Im Gegensatz zu Sigmund Freud war aber C.G. Jung der spirituellen Dimension des

Lebens zugewandt und hat in seinen Therapien auch mit Orakeln gearbeitet. Synchronizität wird oft im Gegenteil zur Kausalität gesehen. Kausalität heißt Ursächlichkeit im Sinne eines Zusammenhangs, bei dem ein Ding die Ursache eines anderen ist. Das heißt auch immer, wenn das eine geschieht, folgt das andere. Mit Synchronizität wird ein zunächst rein zeitliches Zusammentreffen zweier Ereignisse bezeichnet. Dabei ist keines der Ereignisse die Ursache des anderen, aber dieses zeitliche Zusammentreffen ergibt für denjenigen, der es beobachtet, einen persönlichen Sinn.

Kausalität ist in den Naturwissenschaften wie z. B. das Gesetz der Gravitation. Solange Du im Anziehungsbereich der Erde bist, fallen die Äpfel immer zu Boden. Das ist kausal, ursächlich. Bei einer kausalen Beziehung folgt Ereignis A immer kurz danach auf Ereignis B oder Bedingung B, und A bewirkt B. Synchronizität ist nicht kausal, sondern ein alternatives Denkmodell. Astrologie baut wie Tarot auf dem Prinzip der Synchronizität auf.

Es ist leider ein weit verbreitetes Missverständnis, dass die Stellung der Gestirne in der Astrologie als Ursache für Ereignisse auf der Erde angesehen würde. Kein ernsthafter Astrologe würde das behaupten. Sondern die Stellung der Gestirne wird von Astrologen wie eine Himmelsuhr angesehen, die die aktuell wirkenden Zeitkräfte anzeigt.

Mit der Uhrzeit und den Gestirnstellungen, unter denen du geboren wurdest, steigt die Wahrscheinlichkeit, dass du zu anderen Zeitpunkten deines Lebens bei anderen oder ähnlichen Gestirnstellungen bestimmte Erfahrungen machen wirst. Die Stellungen der Planeten sind aber nicht die Ursache dafür. Astrologen wissen nicht, was die wahre Ursache dahinter ist, wir sammeln, beobachten und deuten die Ereignisse nur. Hinzu kommt, dass die Vorhersagen, die die Astrologie macht, bildlich sind, wahrscheinlichkeitsorientiert und symbolisch.

Nicht immer, wenn du einen Mars-Transit hast, geschieht z. B. ein Unfall. Es kann auch eine Begegnung mit einem neuen Mann oder eine neue Entdeckung deiner männlichen Kraft gleichzeitig geschehen. Es gibt eine erhöhte Wahrscheinlichkeit, dass gleichzeitig mit bestimmten Planetenbewegungen oder gleichzeitig mit bestimmten gezogenen Tarotkarten bestimmte persönliche Lebenserfahrungen auftreten. Aber der Mars-Transit ist nicht die Ursache dafür, dass diese Dinge passieren. Wenn du die Tarot-Karte „Der Tod" ziehst und gleichzeitig stirbt etwas in deinem Leben oder verändert sich radikal, ist die Tarotkarte keine Ursache für dieses Ereignis. Sondern die Tarotkarte tritt in enger zeitlicher Nähe zu dem Ereignis auf und dieses Zusammentreffen hat für die Person, die die Karte zieht, eine persönliche Bedeutung oder einen bestimmten Sinn.

Akausalität ist das Gegenteil zur Kausalität aus der Sicht von Menschen, die nur die Kausalität als einzig logische Wirkbeziehung zulassen. So ist es in den strengen Naturwissenschaften. Etwas ist akausal oder kausal, was immer am Grad der experimentellen Nachweisbarkeit liegt. Alles, was in der Naturwissenschaft nicht experimentell als kausal nachweisbar ist, ist akausal oder eben zufällig. Der Gedanke vom Zufall ist in der Geschichte der Menschheit aber relativ neu. Er ist verbreiteter geworden mit den Entdeckungen wissenschaftlich nachweisbarer, kausaler Zusammenhänge. Diese kausalen Zusammenhänge haben das Wissen um andere Zusammenhänge im Bewusstsein vieler Menschen verdrängt. Das führte dazu, dass andere Zusammenhänge mehr und mehr als zufällig angesehen wurden.

Der Gedanke der Synchronizität ist ein anderer, er steht außerhalb der Logik von Kausalität oder Zufall. Synchronizität lässt sich im Experiment nicht nachweisen und nicht künstlich erzeugen oder beliebig oft wiederholen. Es ist oft ein einmaliges persönliches Erlebnis, bei dem für die betreffende Person inneres Erleben und äußeres Erleben zusammenfällt und die Person darin einen persönlichen Sinn erlebt.

So kann es z.B. sein, dass eine Frau über eine Trennung nachdenkt, und ihr zerbricht dabei ein Teller beim Spülen und ihr wird klar, dass die Trennung wirklich ansteht, weil ihre Ehe zerbrochen ist. Dieses Erlebnis ist nicht kausal erklärbar, daher könnte ein Naturwissenschaftler auch sagen, es ist akausal. Akausal ist damit das Gegenteil von Kausal und heißt einfach „nicht ursächlich". Akausal würde nämlich nur bedeuten, dass es aus Sicht eines Naturwissenschaftlers gar keinen kausalen Zusammenhang gibt zwischen dem zerbrochenen Teller und den Trennungsgedanken. Aus der Sicht der Esoterik ist es falsch, zu sagen, es gäbe "gar keinen Zusammenhang" zwischen dem zerbrochenen Teller und den Trennungsgedanken. Akausal oder zufällig ist das Ereignis nur gesehen aus der engen Logik kausal oder nicht. Für die Person, die das Ereignis erlebt, kann jedoch aus dem Erlebnis ein tiefes Gefühl der Klarheit oder Betroffenheit entstehen, weil das Ereignis für sie eine bestimmte Symbolik hat. Für diese eine Person mit den Trennungsgedanken erhält der zerbrochene Teller einen tieferen Sinn. Um einen anderen Begriff zu haben, der diese Zusammenhänge beschreiben könnte, die aus dem Erleben der Person entstehen, hat C.G. Jung den Begriff Synchronizität eingesetzt.

Die Vorstellung von Synchronizität basiert auf dem Vertrauen, das alles mit allem verbunden ist. Der esoterisch denkende Mensch geht davon aus, dass es viel weniger Zufälle gibt, als die Naturwissenschaftler so denken. Manche Esoteriker würden sogar so weit gehen, zu sagen, es gibt gar keinen Zufall, aber das ist wieder eine andere gedankliche Extremvorstellung.

Bei der Vorstellung der Synchronizität gilt der esoterische Lehrsatz innen wie außen und oben wie unten. Was heißt das? Vor allem heißt es: Es werden dabei andere Verbindungen außerhalb der kausalen Denkschiene akzeptiert. „Oben wie unten" kann zum

Beispiel heißen: Wie oben in den Sternen, so unten auf der Erde. Der Satz deutet aber auch auf das kleine Wunder hin, dass der ganze menschliche Körper unten auf der Fußsohle in den Fußreflexzonen noch einmal abgebildet ist. Der Satz „Innen wie außen" weist darauf hin, dass wir oft in der äußeren Welt nur die Dinge erkennen können, die wir innerlich bereit zu akzeptieren sind. Für den Esoteriker ist die äußere Welt oft eine Spiegelung der inneren Welt und umgekehrt. An einem Tag, an dem ich innerlich mit etwas hadere, werde ich mich auch äußerlich mit anderen Menschen mehr in Streit und Hader verwickeln als an einem Tag, an dem ich innerlich Frieden und Gelassenheit spüre.

So kann es passieren, dass ein Ereignis, der zerbrochene Teller, das für einen anderen Menschen ganz sinnlos und zufällig wirkt, für einen anderen Menschen einen tieferen Sinn bekommt, weil er innerlich mit einem verwandten Thema befasst ist. Dieser Sinn kann dem einen konkreten Menschen helfen, sich über seine Trennungsabsichten klarer zu werden, weil das Ereignis ihn emotional tief berührt hat.

Wenn wir Tarotkarten legen oder die Gestirnstellungen befragen, hoffen wir, mehr Klarheit über innere Fragen zu erhalten, indem wir die Karten oder die Sterne als äußeren Spiegel nutzen. Dabei kann die gleiche Karte bei verschiedenen inneren Fragen von verschiedenen Personen gezogen eine leicht andere Spiegelwirkung entfalten. Dennoch gibt es eine für alle Legesituationen gemeinsame Grundbedeutung der Karten. Wenn ich manchmal Menschen erzähle, dass ich mit Tarot Frauen berate, höre ich hin und wieder den Satz: „Glaubst du etwa daran?" Da ich seit langem weiß, dass Tarot bei mir wahrsagerisch funktioniert, verwundert mich der Satz immer wieder. Ich habe nicht das Gefühl, dass ich dabei an etwas glauben muss. Ich habe es oft genug erprobt, um zu wissen, dass es funktioniert. Gemeint ist aber oft die Frage: „Glaubst du daran, dass es nicht zufällig ist, welche Karten gezogen werden?" Die korrekte Gegenfrage wäre dann eigentlich:

„Glaubst du, dass alles zufällig ist, was dir passiert?" Das könnten wohl die wenigsten Menschen bejahen.

Um die Erfahrung der Synchronizität zu machen, ist es für manche streng naturwissenschaftlich orientierte Menschen vielleicht wirklich nötig, sich vom Gedanken an Zufall und reine Ursache-Wirkungs-Beziehungen zu lösen und sich darauf einzulassen, dass es in diesem Universum noch einige andere Zusammenhänge gibt. Dennoch gibt es Ereignisse von Synchronizität, die auch hartgesottene Rationalisten in ihrer spontanen Symbolik beeindrucken. In der Regel kann man bei den meisten Menschen in unserer Kultur bei zerspringendem Glas oder zerbrechenden Spiegeln eine gewisse Scheu beobachten. So tief verwurzelt ist die Vorstellung, dass damit auch etwas anderes zersprungen sein könnte. Ein naturwissenschaftlicher Mensch wird jedoch versuchen, so etwas schnell wieder abzuschütteln und als „Aberglauben" abzutun. Sich der Erfahrung von Synchronizität zu stellen, ist kein Aberglaube, sondern kann das Leben um einige Erkenntnisse und hilfreiche Vorahnungen bereichern. Dennoch ist es nicht ratsam, jedes kleinste Ereignis des Lebens auf seine tiefere gleichzeitige Bedeutung zu prüfen. Es kann auch mal etwas einfach so kaputt gehen, was dann eben leider repariert werden muss, und damit meistens nervig und lästig ist. Aber nicht jeder Bruch und jeder Unfall oder Stolperstein will uns einen tieferen Sinn mitteilen. In der Regel erschließt sich Synchronizität spontan im Erleben, wenn die Parallele zwischen innerem und äußerem Erleben offensichtlich und vor allem als starkes Gefühl spürbar wird.

Der naturwissenschaftliche Statistiker könnte natürlich über 3000 Mal eine Stichprobe aus dem Tarotkartenstapel ziehen und damit nachweisen, dass jede Legung gleich wahrscheinlich ist. Der Esoteriker erlaubt es sich, nur einmal zu ziehen und sich dem Zauber der Bedeutung dieser einmaligen Legung zu überlassen. Dabei verpflichtet er sich zugleich, nicht vor der Legung auszuweichen, also nicht erneut und erneut zu ziehen, wenn die Karten der ersten

Legung schwierige oder unangenehme Themen aufzeigen. In der Anfangsphase des Tarot Erlernens hat aber fast jeder Mal diesem Impuls nachgegeben und dabei die ernüchternde Erfahrung gemacht, dass das Tarot weiser ist. Es gibt genug Karten im Tarot, die eine ähnliche Bedeutung haben und mit anderen Bildern ähnliches ausdrücken können. Wer einmal in der Hoffnung auf eine mildere Botschaft nach dem Turm die Schwert 10 gezogen hat, lässt es nicht mehr auf einen dritten Versuch ankommen, sondern stellt sich hoffentlich der Erfahrung, die offensichtlich nötig ist.

Ideen zur täglichen, kleinen Andacht

Ein typisches regelmäßiges kleines Ritual im Alltag kann eine Andacht sein. Sie schafft einen strukturierten Raum für ein Gebet oder ein kurzes Innehalten im Alltag. Sie unterscheidet sich von einem Ritual, indem sie eher zweckfrei ist, nicht an bestimmte markante Zeitpunkte gebunden ist und du keinen vollen rituellen Rahmen dafür aufbaust. Die großen Ritualfeste, die Jahreskreisfeste oder Vollmondfeste, sind meist an astrologische oder überlieferte Zeitpunkte gebunden und haben einen ungefähr umrissenen Themenrahmen. Rituale mit festem Anlass oder Zweck, also aktive Magie, haben meist auch eine klare Struktur und es empfiehlt sich, einen vollen rituellen Rahmen dafür aufzubauen.

Eine kleine Andacht im Alltag hat eher einen spirituellen Hintergrund. Ihre Gestaltung ist daher auch abhängig von der Glaubenshaltung und der Religion oder spirituellen Grundorientierung. Für die kleine Andacht kann ein Moment Beten mit Kerze bei Tisch vorm Essen ausreichen. Ich schließe evtl. kurz die Augen, aber ich falte nicht immer die Hände. Manche halten dabei auch ihre Hände kurz segnend über den Teller, danken Mutter Erde für die Nahrung, die ihr Leben für sie lässt. Ich versuche, mir meinen Lebenshunger bewusst werden zu lassen. Ich habe im Leben Hunger nach stofflicher Nahrung, aber auch nach Liebe, nach seelischer Erfüllung, nach Spiritualität. Das materielle Essen kann diesen grundlegenden Lebenshunger nicht stillen. Viele Frauen und einige Männer leben ganz unterschiedliche Bedürfnisse über das Essen aus, daher sind Übergewicht, Magersucht und Essstörungen so verbreitetet.

Das Wichtigste an der Andacht ist aber, dass ich nicht nur aktiv bete, sondern mir Zeit nehme, innerlich in mich hineinzuhorchen, evtl. auch auf die Stimme der Göttin / der Gottheit / des Gottes in mir zu hören. Auch für die Andacht kann ein regelmäßiger Rhythmus sehr gut sein. Ich bevorzuge z.B. morgens und abends.

Morgens kann eine kleine Andacht daraus bestehen, beim Frühstück eine Kerze anzuzünden. Ich richte mir den Frühstückstisch liebevoll und achtsam. Ich nehme mir Zeit, meine Träume zu notieren und die Gedanken, die ich habe. Gerade morgens haben viele Angst vor dem Tag, nehmen sich zu viel vor, schütteln die Träume der Nacht eher ab, als sie sich bewusst zu machen. Andere freuen sich auf den Tag und sind dankbar, gut geschlafen zu haben. Wie auch immer ich mich morgens fühle, versuche ich, diese Gefühle zuzulassen, bevor mich mein Alltag zu gewissen Aufgaben und Verhaltensweisen zwingt. Ich notiere meine Träume und meine Tagesgedanken und lasse mir so sehr viel Zeit zum Übertritt vom Nachtbewusstsein ins Tagesbewusstsein. Meistens lese ich morgens einen Text aus meinem Meditationsbuch. Es gibt viele schöne Meditationsbücher, die für jeden Tag einen besinnlichen oder einen spirituell ermutigenden Text enthalten. Ebenso gibt es sehr viele schöne Meditationsbücher, die aus der 12 Schritte Genesungsbewegung z.B. der Anonymen Alkoholiker, der anonymen Co-Abhängigen oder anderer 12 Schritte Genesungsgruppen entstanden sind. Das Frühstück beende ich deutlich sichtbar, wenn ich die Kerze ausblase und das Tagebuch schließe. Oft nehme ich aber das Tagebuch mit in den Tag, notiere in der Mittagspause noch einmal ein paar Gedanken.

Eine Andacht abends an meinem Hausaltar kann z.B. so aussehen:

Ich zünde die Kerzen an, habe evtl. vorher für etwas frischen Blumenschmuck gesorgt oder neu dekoriert, lege evtl. etwas Räucherwerk auf. Meist nehme ich nur wenig Räucherwerk, da mein Hausaltar in meinem Schlafzimmer steht und ich diese Art der Andacht eben oft abends mache. Danach ist noch mal kräftig Lüften angesagt. Manchmal lege ich eine kurze Musik auf, habe dafür einige CDs mit meditativer Musik oder sogar mit speziellen Göttinnenliedern.

Es gibt kurze Andachten, bei denen ich einen Moment vor dem Altar stehe und innerlich bete, der Göttin für den Tag danke und / oder sie um etwas bitte.

Dann gibt es längere, bei denen ich einen Meditationssitz bevorzuge. Knien ist mir zu sehr mit direkten Erinnerungen an die christliche Kirche behaftet, dennoch ist es eine Körperhaltung, die einfach Demut ausdrückt. Das ist eine innere Haltung, die ich der Göttin gegenüber auch oft empfinde. Ich behelfe mir mit einem Meditationshocker oder Sitzkissen. So bin ich gut unterstützt, dass ich die halb sitzende, halb kniende Sitzposition auch länger einhalten kann. Manchmal lasse ich länger Musik laufen, bewege mich kaum, atme sehr ruhig und gleichmäßig und gerade dann auch in eine leichte Trance, die einfach durch Musik, Atem und Räucherwerk ausgelöst wird.

Bei der Andacht bete ich meistens frei, es gibt allerdings auch einzelne, wenige auswendig gelernte Gebete, die ich gerne spreche. Manchmal lese ich mir auch einen spirituellen Text eines Autors oder einer Autorin vor, um mich darauf bewusst zu besinnen. Längere Gebete sind eher zum Lesen geeignet, andere Gebete lassen sich aber durchaus auswendig lernen, was in Notsituationen eine große Hilfe sein kann (Wenn du zu aufgeregt, aufgewühlt oder erschrocken bist, um selbst ein Gebet frei zu formulieren.)

Bei Francesca de Grandis in „Die Macht der Göttin ist in dir" findet sich z.B. ein Gebet, um die Fürsorglichkeit mir selbst gegenüber zu stärken.

Am Ende der Andacht lösche ich Kerzen und Räucherwerk, stehe wieder auf, bewege mich etwas, blende die Musik aus und lüfte kräftig. Mir ist wichtig, dass eine solche Andacht einen klaren Anfang und ein klares Ende hat, das wird bei mir durch das Anzünden und Löschen der Kerzen markiert.

Evtl. notiere ich Gedanken und Einsichten, die mir kamen, in meinem magischen Tagebuch.

Innere Zwiesprache

In unseren Ritualtreffen hatten wir oft eine stille oder meditative Phase eingeplant. Neben den äußerlich spürbaren und sichtbaren Ritualhandlungen wie Tanzen, den Symbolen der vier Elemente, Gesang, Kleidung und Räucherwerk, wollten wir die innere Auseinandersetzung mit uns und mit einem göttlichen Gegenüber oder einem Naturprozess anregen. Darauf konnten sich die teilnehmenden Frauen unterschiedlich gut und stark einlassen. Innere Zwiesprache wird von Frauen gemeinsam im geschützten Gruppenrahmen oder auch im Ritual alleine praktiziert. Es kann gut sein, sich darin zu üben, dafür eine Form zu finden, z.B. durch eine Art Freundschaft mit einem Baum, einem Felsen oder Bach in der Nähe meines Wohnortes oder durch einen regelmäßig praktizierten meditativen Spaziergang.

Ich möchte mit einigen Fragen dazu anregen, sich der inneren Zwiesprache im spirituellen Alltag bewusst zu werden: Wie redest du mit Gott oder der Göttin? Wie redest du mit Bäumen, Felsen, Flüssen und Blumen? Wie betest du? Wie hältst du den Kontakt zum Göttlichen, zur Anderswelt, zu deiner inneren Stimme? Mir selbst gefällt der Begriff der inneren Zwiesprache besser als Gebet. Dennoch bete ich täglich. Ich pflege die Beziehung zum Göttlichen wie die wichtigste Beziehung in meinem Leben. Ich pflege die Beziehung zum Göttlichen, indem ich meinen Hausaltar pflege, für Räucherwerk, Blumenschmuck und frische Kerzen sorge. Ich möchte dazu oft in die Natur gehen, und wenn es nur die Streuobstwiesen am Stadtrand sind, um Kontakt zum Göttlichen zu halten. Aber das ist nur der äußere Rahmen für eine bewusste Andacht oder Meditation. Den inneren Rahmen zu finden, ist mindestens genau so schwierig... Wie willst du Gott oder die Göttin anreden? Willst du Gott sagen, kannst du Göttin sagen? Sprechen dich die Namen der alten Götter versunkener Kulturen an? Ist es ein bestimmter Götter- und Sagenkreis, der dich anspricht? Ist es stimmig für dich, heute die Götter- und Göttinnennamen einer anderen Kultur auszusprechen?

Ich habe eine enge Beziehung zu Athene und bete manchmal auch direkt zu ihr. Ich bitte Athene, die die Angst besiegt, um Schutz und Kraft. Ich bitte sie manchmal um die Weisheit, zu wissen, wann ich kämpfen muss oder wann ich die Waffen besser ruhen lasse.

Vielleicht sprechen dich die alten Namen mancher Gottheiten an, probiere sie aus, finde etwas über sie heraus. Was sagen dir Athene, Venus, Hera, Zeus? Oder Odin und Freya? Welche alte Kultur, welche christliche Tradition oder welcher vorchristliche Sagenkreis spricht dich an? Wenn du zu einer bestimmten Gottheit eine Beziehung verspürst, kannst du dort anknüpfen. Manche Gottheiten begegnen dir vielleicht in deinem Tarotdeck oder in anderen Orakelkarten. Auf alle Fälle sind die Wirkkräfte in der Astrologie, die meisten Planeten, nach griechischen Gottheiten benannt. Wenn ich gerade sehr unter einem Transit eines Planeten leide, versuche ich, wenn es möglich ist, sein Bild am Himmel zu finden. Ja, ich bete auch schon mal zu Neptun, Saturn, Jupiter oder zur Venus.

Oft bete ich zur Mondin (Ich sage lieber Mondin als Mond, da es ja doch eine sehr weibliche Kraft ist...) Ich nehme den Rhythmus des Mondes / der Mondin sehr bewusst war. Auch wenn ich nicht immer ein großes Ritual feiere an Vollmond, erlebe ich die Energie dieses Tages doch sehr bewusst. Ich bete zur Mondin als einem Bild für unser Gefühlsleben, für diese unfassbaren, wandelbaren Gefühle, dieses ständige Auf- und Ab unserer Gefühle und Stimmungen. Der Mond / die Mondin ist für mich auch ein Bild für die himmlische Mutter.

Wenn ich morgens die Sonne aufgehen sehe, fällt mir manchmal der Name der griechischen Göttin der Morgenröte ein, Eos, und ich bitte sie, meinen Tagesanfang und den Anfang meiner Arbeit zu segnen. Abends danke ich für meinen Tag oder ich versuche, mir zu vergeben, wenn ich nicht so war, wie ich gerne gewesen wäre, wenn wieder etwas schief lief, wenn ich mir nicht treu geblieben bin oder wenn ich (wie so oft!) nicht alles erledigen konnte. Ich versuche dafür zu danken, dass mein Leben erfüllt von Aufgaben und Interessen ist. Die Kraft der Dankbarkeit im inneren Gebet zu üben, ist mir ganz wichtig. Bewusst eingeübte Dankbarkeit ist ein wichtiges Heilmittel gegen die Gifte der Seele wie Groll und Verbitterung.

Es gibt für mich viele Facetten der göttlichen Kraft, letztlich suche ich jedoch die Eine mit den 1000 Namen, die eine göttliche Kraft, die hinter allem steht. Da mir die weibliche Seite der göttlichen Kraft oft noch näher ist, sage ich oft einfach Göttin. Ich bete oft am Tagesanfang, wenn z.B. ein Tag mit viel unerledigten Dingen und Terminen vor mir liegt: „Göttin, gib mir Kraft, den heutigen Tag zu überstehen und bewusst zu gestalten. Zeig mir, was wichtig ist und was unwichtig ist heute. Lass mich dankbar sein für meine Arbeit und meine Aufgaben!"

Ein Gebet, was ich sehr liebe, wird in jedem Genesungstreffen der Anonymen Alkoholiker und ihrer Angehörigen gebetet:

„Gott,

gib mir die Gelassenheit,

die Dinge hinzunehmen, die ich nicht ändern kann,

den Mut,

die Dinge zu ändern,

die ich ändern kann,

und die Weisheit,

das eine vom anderen zu unterscheiden."

Das Gebet wird zurückgeführt auf Friedrich Christoph Oetinger. In den 12 Schritte Gemeinschaften wird abkürzend von Gott oder einer Macht größer als ich selbst gesprochen, aber jede Art der spirituellen Grundorientierung oder Weltanschauung akzeptiert.

Es gibt ein schönes Buch im C.H. Beck Verlag, das enthält die 100 schönsten Gebete der Menschheit. („Erhelle meine Nacht - Die 100 schönsten Gebete der Menschheit", Hrsg. Bernhard Lang) Es enthält Gebete aus allen Weltreligionen und gibt viele Anregungen.

Andere mögen sehr klassische Gebete. Das Vater unser ist mir inzwischen fremd geworden. Selbst wenn ich versuche, Mutter unsere zu sagen, stimmt es nicht mehr für mich. Es ist das älteste Gebet der Christenheit, es atmet die urchristliche Theologie, das ist nicht mehr meine Welt. Aber es gibt einige Gebete von Dietrich Bonhoeffer oder von Dorothee Sölle oder Kurt Marti, modernen christliche Theologen, die ich heute noch sehr mag. Vielleicht kennst du das Gebet „Von guten Mächten wunderbar geborgen..."? Dietrich Bonhoeffer hat es in der Gefangenschaft geschrieben, er war ja ein Widerstandskämpfer, wenige Monate vor seiner Ermordung durch die Nazis hatte er die Kraft, dieses Gebet bzw. Gedicht zu schreiben.

Andere mögen es, Mantren zu singen. Das sind meditative Gesänge mit wenigen Worten oder nur mit Silben. Es gibt sie in den unterschiedlichsten Sprachen, auch in Sanskrit. Ich singe aber nicht gerne irgendwelche geheimnisvollen Wortsilben, wenn ich nicht weiß, was sie bedeuten. So geht es mir auch mit Indianergesängen. Aber einige Gebete der Indianer, die ich in Übersetzung kenne, mag ich ganz gerne. Ich mag auch die Anrede „Vater Geist und Mutter Erde" für die zwei Pole des Göttlichen, die eher aus dem Indianischen kommt.

Innere Zwiesprache ist genauso möglich mit deinem Krafttier, mit einer Pflanze, einem Baum oder einem Felsen oder Bach. Finde deine Wege, innerlich zu sprechen mit dem Göttlichen und den Kräften der Natur. Wenn du einfach nur Geist oder Gott oder Göttin sagst oder Mutter Erde, ist es gut. Das einzig Wichtige ist, dass du deinen stimmigen Weg findest, wie du in eine innere Zwiesprache kommst. Und wie du sie regelmäßig übst. So kannst du deine innere Stimme, deine Intuition stärken und dir selbst näher kommen. Im Laufe der Zeit lernst du, zu erkennen, wann dir nur deine innere Stimme antworten und wann dir über die innere Stimme, über die innere Zwiesprache göttliche Kräfte oder Kräfte aus der Natur antworten. Du wirst merken, dass deine innere Stimme dir ein guter, treuer Wegweiser sein kann und dass du viel Kraft und Klarheit aus der inneren Zwiesprache schöpfen kannst.

Ein weiteres Gebet, das ich sehr liebe, stammt von Soren Kierkegaard

Als mein Gebet

Immer andächtiger und innerlicher wurde,

da hatte ich immer weniger und weniger zu sagen.

Zuletzt wurde ich ganz still.

Ich wurde,

was womöglich noch ein größerer Gegensatz

zum Reden ist,

ich wurde ein Hörer.

Ich meinte erst, Beten sei Reden.

Ich lernte aber,

dass Beten nicht bloß Schweigen ist,

sondern Hören.

So ist es:

Beten heißt nicht sich selbst reden hören.

Beten heißt:

Still werden und still sein und warten,

bis der Betende Gott hört.

Sören Kierkegaard

Kleine Kraftquellen im Alltag entdecken und nutzen

Ein guter Ritualkreis, in dem sich Frauen lebendig und liebevoll gegenseitig in ihrer spirituellen Suche und in ihren Lebensprozessen unterstützen und begleiten, kann eine große Kraftquelle sein. Wenn der Kreis in einer guten Phase ist, eine gute gemeinsame Form gefunden hat, können die regelmäßigen Ritualtreffen stärkend und anregend sein. Leider gibt es auch immer wieder Phasen, in denen wir Konflikte mit unsren Ritualfreundinnen haben, enttäuscht voneinander sind, Tratsch und Klatsch sich breit machen oder Grundsatzdebatten sehr viel Raum einnehmen. Dennoch denke ich, dass der Hauptsinn dieser Ritualkreise darin besteht. sich regelmäßig Verbinden mit den Kräften der Natur an diesem Fest zu verbinden. Dazu kommt der Wunsch vieler Frauen, darin aufzutanken, sich zu stärken und Kraft zu holen.

Aber wie geht das im Alltag, sich immer wieder neu Kraft zu holen? Viele Frauen erleben Doppel- und Dreifachbelastungen mit Kindern, Beruf und Ehemännern. Dazu kommt manchmal schon die Sorge um die Elterngeneration. Daher möchte ich zum Schluss noch eine sehr moderne, vereinfachte Definition von Spiritualität anbieten, sie lautet:

„Spiritualität ist das, woraus jede ihre Kraft schöpft". Das ist schon mehr eine Art von Spiritualität, wie sie auch in Frauen- und Wellnesszeitungen zu finden ist. Dennoch finde ich diesen ganz einfachen Ansatz auch ganz akzeptabel und praktisch.

Was sind deine einfachen Kraftquellen im Alltag oder was sind Inseln der Erholung? Du findest hier einige Vorschläge. Auch wenn du diese Tätigkeiten schon lange nicht mehr ausüben solltest, versuche, dich zu erinnern, ob es dir früher Freude gemacht hat. Kreuze jede Tätigkeit an, die dir Freude macht oder Entspannung oder Kraft gibt oder früher gegeben hat. Versuche dann, sie wieder öfter in deinen Alltag einzuflechten

- Sport treiben, und zwar_____
- Spazieren gehen
- Meditieren
- Entspannungstraining
- Yoga
- Ein gutes Buch lesen
- Eine (leichte) Zeitung lesen
- Ein Wannenbad
- Duschen
- Aromatherapie
- Sauna
- Massage
- Besuch einer Kosmetikerin
- Friseurbesuch
- Gemütliches Shoppen und Bummeln
- In einem Cafe sitzen und die Seele baumeln lassen
- Tagebuch schreiben
- In der freien Natur sein
- Mit Kindern etwas machen
- Mein Hobby pflegen, und zwar_____
- Kinobesuch

- Theaterbesuch

- Musik hören

- Comics lesen

- Volkshochschulkurs

- Geselliger Abend mit guten Freunden und Freundinnen

- Treffen mit der besten Freundin

- Familienkontakte pflegen

- Besuch einer Selbsthilfegruppe

- Kontakte zu Menschen mit dem gleichen Hobby pflegen

- Kontakte zu Menschen mit der gleichen Weltanschauung pflegen

- _____

- _____

- _____

- _____

Wie lebe ich Frauenrituale und Partnerschaft?

Zum Schluss noch einige humorvolle Bemerkungen über den Mann oder die Frau an ihrer Seite. Ich werde für meinen Partner hier eher die männliche Form wählen. Ähnliche Probleme und Fragen können aber auch bei lesbischen Paaren auftreten. Einige Frauen, die sich für einen Frauenritualkreis interessierten, haben bei mir auch immer wieder nachgefragt, welche Haltung mein Mann zu meinem spirituellen Treiben hat. Es ging darum, ob ein Mann es akzeptiert, dass ich acht Wochenendtermine fest im Jahr für meinen Ritualkreis reserviere. Dass Familienereignisse wie Hochzeiten und Beerdigungen bei mir immer im Zusammenhang mit dieser Spiritualität standen und stehen werden. Dass ich mich regelmäßig zurückziehe für Meditation, Gebet, Orakel, Seminare, Workshops, Bücher schreiben und Naturkontakte.

Wenn eine Frau beginnt, sich für Magie und Frauenritualkreise zu interessieren oder aktiv eine Ausbildung als Hexe oder Priesterin beginnt, dann hat das Auswirkungen auf ihr persönliches Umfeld. Wenn sie in einer Ehe oder Partnerschaft mit einem Mann lebt, ist er von dieser Art der Frauenspiritualität erst einmal ausgeschlossen und es stellt sich irgendwann die Frage „Wie sag ich's meinem Manne?" Falls sie Kinder hat, können sie die neuen Wege evtl. offener mittragen. Evtl. werden sie sich den neuen Weg in ihrer kindlichen Phantasie auch viel bunter und magischer ausmalen. Das kindliche Denken ist zumindest am magischen Denken viel näher dran als das erwachsene.

Wenn eine Frau eine Zeitlang Single war und geht jetzt für sich den Weg einer Hexe oder Priesterin, wird es beim Kennenlernen eines neuen Mannes oder einer neuen Frau genauso diese Fragen geben. Evtl. haben Frauen auch ganz bestimmte Wünsche, was für einen Mann / was für eine Frau sie suchen, der zu ihrem Weg passen würde. Allein, die Liebe geht oft andere Wege und dann stehst du mit der gleichen Frage da. In Anlehnung an einen sehr guten Artikel in der Zeitschrift Hex& Co will ich vier mögliche Typen, vier mögliche Situationen schildern, die jeweils eine andere Argumentationen verlangen.

Der Christ / die Christin

Wenn dein Mann oder deine neue Liebe ein überzeugter Christ / eine überzeugte Christin ist, wird er/sie ziemlich schnell begreifen, dass Wicca eine andere Religion ist, die in mancherlei Widerspruch zum Christentum steht. Hier kann es helfen, erst einmal zu betonen, dass Wicca nicht missioniert, dass du aber auch nicht missioniert werden willst. Es kann helfen, gute Kenntnisse der historischen Hexenverfolgung zu haben, um nicht klassischen Missverständnissen aufzusitzen. Nicht alle verfolgten Frauen waren Hexen oder Priesterinnen der alten Religionen. Es kann helfen, zu erklären, dass Wicca eine sehr abstrakte Religion ist, die die Eine göttliche Kraft hinter den 1000 Namen verehrt. Aus einer sehr abstrakten Sicht heraus ist auch das christliche Gottesbild nur eine Facette der göttlichen Kraft. Jede dieser Facetten trägt einen Funken Wahrheit in sich.

Konflikte kann es geben angesichts des Bilderverbotes, denn eine an Wicca angelehnte Spiritualität erlaubt ja ausdrücklich, dass du dir Bilder von der göttlichen Kraft machst. Die weiblichen Bilder von der göttlichen Kraft können Christen besonders verunsichern. Aber es gibt auch in der Bibel solche weiblichen Bilder von Gott als einer gütigen Mutter oder von dem heiligen Geist (Ruach, im hebräischen ein Femininum), die wie eine Glucke über der Schöpfung brütet. Die Katholiken haben wenigstens Maria als Mutter Gottes und einige weibliche Heilige. Die christliche, feministische Theologie kann eine gute Brücke zwischen Frauenspiritualität und christlichem Glauben sein.

Bei einem überzeugten Christen kommen sicher schnell Ängste auf, du würdest einer Sekte angehören. Dabei hilft es, sich von rein christlichen Sektendefinitionen auf eher psychologische Sekteninformationen zu berufen. Nach diesen Definitionen ist eine in offenen Kreisen organisierte, basisdemokratische Frauenspiritualität ganz klar keine Sekte. Ein weiteres Missverständnis kann auftreten, wenn Frauenritualkreise oder Wicca mit Satanismus verwechselt wird. Hier hilft die historische Erklärung, dass der Teufel eine Figur in den monotheistischen Buchreligionen ist, die aber außerhalb dieser Religionen, also in den alten vorchristlichen Religionen keinen Sinn ergibt. Für Menschen innerhalb von Wicca hätte es daher gar keinen Sinn, sich auf den Teufel zu beziehen. Außerdem hat eine an Wicca angelehnte Spiritualität eine klare moralische Orientierung, die es deutlich von Satanismus unterscheidet. („Tu, was du willst, und schade niemand!" und das „Gesetz der Drei".)

Typische Spannungsfelder im Leben mit einem Christen / einer Christin können sein: Kirchgang, Taufe und Erziehung der Kinder, Umgang mit den Ahnen, Jenseitsvorstellungen, Wiedergeburtsvorstellungen und Umgang mit Orakeln. Gerade in Bezug auf die Astrologie hat mir immer das Argument geholfen, dass Gott diesen Sternenhimmel schließlich erschaffen hat und uns die Begabung geschenkt hat, ihn zu deuten. Warum sollten wir sie also nicht nutzen? Die Liebe zur Natur, vermittelt als göttliche Schöpfung, sollte einem Christen auch möglich sein. Fast alle Feste der alten Religion tauchen in verwandelter Form im christlichen Kirchenjahr wieder auf. Mit etwas Toleranz lassen sich Wege finden, die Feste gemeinsam zu feiern. Auf alle Fälle seid ihr beide spirituell suchend und könnt Wege des gemeinsamen Gebetes finden.

Der rationale Skeptiker / die Skeptikerin

Der rationale Skeptiker kann ein Mann sein, der z.B. politisch links steht und Religion als Opium fürs Volk ablehnt. Es kann eine Frau sein, die sich politisch sehr für Frauenrechte einsetzt, aber mit spiritueller Frauenbewegung gar nichts anfangen kann. Er /sie kann ein psychologisch sehr aufgeklärter Mensch sein, der gut freudianisch denkt und Religion generell für einen Rückfall in magisches Denken hält. Eine Religion, in deren Mittelpunkt so viel Magie steht, ist ihm / ihr natürlich besonders suspekt. Es kann ein sehr naturwissenschaftlich denkender Mann sein, der außer den Zusammenhängen von Zufall oder Kausalität nichts anderes gelten lässt. Er kann ein eher materiell denkender Mensch sein, der von dieser ganzen Esoterik-Schiene und Religion allgemein nichts hält und eher unterstellt, dass Esoteriker Menschen finanziell ausbeuten. Orakelergebnisse sind für den Skeptiker nur Zufälle, Ergebnisse magischen Wirkens nur Placeboeffekte.

Wie kannst du hier argumentieren? Wenn die Argumentation eher aus der psychologischen Richtung kommt, kannst du darauf verweisen, dass es innerhalb der Psychologie andere Schulen gibt als die Freudianische. So gibt es z.B. die Theorien von C.G. Jung, die den Menschen mit seiner spirituellen Suche ernst nehmen. Es gibt inzwischen eine ganze Strömung, die transpersonale Psychologie, die sich dieser Aufgabe widmet, Spiritualität und Psychologie gut und heilsam zu verbinden. Du kannst ihm zeigen, dass eine klar denkende Hexe ihren Verstand nicht beim Betreten des Ritualkreises abgibt und sehr wohl zwischen einem Placeboeffekt und echter Magie zu unterscheiden weiß. Vielleicht kannst du ihm sogar zeigen, dass Ritualmagie mit den Mitteln der Psychologie arbeitet und sich sehr gut mit Psychotherapie kombinieren lässt. Rituale können innerpsychische Kräfte anregen und gestalten helfen. Da unsere unbewusste Ebene und unser inneres Kind eher auf Bilder und Symbole reagieren, ist es ein sinnvoller Weg, diese Ebenen der Seele so anzuregen und nicht nur mit Worten und Sprache zu arbeiten.

Im Umgang mit Orakeln sind die Skeptiker meiner Erfahrung nach am ehesten durch Astrologie zu überzeugen, da der Lauf der Sterne ja klar berechenbar ist, auch wenn ihnen die Deutung unheimlich bleibt. Vielleicht hilft es auch, darauf hinzudeuten, dass der Glaube an den Zufall genauso ein Glaube und ein Weltbild ist wie der Glaube an Vorahnungen oder Orakel. Der Glaube an den Zufall ist menschheitsgeschichtlich sehr jung und beruht auf dem Aufkommen der Wissenschaften in der Renaissance, als kausale Zusammenhänge mehr in den Mittelpunkt menschlichen Denkens rückten. Inzwischen gibt es in der Wissenschaft aber wesentlich mehr Erforschung komplexer und eher korrelativer Zusammenhänge. (Ein korrelativer Zusammenhang ist ein statistisch mehr oder weniger stark messbarer Zusammenhang, der aber nicht kausal interpretierbar ist.) Auch innerhalb der Wissenschaft wird immer seltener nur monokausal gedacht. Der Zusammenhang von Gestirnkonstellation und menschlichen Ereignissen ist korrelativ, nicht monokausal. Astrologie ist damit relativ nahe dran an einer guten empirisch-statistischen Wissenschaft und macht wie viele andere Wissenschaften auch Wahrscheinlichkeitsaussagen.

Wenn du vernünftig mit deinem Geld umgehst, nicht ständig teuer Workshops buchst und dir keine teuren Beratungen suchst, dürfte auch der skeptische Materialist überzeugt sein. Was ihn sicher überzeugen würde, wäre, wenn du selbst später mit deinen Künsten Geld verdienst, denn das freut ihn. Aber das willst du vielleicht gar nicht. Vielleicht schenkst du deine magischen Künste deinen Freundinnen und Ritualschwestern auch einfach so...

Der gesellige, bodenständige Typ

Der gesellige, bodenständige Typ mag Zusammenkünfte in der Natur oder auf Mittelalterburgen. Er wirft sich gerne in eine Gewandung, macht gerne Picknick in freier Natur oder grillt an Sommersonnenwende. Ein bodenständiges Zusammensein mit unkonventionellen, lockereren Leuten lässt ihn oder sie aufleben. Er oder sie könnte gut auf das dazu gehörige Ritual verzichten, aber im Sommer nachts lange an einem Feuer zu sitzen, zu grillen, ein gutes Met zu trinken und Lieder zu singen, ist ganz nach seinem Geschmack. Er fühlt sich ausgeschlossen, wenn seine Frau am Wochenende oft zu Frauenritualen verschwindet, da er nette, gesellige Ereignisse dahinter vermutet. Die damit verbundene spirituelle Suche ist ihm nicht so wichtig. Falls überhaupt, begreift er Spiritualität als Gruppenereignis, als ein Geschehen zwischen Menschen. Ein Gruppenritual hebt den einzelnen aus seiner individuellen Sphäre, aber der göttliche Bezug ist ihm eher fremd oder nicht so wichtig.

Ein Gartenfest an Sommersonnenwende bis tief in die Nacht macht ihm Freude, aber ein Ritual vorher wäre nicht unbedingt nötig. Er nimmt aber durchaus mal aus Neugierde oder seiner Frau zuliebe an so einem Ritual teil. Seine eigene spirituelle Ausrichtung ist nur schwach ausgeprägt. Evtl. hat er eine starke Liebe zur Natur, zu Mittelalterthemen oder auch zu Fantasy und damit verbundenen Computerspielen. Aber das ist für ihn nicht eng verbunden mit Spiritualität, sondern eher ein Hobby. Er sieht die spirituellen Aktivitäten seiner Frau auch eher als ihr Hobby und ist sich über die spirituelle Tiefe nicht im Klaren. Er ist durchaus bereit, seiner Frau zuliebe ein Hochzeitsritual oder Taufritual zu machen, aber ein großes Fest mit gutem Essen und Tanzen hätte voll genügt. Grundsätzlich ist er Orakeln gegenüber skeptisch, aber in einer Notlage fragt er doch mal gerne bei seiner Frau an.

Dieser Typ ist eigentlich recht unproblematisch. Schwierigkeiten gibt es eher, wenn die Frau zu viel Zeit „für ihr Hobby" aufwendet, wenn ein schweres Orakel im Raum steht oder wenn die Frau darüber verzweifelt, dass ihr Mann ihre tiefere spirituelle Suche nicht versteht. Dieser Typus verträgt es schlecht, wenn die Frau zu oft auf Frauenritualen ist und er völlig ausgeschlossen bleibt. Hier ist es sinnvoll, die Männer öfter im Jahr als Gäste zu einer Party oder für ein offenes Fest im Anschluss an ein Ritual mit einzuladen. Der gesellige Mann hat ein menschliches Interesse daran, die Ritualfreundinnen seiner Frau und vor allem deren vermutlich ebenfalls skeptische Männer auch mal kennen zu lernen. Gemeinsame, geschlechtlich gemischte Aktivitäten machen es ihm leichter, den Weg seiner Frau zu akzeptieren und sie ihren Weg gehen zu lassen. Der Kontakt mit den anderen Männern beruhigt ihn.

Er möchte gerne hin und wieder als Gast am Ritual teilnehmen, da er auf der rein menschlichen Ebene schon begreift, dass dies ein wichtiger Lebensbereich seiner Frau ist. Sonst ist er auch gerne bereit, seine Frau praktisch zu unterstützen, sie mal ritterlich mit ihrem Ritualgepäck nachts vom Bahnhof abzuholen oder ihr großzügige Geschenke für die Ritualausstattung zu machen. Der gesellige Typ hat den Vorteil, dass er die „Überlegenheit" seiner Frau in der Ritualplanung und Gestaltung nicht angreift oder anzweifelt, da er sich dafür einfach nicht zuständig fühlt.

Der geistige Gefährte / die geistige Gefährtin

Der/die geistige Gefährte/in gilt in Frauenkreisen oft als Ideal, hat aber auch seine Tücken. Der geistige Gefährte ist der ebenfalls spirituell suchende Mann, der ebenfalls nicht an das Christentum gebunden ist. Er ist freier Philosoph, Esoteriker, Theosoph oder selbst Heide oder Magier und kann daher vielleicht auch die Rolle des Priesters im Kreis einnehmen. Evtl. geht er parallel wie seine Frau in Männergruppen, macht Schwitzhüttenarbeit und rituelle Männerarbeit. Dann versteht er meistens, dass seine Frau auch gut in einer Frauenritualgruppe ihren Weg sucht. Hier ist es ebenfalls sinnvoll, ein oder zweimal im Jahr ein gemeinsames Fest zu machen, wo Männer- und Frauenenergie sich begegnen können. Der Theosoph oder Esoteriker kann der Frau ein interessantes geistiges Gegenüber sein, im praktischen Ehealltag ist er leider meist eher unzuverlässig. Er schwebt in höheren Sphären. Er kann die Frau ermutigen, sich noch anderes esoterisches Wissen anzueignen als nur Frauenrituale zu leben. Evtl. ist ihm Wicca als Religion bereits zu bodenständig und der enge Naturbezug ist für ihn nicht nötig. Evtl. verehrt er selbst die Göttin, aber nur, indem er Bücher über sie liest und ohne einmal ein einziges Ritual in der freien Natur zu feiern.

Der männliche Wicca ist sicher anders, da er den rituellen Weg kennt und genauso erlernt hat. Er kann gleichberechtigt im Kreis stehen, sich mit seiner Frau die Anrufungen teilen und ebenbürtig die Rolle des männlichen Priesters einnehmen. Aber es kann hier wesentlich öfter zu einem Streit über die Ritualplanung, den Ablauf des Rituals, die Zutaten, die Theologie und die Techniken im Ritual kommen. Der geistige Gefährte ist seiner Frau im Ritual wirklich ebenbürtig, aber er fordert sie dadurch auch ganz anders heraus.

Wenn eine Frau glaubt, eine/n geistige/n Gefährten/in gefunden zu haben, ist es immer sinnvoll, nach der anfänglichen Begeisterung in Ruhe zu prüfen, was hier eigentlich genau die geistige Übereinstimmung ist. Ein gemeinsames Interesse an Esoterik und Magie und geistigen Dingen muss keine Übereinstimmung in den Inhalten bedeuten. Evtl. wird außerdem vor lauter Begeisterung über eine geistige Grundorientierung übersehen, welche Auswirkungen die geistige Orientierung auf gemeinsame Rituale und den Ehealltag hat. Nicht jede Frau ist begeistert von einem Esoteriker, der die freie Liebe propagiert oder an den Beltanefeuern jede sexuelle Freiheit für sich fordert. Insofern scheint es hier anfangs leichter, das Interesse an Magie zuzugeben und zu glauben, dass man einen gemeinsamen geistigen Weg geht. Die konkrete Überprüfung, welche Lebenspraxis damit für beide verbunden ist, sollte jedoch unbedingt ernst genommen werden!

Wie bei allen Typenlehren gilt auch hier, dass kein Typus in Reinform vorkommt, dass viele Männer oder Frauen eine Mischung aus zwei oder drei Typen sind. Jeder Partner / jede Partnerin erfordert eine andere Argumentation und es steht nicht von vornherein fest, welcher Typus glücklicher macht.

Lesbische Beziehungen bieten noch eine weitere Möglichkeit, da die Partnerin, wenn sie eine geistige Gefährtin ist, dauerhaft im Frauenritualkreis aufgenommen werden kann. Damit tritt innerhalb des Ritualkreises eine neue Paardynamik auf. Das spirituelle Leben der Frauen kann voll geteilt werden, der Ritualkreis ist aber kein geschützter Raum mehr außerhalb meiner Beziehung. Ebenso erfährt der Ritualkreis alle partnerschaftlichen Themen aus direkter Hand. Da meine Frauenritualkreise überwiegend von heterosexuellen Frauen besucht wurden, habe ich mit dieser Thematik nur wenig Erfahrung.

Ich habe es einmal erlebt, dass eine Frau aus unserem Kreis ausschied, als sie ihr lesbisches Coming out hatte und mit ihrer Partnerin zu zweit alleine als Paar die Rituale feiern wollte. Beide fühlten sich in einem eher heterosexuellen Frauenritualkreis nicht mehr wohl. Es gibt auch rein lesbische Frauenritualkreise, in denen die männlichen Störungen, das „für einen Mann privat mitdenken müssen" per se ausgeschlossen werden. Hier ergibt sich auch verstärkt die Variante, dass es innerhalb des Ritualkreises zu neuen Verliebtheiten und Pairings kommen kann.

Ein Pairing bedeutet gruppendynamisch, dass neben der Kommunikation im Gesamtkreis ein Paar in sich eine intensivere Kommunikation innerhalb und außerhalb des Kreises hat. Das kann bedeuten, dass beide im Kreis nicht mehr offen über ihre partnerschaftlichen Themen reden können oder dass sogar Energie aus dem Kreis verloren geht. Es kann von den Frauen aber auch als sehr erfüllend erlebt werden, diesen wichtigen Lebensbereich gemeinsam in die Partnerschaft zu integrieren. Bei einer Trennung kommt es jedoch fast unweigerlich dazu, dass eine oder beide aus dem Kreis ausscheiden. Für alle, ob lesbische oder heterosexuelle Frauen, bleibt es eine besondere Herausforderung, die Bedürfnisse der Partnerschaft und die Bedürfnisse des individuellen spirituellen Weges in Einklang miteinander zu bringen.

Verwendete Literatur

Literatur zu Wicca, Jahreskreisfesten, Frauenspiritualität und neuen Naturreligionen:

Abendroth, Heide Göttner: „Die tanzende Göttin – Prinzipien einer matriarchalen Ästhetik", Frauenoffensive, 1991 (für Jahreskreisfeste sind daraus vor allem die Seiten 209 –268 interessant)

Abendroth, Heide Göttner: „Die Göttin und ihr Heros" , Frauenoffensive, 1980

Budapest, Zsuzsanna E: "Mondmagie", Goldmann, 1993

Budapest, Zsuzsanna E.: „Herrin der Dunkelheit, Königin des Lichts", Knaur, 7. Auflage 2000

Crowley, Vivianne: „Wicca", Urania Verlag, 2001

Cunningham, Scott:„Wicca – Eine Einführung in weiße Magie", Lotos Verlag, 2001

Cunningham, Scott:„Wicca –Praxis – Handbuch für Fortgeschrittene", Ullstein, 2006

Dinkelmann, Anna: „Kreisen – Frauenrituale und Feste", Selbstverlag.

Gabriel, Vicky: „Der alte Pfad – Wege zur Natur in uns selbst", Arun Verlag, 1999,

Gabriel, Vicky, und Hoffmann, Jessica: „Teenwitch", Arun Verlag 2002

Green, Marian: „Ritualmagie", Aurum Verlag, 1993

Green, Marian: „Das geheime Wissen der Hexen – 13 Monde um Meisterschaft in natürlicher Magie zu erlangen", Knaur Esoterik, 1996

Heiden, Arunga: „LebensFluss Lieder – Tänze – Texte im Jahreskreis", Selbstverlag, Tübingen 2002

Regner-Bellinger: „Die Himmelsherrin bin ich – Gebete und Hymnen an Göttinnen", Verlag Gisela Meussling, 1993

Rüttner-Cova, Susanne: „ Frau Holle – Die gestürzte Göttin", Sphinx Verlag 1993

Schiran, Ute: „Menschenfrauen fliegen wieder", Knaur Verlag (Leider zurzeit vergriffen)

Silver Raven Wolf: „Freche Hexen" , Hans-Nietsch-Verlag, 2000

Starhawk: „Der Hexenkult als Urreligion der Göttin", Bauer Verlag, 1985

Starhawk: „Mit Hexenmacht die Welt verändern", Bauer Verlag, 1991

Starhawk und Valentine, Hilary: „Die 12 wilden Schwäne", Bauer Verlag, 2001

Voigt, Ziriah: „Ritual und Tanz im Jahreskreis", 1997, ursprünglich verlegt von Gisela Meussling, 2012 neu im Irdana Verlag erschienen (Tanz CD zusätzlich bei Dieter Baldes erhältlich)

Walker, Barbara: „Die spirituellen Rituale der Frauen" (Leider zurzeit vergriffen), Sphinx Verlag, 1990

Farrer, Janet, und Bone, Gavin: „Progressive Witchcraft – neue Ideen für den Hexenkult", Arun Verlag, 2005

De Grandis, Francesca, „Die Macht der Göttin ist in Dir", Heyne Verlag, 2005

Redford-Ruether, Rosemarie: „Unsere Wunden heilen, unsere Befreiung feiern – Rituale in der Frauenkirche", Kreuzverlag, 1985

Sprenger, Uta Hollunder: „Göttinnen, Feste, Erdenkräfte", Schirner Verlag, 2007

De las Harras, Brigitte: „Die Reise durch den Jahreskreis – Rituale, Phantasiereisen und Tänze zu den 8 Jahreskreisfesten", Schirner Verlag, 2005

Waldherr, Kris: „Umarme die Göttin in Dir – Lebensrituale für Frauen", Bauer Verlag, 1998

Einführende Literatur zur Hexenverfolgung:

Ehrenreich, Barbara, und English, Deidre: „Hexen, Hebammen und Krankenschwestern", Frauenoffensive Verlag, 1975

Wisselinck, Erika: " Hexen- warum wir so wenig von ihrer Geschichte erfahren und was daran auch noch falsch ist", Frauenoffensive Verlag, 1986

Gute Einführung in grundlegende Wahrsagetechniken allgemein:

Görges, Alfred: „1x1 der Wahrsagekunst", Humboldt Taschenbuchverlag, 1990

Biwer, Anne L.: „Kartenlegen als Beruf - Der professionelle Einstieg", Schirner Verlag, 2006

Räucherwerk und Duftöle

Fischer-Rizzi, Susanne: „Himmlische Düfte", Hugendubel Verlag, 1989

Martiny, Anita: „Räuchern – Kraft durch innere Reinigung", Heyne Verlag, 1998

Cunningham, Scott: „Das große Buch von Weihrauch, Aromaölen und magischen Rezepturen", Goldmann Arkana Verlag, 2001

Heilkräuter und Pflanzenmagie

Zu Heilkräutern: Susanne Fischer-Rizzi: „Medizin der Erde", Irisana Verlag, 1994

Zur Bäumen und Büschen: Susanne Fischer-Rizzi: „Blätter von Bäumen", Irisana Verlag, 1980

Allgemeine Literatur zu Spiritualität

Bucher, Anton A.: „Psychologie der Spiritualität" Beltz Verlag, Weinheim

Lang, Bernhard: „Erhelle meine Nacht – die 100 schönsten Gebete der Menschheit", C.H. Beck, 2004

Kurtz, Ernest, und Ketcham, Kathrin: „Die Spiritualität der Unvollkommenheit", Lüchow Verlag, 1998

Schlussworte

Ich hoffe, dass ich mit meinen Überlegungen, Erfahrungen und Ideen für Frauen, die als Hexe, als Priesterin oder mit Frauenkraft durch das Jahr gehen wollen und aktiv in Frauenritualkreisen leben und spirituell arbeiten, einige gute Anregungen geben konnte. Die Vielfalt der hier geschilderten Chancen, Probleme und Konfliktmöglichkeiten sollen helfen, mit der Vielfalt ganz unterschiedlicher Frauen in einem Kreis gut umgehen zu können. Ich selbst habe diese vielen Jahre in selbstverwalteten Frauenritualkreisen als sehr stärkend, bereichernd und unterstützend erlebt. Manchmal war unser Lachen viel stärker als unser spiritueller Ernst und das war gut so. Ich wünsche Frauen, die Kreise bilden, Kreise gestalten und neue Kreise gründen wollen, viel Mut, Energie, Kreativität, Humor, Spaß, Erfüllung, Kraft und Durchhaltevermögen dabei.

Zur Autorin

Monika Molitor ist Jahrgang 1966, Wassermann mit Aszendent Wassermann. Schreiben hat sie früh entdeckt als eine Quelle von Kreativität und Selbstreflexion. Sie lebt ohne Kinder mit ihrem Ehemann am Stadtrand von Frankfurt. Hauptberuflich ist sie Psychologin und arbeitet im sozialen Bereich. Ihre spirituelle Grundausbildung erhielt sie von Ziriah Voigt und Bernhard Rindgen. Seit 1990 lebte sie in zwei unterschiedlichen selbstverwalteten Frauenritualkreisen und ging zwischendurch auch immer wieder mal einsame Wege. Seit 2001 ist sie ehrenamtlich im Internet als Mentorin für junge Frauen und Mädchen tätig, die sich für den Weg der Hexe interessieren. 2004 gründete sie den Junghexentreff Frankfurt. 2004 erschien ihr erstes Buch „Magie für Junghexen", 2006 folgte „Wicca-Rituale für jeden Tag", beide sind im Silberschnurverlag erschienen. In Frankfurt am Main besteht Kontakt zu einem Frauenritualkreis unter ihrer Leitung und aktiven Beteiligung.

Rückmeldungen und Fragen zum Buch können gestellt werden unter: www.junghexentreff.de oder Monika_Molitor@gmx.net oder

https://www.facebook.com/schreibhexentreffmonika/

Zeitfracht Medien GmbH
Ferdinand-Jühlke-Straße 7
99095 Erfurt, Deutschland
produktsicherheit@kolibri360.de